JN208862

古書市場が私の大学だった

——古本屋控え帳自選集

青木正美

お読みいただく前に

○本書は一九八六（昭和六〇）年～二〇一八（平成三〇）年に、「日本古書通信」誌上に〝古本屋控え帳〟として連載したものです。この度その中から八四篇を選び上梓するものです。各文末には執筆年月を明記してあります。（上）（下）、（上）（中）（下）とありますのはそれぞれ二ケ月～三ケ月をかけて書いたという意味です。

○各篇につけたナンバーは便宜上のもので、みな独立した文章ですので、どうかご興味を持たれた順にお読み下さい。

○末尾に収録の、本書タイトルともなった「古書市場が私の大学だった」について一言します。ただ古本好きだった筆者が古書の奥深さに目覚めることになった「場と時期」について書いてみたものです。合せてお読み下されば幸いです。

目次

——ご興味を持たれた順にお読み下さい

古書市場が私の大学だった

——古本屋控え帳自選集

1 「文豪・夏目漱石」展に思う(上)

十月一日は都民の日。次男一家と私達夫婦で、江戸博での〝文豪・夏目漱石〟展へ出かけた。

展示品の主体は、東北大学の資料である。早稲田の漱石旧居から、漱石の蔵書、手紙、日記などが運び出されたのは、昭和十八年暮から翌春にかけてのこと。当時漱石の高弟だった小宮豊隆が東北大の教授兼大学図書館長をしており、折から東京は空襲の危険が迫っていたので、当時の東北帝国大学図書館へ疎開、保存されたのだった。

今回私が、展示品中もっとも感銘を持って眺めた資料群は、渡航、滞英中の妻への手紙、手帳、日記帳の類であった。その文字はあくまで小さく美しく、緻密さにあふれたもので、肉筆好きの私をほれぼれとさせた。

展示の中ほどまで来た時、私は「おや」っと思った。そこに飾られてあったのは、猫がこちらに瞳を向けて画かれたスケッチ帳で、脇には「明治廿七八年頃の漱石自筆のスケッチブックナリ・夏目鏡子㊞」ともあった。私は昔このスケッチ帳を見たことがあった。

……あれは昭和四十年十二月の、東京古書会館での(展観会場は千代田図書館ホール)明古大市でのこと。大塚のY君は(現在は神田にも進出)私と同年輩、私が明古に入った頃の四、五年間、廻し入札の開札が仕事だった私の近くへ座って売買していた。Y君とは下町の向島市場からの友人だった。突然Y君が私に、

「俺もあのスケッチ帳でも買っておくか」と言う。俺もと言ったのは、私もこの日、初め

て藤村の原稿「巡礼」三十八枚を十八万円で落札していたのだ。Y君は私にも相談、上は五十六万円までの入札をし、結局上札まで突き上げられての落札となったのである。この品については、Y君から直に同業の注文があって売ったというのを聞いたが、話はそこまでで、このスケッチ帳のことはもう四十年も忘れていた。この日そこに表示されていることで、現在の所蔵先は熊本近代文学館だったことを私は知った。

この日はまた、もう一点の資料のことを私は久しぶりに思い出すこととなる。ある箇所が、正岡子規との交友関係コーナーとなるのは、二人の関係からも自然だ。そこに一通、子規宛書簡が並べられていたのだ。表示は子規宛だが、実物は「のぼるさま……平凸凹」。全集に残る子規宛書簡は五十五、六通、漱石二十二歳～二十六歳のものがほとんど。そう、Y君がスケッチ帳を買った翌年の大市で、私が明治二十四年八月三日付・二十四歳時のこの一連の中の漱石書簡を購入したのを思い出したのだ。

……その二百行余もある書簡には戦前「漱石全集」の書簡集が添えられてあり、即読が出来た。その内容が私の胸にうったえて来た。昔関西の老舗で番頭を勤め、当時の明古では経営員仲間だった先輩の杉浦台紀さんに値の相談をした。

「この手紙には欠点もありますよ」

昭和40年　明治古典会大市目録

「どうしてです？」と私。

「前半の大部分です。兄嫁の死を知らせるくやみ文で、くやみ文は商品としてマイナスです。その上追悼句が十三句も並んでいる。ただ、後半は資料性充分ですけどね」

私はそんなものかと思うものの、前半こそが私の胸に響いたことを改めて思った。

「いくらで落ちます？」

「十五万かな」しかし、やがて廻されて来たこの品の人気はすさまじく、入札封筒は蛙のおなかのようだった。私は杉浦さんに泣きつく。

「どうしても欲しいんです」

「上札二十三万まで入れなさい。それ以上は行きませんから……」

書簡の落札は二十二万四千円だった。

こうしてまるで貸し切りのようにすいた中、小一時間の〝漱石展〟を観覧、帰りは皆で浅草で食事して帰宅した。

煩悩の徒たる私は、今日の〝漱石展〟には何故か淋しいものを感じていた。まるで生まれた国を間違えたように偉大な頭脳を持っていた漱石、始終神経を病んで胃を苛めまくっていたような漱石、文学への思いと人間愛にあふれた筆跡群と余技の絵画、——五十に一年足りない四十九歳の死。そして鏡子夫人との夫婦愛以外にほとんど女性の影さえ見られなかった、清潔な一生！

私はもう一度、漱石年譜(「近代作家年譜集成」=国文学―解釈と教材の研究・昭58)を眺めた。明治二十四年、「七月、通院中の神田駿河台の井上眼科で〝銀杏返しに竹ながをかけ〟た〝可愛らしい女の子〟に邂逅」という手紙を十九日付で子規宛に送っているのが分かる。年譜担当者は書いている。「漱石の〝初恋〟といわれた女性である」と。書簡に当たると、「あゝそう〳〵、昨日眼医者へいった所が、いつか君に話した可愛らしい女の子を見たね」が前段だったことが分かる。

(二〇〇七〔平成十九〕年十一月)

「文豪・夏目漱石」展に思う(下)

そう、〝漱石の初恋〟説の根拠となった書簡(前回紹介の明24・7・19付)に続くのが、私が四十年前に衝動的に購入した漱石書簡だった。そして〝初恋〟の女性と再会したことを知らせたあとの十一日間に起きた出来事を知らせた手紙には、〝初恋〟説など消してしまうほどの内容が書かれていたのだ。いやあの年六点も出品されていた中、この文面だったからこそ是非にもと私が求めたものだったのである。

私は今、二十年ぶりくらいにその書簡を取り出し、眺めている。

長さは四メートル余もある。が、肉筆で読むのはすらすらどころか、一行読むにも大変だ。ともあれこの流れるような筆運びの妙はどうだ。そして最後の封筒書き。宛名はきちんと〝正岡常規〟宛だが、夏目を〝那津免〟と書いて金之助、とある。

文面（無論「書簡集」も見ながら）を紹介しよう。

漱石はまず、一丈余の長文手紙を子規から貰ったことの礼から始める。「小子俳道発心につき草々の御教訓、情人の玉章よりも嬉しく」（注・句読点筆者）……などとあり「下手の横好きとやらに候得ば」今後もよろしく御便達下さい、また「玉作」も拝見、感心しました、自分もいいものを作って期待に添おうと負けぬ気になったところ、先月下旬一族中に不意の不幸が生じたのです。只今も硯に対する閑暇はあるのですが句作する気になれないのです、と書く。

漱石は続ける。

《不幸と申し候は余の儀にあらず、小生嫂の死亡に御座候。実は去る四月中より懐妊の気味にて、悪阻（つわり）と申す病気にかゝり、兎角打ち勝れず、漸次重症に陥り、子は闇より闇へ、母は浮世の夢廿五年を見残して冥土へまかり越し申候、天寿は天命、死生は定業とは申しながら、洵に〱口惜しき事致候。

わが一族を賞揚するは何となく大人気なき儀には候得共、彼（女）程の人物は男にも中々得易からず、況て（まして）婦人中には恐らく有之（これあり）間じと存居候。そは夫に対する妻として完全無欠と申す義には無之候へ共、社会の一分子たる人間としてはまことに敬服すべき婦人に候ひし、先づ節操の毅然たるは申すに不及（およばず）、性情の公平正直なる、胸懐の洒々落々として細事に頓着せざる杯（など）、生れながらにして悟道の老僧の如き見識を有したるかと怪まれ候位、鬚髯鬚々たる生悟り

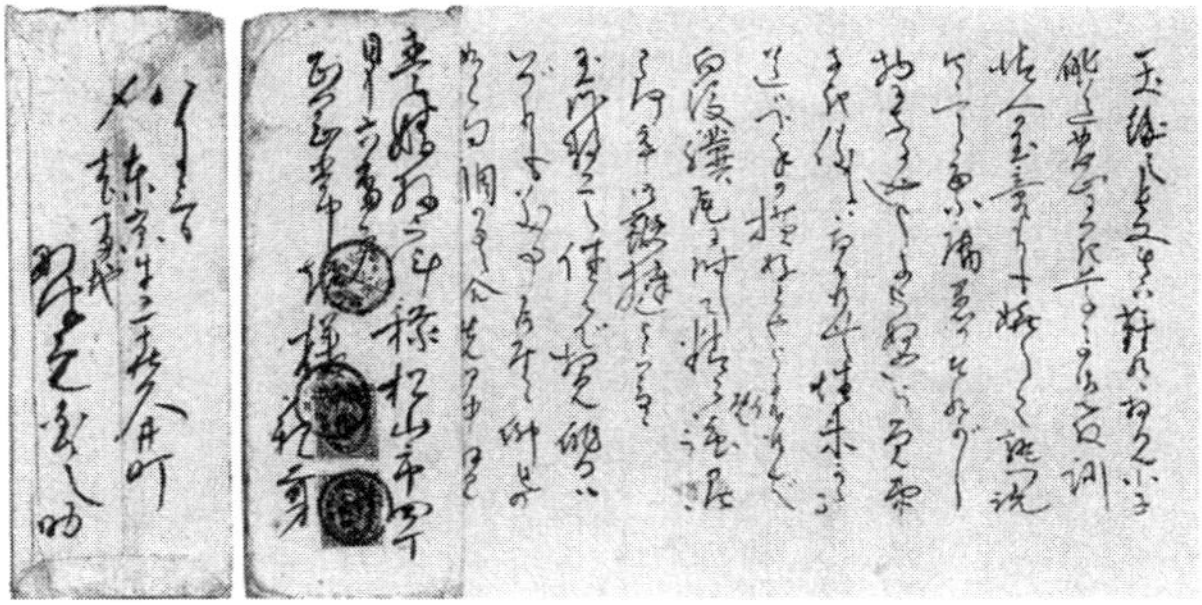

のえせ居士はとても及ばぬ事……》
と続け、彼女が平生佛を念じたりするところは全く見られず、まして耶蘇を信じている様子もなかったから、もしやその精魂は宇宙をさまようのかも知れない。もしそうなら彼女は、《二世と契りし夫の傍か、平生親しみ暮せし義弟の影に髣髴たらんかと夢中に幻影を描き、ここかかしこかと浮世の覊絆にながる丶死霊を憐み、うた丶不便の涙にむせび候》まして自分は母を失い兄二人もなくしている身なのに、こんな気持になるのは未だ自分が成熟していないからなのか、とまで子規にうったえているのだ。これは漱石への嫂登世への恋だったのではないのか。漱石は一気に記した。

明治24年8月3日付漱石書簡

《悼亡の句数首、左に書き連ね申候。俳門をくゞり許りの今道心、佳句のあり様は無之、一片の衷情御酌取り御批判候はゞ幸甚。

朝貌や咲た許りの命哉
細眉を落す間もなく此世をば（未だ元服せざれば）
人生を廿五年に縮めけり（死時廿五歳）
君逝きて浮世に花はなかりけり（容姿秀麗）
仮位牌焚く線香に黒む迄

こうろげの飛ぶや木魚の声の下
通夜僧の経の絶間やきりぎりす（三首通夜の句）
骸骨や是も美人のなれの果（骨揚のとき）
何事ぞ手向けし花に狂ふ蝶　鏡台の主の行衛や塵挨（ちりほこり）（二首初七日）
ますら男に染模様ある　かたみかな（記念分（かたみわけ））
聖人の生れ代りか桐の花（其人物）
今日よりは誰に見立（みたて）ん秋の月（心気清澄）

漱石は言っている。「そは夫に対する妻として完全無欠と申す義には無之候へ共」と。そしてこうも俳句にしている。「君逝きて浮世に花はなかりけり」と。まるで三角関係をさえ告白しているようではないか。

「モラリスト漱石について一つ気づくのは〝道ならぬ恋〟がテーマに多いことである」とは小泉信三の言葉である。昭和四十五年には江藤淳が『漱石とその時代』中にこの書簡を考証、あの「銀杏返しにたけながをかけた娘というのは、そのイメージを借りて登世を語ったものだったのではないか」とまで推論していた。

無論私は、瞬時にここまでを理解してこの手紙に固執、入札したのではなかったが……

（二〇〇七〔平成十九〕年十二月）

2 大谷繞石と漱石

紅野敏郎氏から、『遺稿集連鎖―近代文学側面誌』（九月刊）が送られて来た。これは『大正期の文芸叢書』『文芸誌譚』と合せ雄松堂版三部作と言われる。

私は今度の本の目次を開いて、正岡子規編『古白遺稿』他、文学古書専門店でいずれも珍重され、ここに取り上げられている三十点の内、淡島寒月『梵雲庵雑話』他ほんの五、六点しか扱っていないことを恥じた。そして中に、大谷繞石『己がこと人のこと』が含まれていることに感じるものがあった。実はこの本、書斎を歩きその書棚の前へ行くと、時々手に取って眺めるほど私の気になっている本なのだ。

先ず目次前に「はしがきに代えて」と副題のある「免官」なる長い文章が載っている。昭和七年二月三日に「後進に道を開く」べく当局に退官願を出し、やっと「依頼免本官」という辞令が下りたことから書き出され、五十八歳までの己が履歴を十二頁に亘り記し、「己がことと人とに関した」こんな本がまとめられるのも免官のお陰と感謝、〝七年三月〟と大谷は記している。

ところが、この本は何らかの都合で出版が伸び伸びになってしまう。すると大谷の身に、突如不幸が襲うのである。

《胃癌である。癌患部は可なり広い部分に及んで居る。老齢でもあるし手術は危険である。食餌を慎しんで出来るだけ長く生き延びるやう努められるよりほか無い。かう明ら様に死の宣告をY博士から与へられたのは二月の十五日であつた》こんな「入院」なる文章を大谷が書いたのは「鶏頭」昭和八年六月号であった。それによると、大谷はすぐに上京、帝大の〝S外科〟へ赴く。二十三日手術、胃を五分の二切り除かれ、三月二日〝粥食〟となる。三月十八日に退院、居住地の広島へ帰った。大谷は、この間「入院」の他にも四月号位から主に俳句雑誌に「手術」「退院」「静養」等、病気の経緯を発表している。手術後大谷がもっとも辛かったのは喫煙癖のことで、時代背景もまだ煙草と癌の因果関係が明瞭でなく、大谷は諸説を己に有利に解釈した「煙草」という文章まで書いた。しかしこれが楽天的に過ぎたことに、大谷はすぐに気づく。

《本書の内容を成すものは、はしがきに述べたやうに、夙に纏められてゐたのであるが、急いで印行したい意図も無いので、そのまま筐底に蔵して置いたところ、不治の業病と称せられる胃癌に罹つて……》で始まる「あとがき」のこの本を春陽堂から出す。そこには、「装幀も嘗つての教え児春陽堂店員沢野武馬君の斡旋に一任」ともあるから、内実は急を要する出版だったのかも知れない。こうして大谷は、二ヵ月後には他界、紅野氏の言われるように、これは自らが生前まとめた〝遺稿集〟的性格の本となったのである。

さて、紅野氏はこの『己がこと人のこと』の紹介を、漱石の書簡集に大谷の書簡が幾つもあるのに、漱石が大谷との関連で言及されていることが少ないことから始めている。そしてこの本を二人の交流を軸に紹介した。

実は私にも、大谷と漱石との意外な関係を知った経験があったのを思い出した。私がもっとも意識的に、市場に出る絵葉書を買っていた頃の話である。ある日、いつ買ったかも知れない、古い英国の風景ばかりで一冊になっている帖を見ていたら、所々の何枚かが〝絵〟の方にまで通信文が書かれでいるのを見つけた。それらを裏返すと、その帖の二百枚近い絵葉書の裏面全部に文章が書かれ、一々に番号がついていた。しかしその番号は、五〜八枚位の組で買ったものに、各1〜5ないし1〜8という風にふってあり、全部では二、三十組もあって、文章はバラバラで中々つながらなかった。表の絵柄などでやっと何組かの文章がつながり、どうやらこれは英国から妻へ送った日記と分かったのである。例えば〝十一月三日〟と日付のある文章では、夜ワイシャツ、燕尾服に着替え、《乗合自動車で大使の私宅へ行く。定刻九時三十分をおくるゝ事僅か五分、丁度いい時なり。給仕に名を呼ばれて応接室の入口で大使夫妻に敬礼。応接室で休憩。盛装（固より西洋服の）での日本婦人十五、六人あり。乳のあたり、背中はエリから三、四寸ムキダシだからさぞ寒いだらうと思はれる。十時食堂》………とあり、筆者はかなりの人物かと思われた。そして中にはこんな記事が！

《(3)……とやられて、気味わるき事限り無し。夕食後スケレトンといふ遊戯を一寸やって、湯に入らんとせしにヌルキ事甚し。おまけにはいって仰向けになって見ると、カラダが半分もつからず、腹這ひすれば背が出る、仰向けになれば腹が出る。こまったが仕方無し。髪も一寸洗ってそこそこにあがる。あがって風（ママ）でもひくといかぬと寝る用意して居ると郵便が来たといふ。受取って見ると、夏目漱石からの「それから」なり。例によって立派な本なり。シマヒの処を日本で読まなかった故、抜かした処等読んで見て床へはいる。昨日も今日も日本からの手紙が来るのにお前からの手紙は正月発のが一つきり来ず、不愉快なり。／八日　九時に起きて食堂へ行って見ると夏目よりなり。淋しからうから拙著を取りあへず進呈す、といふ文意なり。やはりお前より遥か気がきいて居ると思へり。午後夏目へ礼状四枚の長手紙出す。その一部分は朝日に先生出すかも……》

筆者名は正信・宛名は大谷菊。要するにこの絵葉書帖は、二年前（明治四十～四十二）文部省命で滞英中の繞石（本名正信）が、妻に宛ててせっせと出していた絵葉書日記が後年絵葉書帖として流出したものだったのである。

（二〇〇二〔平成十四〕年十二月）

3　雑誌「成功」の緑雨文献

今年になってやっと一月に、筑摩書房から『斎藤緑雨全集』最終回配本（全8巻・巻八）が届いた。

眼にも鮮やかな緑一色の布装で、函は薄いネズミ色に白い雪の切片がまぶされ、明るい緑の帯で内容が説明されている凝った装幀である。六二六頁にもなった厚冊で、定価は一万二千円＋税。

「蔵前なる古本屋にて、人の買ひ居たるを何の気もなくのぞき込みしに、この辺ならばお安うございますと小僧の差出したるは、無残やわが著書なりけり。」（「おぼえ帖」）と、三十歳で自嘲的に書いている人が、今やっと完璧な全集が完結して幽界でどんな皮肉を言っているだろうか。いや、すでに、

「文学々々、あこの声を滅絶せざれば、文学の真価は世に揚らず。」（「半文銭」）

「百の手に触れんよりは、十の眼に触れん。十の口に上（のぼ）らんよりは、あはれ一の胸に上らん。朗読せられんよりは、黙読せられん。疾く買手の枕上に擲（なげう）たれんよりは、遅く売手の架上に留（とどま）らん。」（「半文銭」）

などと、緑雨は言っているのだ。何しろ、晩年、

「さうだ、こんな天気のいゝ時だと憶い起し候は、小生のいささか意に満たぬ事あれば、いつも綾瀬の土手に参りて、折敷ける草の上に果は寝転びながら、青きは動かず、白きは止まらぬ雲を眺めて、故もなき涙の頻りにさしぐまれたる事に候。兄さん何して居るのだと舟大工の

子の声を懸け候によれば、其時の小生は兄さんに候。」「(もゝはがき)」としか、虚無と寂蓼の思いを記せなかった人は、当然どうでもよい売文に身を落とせなかった人でもあった。

……ところで、つい先日の古書展で、私は立て掛け台棚下の床に置かれた、薄汚ない雑誌の山を見つけ、人々の足許にしゃがんで手を出して見た。そこに十冊ほどあった〝立志独立進歩之友〟と副題のある雑誌「成功」(明治42/1月号)の目次から、その巻末付録〝明治名士の貧窮時代〟なる付録記事を見つけた。そこに緑雨の項があったのである。

《故斎藤緑雨君の名は、今猶(なお)世人の記憶に新しいところであるが、君の貧窮時代は実に惨憺たるものがあった、否君の一生は其の全部を通じて何時も貧乏神と首ッ引をして居った。

君は娶(めと)らず其の多くは下宿住居をして居られたといふことだが、時々否常に下宿代に攻められて、時刻が来てもお膳が出て来ぬやうになると、友人の所に行って一日でも座り込んで居る。金のある人は与へて帰し、無い人は下宿に君を連れて行って、拙者が証人だと云ふことで、下宿料の滞りを証書にして本(もと)の古巣に納めたものださうだ。晩年(早世した君に取っては)娶って駒込に居を構ふるや、窮乏更に甚だしく、何時も米屋、薪屋、家主などに攻められて、天下小康を得る日は殆んど一日も無かった。加ふるに君は当時宿病の募るあり、形勢日々に非にして惨事連(しき)りに引続き、一年嚴冬の候に際しても、幾分の暖を取る炭さへ無く、無論食ふべき米も無かったので、先生大いに閉口して居る所に、一人の後輩が其の説を聞かんが爲に訪ねて来たが、右の爲体(ていたらく)を見て大いに同情を表したものゝ、我れも文士の固(もと)より金には縁遠い身の上、併し其の儘去るには忍びぬので、虎の兒のやうにして懐中に暖めて居った一円札を出して見舞に贈るといふと、正太夫とも云はれる程の剛の者が一円札を押頂いて「これはこれは」と蘇生の思ひをしたさうだ。

　君は其後病ひ重なり、余儀なく千駄木山の居を引払って本所の或る身寄の許に頼ったさうだが、貧は後より犇々と追跡しあはれ一代の文豪をして、終に渾身の血汐を其処に吐かしめた。君の病大いに進んで、最早命旦夕にと云ふ時に迫っても、貧は縦さず君を捕へて居たものと見え、死に先立つこと僅に五日、やがて氷よりも冷に、石よりも硬く成らんとする手に筆を執って、「最早僕は近日中に机も硯も要らぬ身になる！　この窮乏の中に僕を今日まで見棄てなかったものは、独りこの机と硯ばかりであった。御承知の通り僕の机は、多少歴史を有って居るもの、いくらでもお思召で可いから、どうか君に譲り受けて欲しいものだ」と云ふやうな消息を漏した手紙を机と硯に添へて、神田辺の或る人の許に一夜使に持せて届けさせたさうだ。某氏はこの手紙を読んで同情の思ひに堪へず、

「アヽ気の毒！　気の毒！武士で云へば大小のやうなものだ、今日これを手放すのは善々の事であらう！」と云って、数拾金を使に渡すと、臨終の君はこの金を何に使用せられたやら、その後丁度五日目に君の凶報に接したさうだ。》

　……古書展の縁の下で見つけた「成功」の値は三百円、買って帰って全集最終巻の「書簡」に当ったが、それらしい書簡はなかった。しかし、臨終時期のものとしてはいかにも緑雨らし

いこの逸話を、私はここに写した。

さて、筑摩から私へのこの全集全巻の献本について一言。十一、二年前のこの全集の企画当時、編集部で私の家へ、私が『幻の「一菜歌集」追跡』で使った緑雨の書簡・葉書七十二通の写真撮りに見えたのだ。が、困ったのは十年余という長い刊行期間で、私はここ数年で、気の重い行為ながら写真撮りされた内の葉書二十枚を商売用にし、糊口の足しにしてしまったのである。緑雨には、

「是れ普通の事なり、尋常の事なり、何人にとりても至当の事なり。」で始まるアフォリズムもある筈だけれど……。


（二〇〇〇〔平成十二〕年十月）

4 島崎藤村と古本屋

藤村が最も本格的に古本屋を利用したのは、『夜明け前』執筆時のことである。ここに、田中宇一郎（一八九一～一九七四）という大正初めから藤村に師事、小説と童話で暮らしを立て、すでに大正十年の最初の『藤村全集』の校正もした人がある。その田中が昭和二年秋に呼ばれた。要するに、これから歴史を骨子とした創作を始めるつもりだ、最低でも四・五年はかかる、とりあえずその準備に資料蒐集をしなくてはならない、手伝って貰えないか、と報酬の提示もあった。藤村が田中に青鉛筆で書かれたメモを渡す。

○徳川時代より明治初年へかけて本陣、庄屋の仕事（特に街道筋）
○中仙道――殊に木曽街道に関する記事
○徳川時代末期の農民百姓の生活について
○明治維新前後の東京の町の有様
　同五年頃
　同十年頃
（残った江戸、町の所見・風俗等）
　雷門前　浅倉屋
　大学前（本郷三丁目）斎藤琳琅閣
　神田　明治堂

田中は右の題目につき上野図書館等で調査、同時に藤村指示の古本屋に出かけて、『浪花講宿帳』『江戸町独案内』『村庄屋心得条目』『文政改正御江戸大絵図』『江戸絵図』『大阪浪花講定宿扣』『日本風俗史要』『近世日本世相史』『日本風俗史』『近世風俗史』等を買って、あの飯倉の穴倉のような藤村邸へ届けた。藤村の注文は細分化して行き、「和宮御降嫁の際の木曽路の道中模様」、改進・自由両党の裏面事件、演説会開催、政治熱の高まり、政治上のため家庭に及ぼした影響、その葛藤反目、中江兆民の活躍、板垣退助の遭難事件、あるいは大陰暦の時測法、往時の貨幣の種類、その換算価値、あるいは明治初期の東京を中心とした交通機関、逓信制度。その他、平田鉄胤の居住地は何処であったというようなことまでメモされるようになる。そんな田中の仕事は一年も続いた。

ところで、昭和六十一年に物故、筆者も『古本屋奇人伝』（平5・東京堂）の一人に取り上げた明治堂書店主・三橋猛雄の遺著『雑文集・古本と古本屋』（昭61・日本古書通信社）にも、この頃の藤村が描かれている。

「私の店は（略）歴史書・殊に幕末明治の史料を多少扱っているので（略）、目録を出すと仙台の真山青果、市内で長谷川伸、島崎藤村等がよく注文された。（略）藤村の注文はハガキで島崎春樹と署名しキチンとした細字で書かれていた。或時払物があるからとハガキがきたので麻布飯倉の（略）家を訪ねた。玄関に出て来たのは三十歳位大柄な魅力的な女性で二階へ案内された。藤村はモンペをはき黒っぽいチャンチャンコを着て村の老爺という感じ。」こうして三橋は、藤村が今、浅倉屋などから武鑑・道中記・地図などを買っているという話を聞き、リヤカー一台分の古本を引取る。三橋はこのあとを、

「小説や詩集などで殆ど署名入贈呈本だが、私にはさほど興味もなく適当に評価して引取ったが、今なら明治古典会の若手達が大騒ぎするものがあったに違いない。先に玄関先で会った女性が静子新夫人と後で知った。それにしても六十近い藤村との釣合いが妙に感ぜられたが、年とって衰えない若々しい情熱、『夜明け前』の大作にいどむ精力の源がこの辺にあったのかと思われた。」と続けた。


以下は、先の田中にからまる余談である。藤村の手伝いをして一年余りした昭和四年三月、日頃病弱の田中の妻が大病に取りつかれた。すると看病疲れの揚句、今度は田中までが病床に臥してしまった。それでなくても売れる作家でない田中の家は生活が不如意に陥ってしまう。ある日、藤村から突然田中への幅広の書留小包が届く。何だろうと開くと、中からは大判の、赤、青、黄の地に雲柄、金粉をまき散らした色とりどりの色紙に、肉筆で、「青鷺の眼を縫ひ鸚鵡の口に戸ささんことあたはす　句会の跋より」他芭蕉の言葉が書かれた八枚が入っていたではないか。そして別に洋封筒の田中宇一郎宛書簡が一通。

《さて〳〵君も骨の折れる日を送つてゐられることゝ思ひあたります。今日は序がありまし

たからお見まひのしるしばかりに屏風一雙分色紙八葉に芭蕉の言葉をかきつけました。別封小包にて御送りしますからこれを誰かに買つてもらつて下さい。もしお心当りがありませんでしたら○○社の○○○○○氏にでも御話し下さらばと思ひまして○○氏宛の書面を同封します。取りあへず御見まひのしるしまで。

三月二十五日　藤

》

○○氏は多分、新潮社の中根駒十郎であろう。

（一九九八〔平成十〕年二月）

5 文芸列車

昭和二十五年十一月四日正午、特別編成の文芸列車というのが東京駅を出発した。国鉄、交通公社、文芸春秋(新)社、小諸観光協会が共催、参加者を公募した。目玉は人気作家多数の同行である。上山田温泉への宿泊(三食付)費をも含め、費用は千二百円であった。行き先は秋の信濃路、一行は百五十一名、四日夜は戸倉温泉で一泊、五日は島崎藤村ゆかりの小諸懐古園を訪ね、夕刻上野駅へ帰着。——これは倉本彦五郎という人の残したスクラップ帳から見つけた記事である。

私がこのスクラップ帳を買ったのは、昭和五十五年二月の中央市会大市でのことであった。和綴じの、全体では七十冊もの戦中から昭和三十年位までの主に旅行記録で、無数の案内書や汽車切符などの資料が貼ってあるもの。これだけならよく見られる姿だが、このコレクションが特殊なのは訪ねた寺院やお宮などの管長、宮司などの墨蹟を必ず戴いてあること、そして著名同行者に識語、俳画などを書かせてあること。いや、むしろこれを生甲斐としていたらしいことだ。もっとも多い同行者は、宮尾しげを、矢沢弦月、黒田鵬心、荻原井泉水、そしてハス博士として有名だった大賀一郎。値にふめるものとしては武者小路実篤の毛筆大字の揮毫が五面、川端龍子、浜田庄司、吉野秀雄のものなどであろうか。

私のもっとも好きな蒐集分野で、幸い落札し、時々眺めて楽しんで来た。さて、今の評価での白眉は最初に紹介の文芸列車の記事のある帳だ。倉本彦五郎がいつもの蒐集癖を発揮、参加文士の全筆蹟を貰ってあるからである。丹羽文雄、浜本浩、亀井勝一郎、有島生馬、三汀(久

米正雄）の句が並び、

菊咲いて文芸列車小諸まで

は珍らしく真杉静枝の句。次いで、例の如くの井伏鱒二の漢詩。

閭巷有真詩

と短いながら墨黒々と大書してあるのは石川淳のもの。小諸町長の識語は、もうなくもがなであろう。

このスクラップ帳の一冊に昭和二十七年一月二十七日付の「品川新聞」というのが折りたたまれて挟まり、〝人物俎上〟欄に倉本彦五郎の紹介がされているので左に要約引用して見よう。

「倉本家は氏で八代目。約二百余年続いている。区町会議員を三十有余年勤め大井町のボスだったが最近は鳴かず飛ばず。だが実は読書や旅行三昧の生活をつづけ、自宅の洋館二階建てを子供達のために区立児童図書館として解放したことはまことに見上げたもの。若し品川区で名誉区民を選ぶとしたら随一の候補者であろう。（略）広々とした庭、畑を前にしての書斎には後藤新平書『晴耕雨読』の扁額が氏そのものを現わす如く掲げられてあった。六十六歳の文学青年（？）である」

こうして倉本は、何頁にも亘って文芸列車のことを記録する。各新聞はこれを競って記事にし、その部分を切抜いて貼った。サン写真新聞のものか、丹羽文雄中心の作家達のものも。ただこの頃の紙の悪さで、はっきりしたのはない。記事のうち、ここは皮肉屋正宗白鳥の署名入

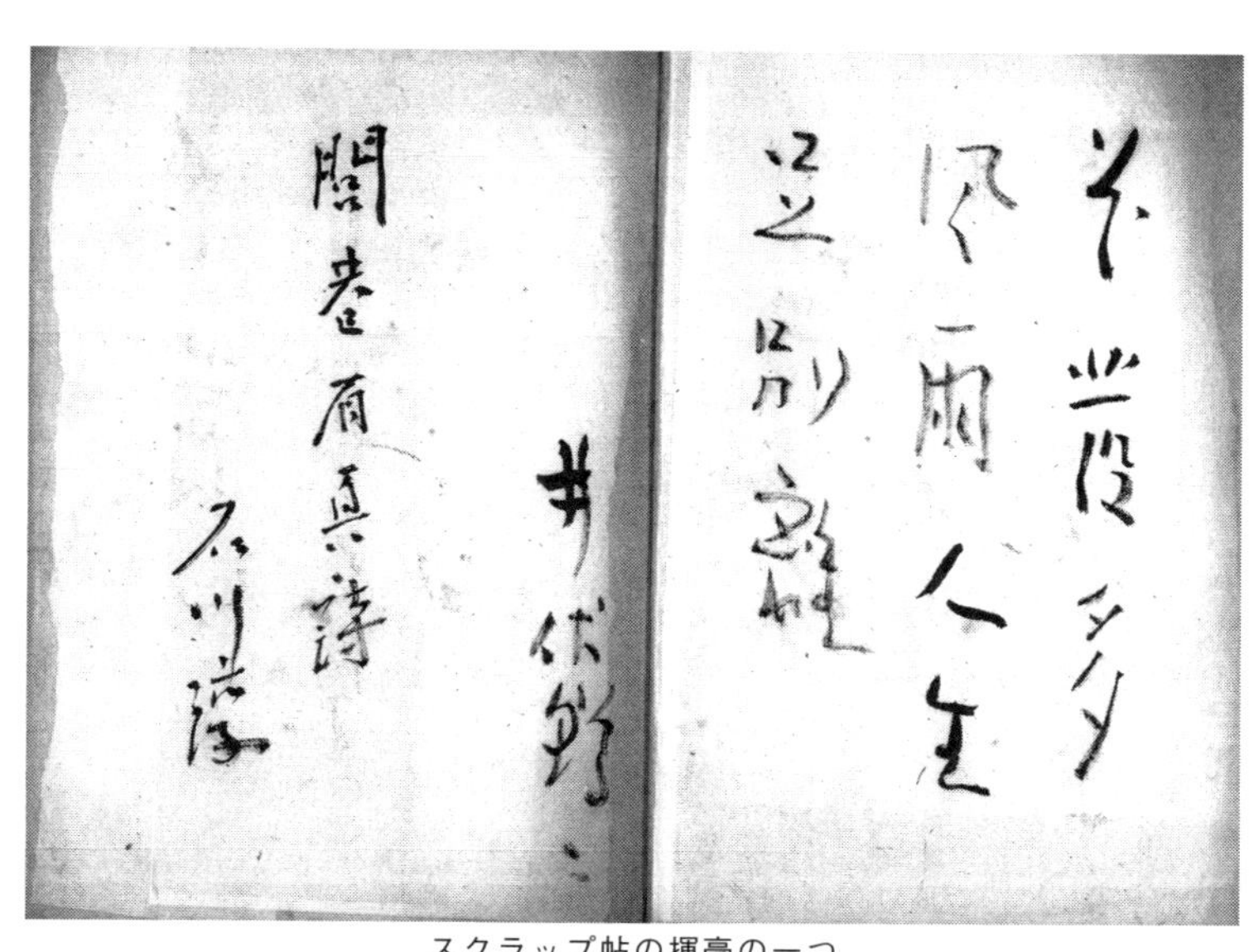

スクラップ帖の揮毫の一つ

の文章を載せておくことに。惜しむらくは新聞社名不明だが、どうやらどこかへの連載文らしい「安っぽい風流」と題した文章で、「一日一題」とあるから交代で書かされたものか？

文芸春秋社の計画で「文芸列車」という特別列車の編成され、島崎藤村の詩碑のある小諸城址を目指して団体的文学旅行が試みられた。面白い趣向である。第一回が成功したら今後諸方の文学遺跡訪問が続行されるのであろう。雑誌の宣伝にもなるし地方の文化開発の効果もあると言われそうだ。

私は小諸の城址や詩碑は幾度か見ているので、文芸列車が先ず此処を選んだことに興味を起こしたのである。この城址は北佐久の高原を見渡し、千曲川に臨み詩趣の豊かなところである。それから藤村の詩そのものが、明治以来の新体詩のうちでも、日本人好みの風潮を帯びているのである。詩というと、感傷的であり、涙ぐましくて、やる瀬ない淋しさの漂つているはずで、それが詩の詩たる所以であつた。「幾山河越え去り行かば、寂しさのはてなむ国ぞ、今日も旅行く」という若山牧水の和歌は、ひどく有名であるが、あの頃の、若かりし藤村の詩にも、この和歌のような味わいがあつた。しかし、小諸の城址から、浅間の裾野たる佐久の高原を見て、ぼそ〱と感傷的な思いを起すばかりが、純真な詩情であるとは思えない。牧水の「今日も旅行く」の歌碑は沼津あたりの海べに建てられているらしい。石川啄木の「蟹とたはむる」の和歌も北海道あたりの海べに建てられているらしい。そういう歌碑、詩碑の代表的のものは、藤村の「小諸なる古城のほとり」なのだ。

日本伝統の安価なる風流はそれ等の歌碑、詩碑に現れている文化国家としてこういうものが殖えるのは結構であろうが西洋のように銅像や大理石像が建つのは日本として不似合である。日本の文人は銅像化されて表彰されるのは不適当である。文人でなくつても巨大な銅像はあらずもがなの存在である。日本にも芸術として醜悪なる銅像が多かつたが醜悪でなくつても巨大なる銅像は人を威圧せんとするようで、不愉快である。ソ連邦の各所に、支配者の、馬鹿でかい銅像が屹立しているのを見ると、一種の滑稽感を伴つた脅威を感じる。しかし、偶像を拝すべからずと言われている西洋に、その前に跪かせんと身構えしている偶像的人間像のあるのは、意味深く感ぜられるのである。人間は人間を拝みたがるものである。人間は自己を拝ませたがるものである。一切平等、そんなことは架空である。死後は賢愚貧富一切平等であるかも知れないが、生きているうちはそうでないにきまつている。

日本趣味では、偶像崇拝でも簡単であり、故人の記念でも単純である。句碑や歌碑で故人を偲び、風流を楽しむのは無邪気であり、のどかである。和歌や俳句は第二芸術だと言つて問題になつた事があつたが、この第二芸術的風流心は、日本人から離れないものらしく、西洋から学んだ新代の詩にしても、和歌俳句の骨法風格を帯びているのである。小諸の詩碑から、銅像や偶像を連想したのだが、今の日本には銅像偶像になるような威力圧力のある人が敗戦とともになくなつたので、せめて詩碑や句碑を建てられそうな人を表立たせて、世人をしてそれ等の人々崇敬させるように企てる傾向が生じたのである。世人が跪いて仰ぎ見るにふさわしい人が欠乏している時には、その穴埋めに何かを持出すような気持に人はなるのである。(後略)

何とも白鳥流の理屈っぽさの目立つものだが、これも文芸列車が大きく話題になった影響の一つだったのだ。

(一九八五〔昭和六〇〕年七月)

6 「文芸列車」再説

このところ急に関連資料が見つかったので、本欄平成元年七月号に書いた「文芸列車」について再説してみたい。

前の文章で私は、ある趣味家のスクラップ帳から、国鉄、交通公社、文藝春秋(新社)、小諸観光協会が共催で昭和二十五年十一月四日出発の「文芸列車」の旅参加者を公募したこと、目玉は人気作家の同行で、費用は三食付宿泊費を含め千二百円(一部抽選で無料招待?)、行き先は秋の信濃路。一行は百五十一名、当日夜は戸倉温泉で一泊、翌五日は島崎藤村ゆかりの小諸懐古園を訪ね、夕刻上野駅へ帰着ということを、写した。またそこには、同行文士七名の墨筆による俳句・識語などが記されていて、貴重だった。しかし、このスクラップ帳からはいま一つ、具体的な二日間の経緯が分からなかった。

……ところが過日、梶山季之が出していた「噂」のバックナンバーを見ていたら、昭和四十七年九月号に、梶山が聞き手となって当時の〝文藝春秋管理部長〟樋口進という人の「海を渡った講演旅行」という談話が出ていた。即ち、もうこの昭和四十年代になると、文士の海外講演旅行まで行なわれていた。その一つヨーロッパ旅行では、ロンドンとデュッセルドルフ、アムステルダム、ミラノ、パリと、司馬遼太郎、江藤淳、池島信平が講演し好評だったと、語っている。樋口はまた谷崎潤一郎や菊池寛などが始めたという「文藝春秋」創刊当時からの〝講演旅行〟の歴史にも触れている。戦時中には朝鮮、満洲までも出かけたが、昭和十七年で中断した。戦後は二十七年から復活したが、その前に一度だけ「文芸列車」というのを企画したの

だと言う。その時の顔ぶれは？　と梶山が聞くと、樋口は立ちどころに作家名を挙げ、

「小諸の野外会場で、昔を偲びながら作家達の話を聞いたのです」と言う。

するとこの記事を読んだ「文芸列車」の参加体験記が、一タ月後の「噂」に投稿されて来たのである。

《九月号・文藝春秋の樋口氏のお話の中で、昭和二十五年に文芸列車を出したという記事に「オヤマア、二十二年も前であったか」と感慨無量でありました。当時貧乏のドン底でありました私が、クジに弱いんだけど……とおずおず応募したところ、当選者五十人の中に入り、首尾よく文芸列車に乗れた上、一泊旅行が出来るという光栄に浴しました。

懐古園で秋の陽を一杯浴びながら、有島生馬、浜本浩両先生のお話を、旅行に出られた嬉しさで夢中でうなずきながら伺ったものです。一泊した上山田温泉の食事もよろしく、文春さんのサービス上々と皆さんと話合いました。翌日の帰りの列車内は、往きと違い諸先生方が各車輌へ分散して座られましたので、皆さんサインして頂くやら、お話伺うやら賑やかな上、車内にて全員から、詩・短歌・俳句を募集し、先生方によって三名の当選者の発表などあって、和気靄々としました。私の持参したノートに久米先生が自画像を描いて下さったところ、だいぶご機嫌の石川淳先生が、「よーし、ボクが讃をかいてやるぞー」と仰有り、即座に「三汀の額も老いぬ秋時雨」とかいて下さいました。

今も大事に保存しております。おっとりと長谷川一夫そっくりだった丹羽先生、いつもにこ

にこ悠然たる井伏先生、ちょっとお気どりで（某）画家との噂も高かった当時の眞杉先生、まだその頃はなかったロマンスグレーの紳士という言葉ぴったしの亀井先生、子供のように無邪気な浜本先生、小柄で上品な有島先生、いかにも女性に優しそうな久米先生、お酔いになったらとたんにお話して下さった石川先生、皆お懐かしい先生でしたのに、何と今ご存命なのは四人しかいられません。（東京・藤弥）》

すると、もう一点これ以上にないという資料が、先日の古書会館の古書展で見つかったのである。普通昭和四十年代以降の「オール読物」は三〜五〇〇円だが薄くても古いほど高く、この昭和二十六年二月特別号は千円だった。少し躊躇したが、私は「文芸列車」の出発から帰着までの写真が口絵に特集された、この雑誌を買って帰った。

口絵は奇数頁から始まり、四頁あった。一頁目上部は、出発前の列車の窓から顔を覗かせている、左から丹羽文雄、井伏鱒二、石川淳、眞杉静枝、久米正雄、浜本浩、有島生馬の作家達。下段は多分乗り込む前のものであろう、東京駅ホームに勢揃いの図で、一人亀井勝一郎が加わる。次いで見開き二、三頁の写真は全六枚あるが、順に「車中の井伏鱒二氏と、遙々北海道より参加した女性」「同じくニッコリ、サインに応じられる丹羽文雄氏」、そして中央上図は「宿舎に寛（くつろ）ぎ、藤村生家の模型に見入る眞杉、浜本、久米、丹羽、石川、亀井の諸氏」、下図が「〝小諸なる古城のほとり〟の碑の前で、藤村の想い出を語る有島生馬画伯」。

次いで左上図は「古城に立って、悠容と流れる千曲川を見遙かし、過ごし世を静かに思うかの如き亀井、石川氏」、下図が「在りし日を偲ぶ島崎藤村遺児柳子さん夫妻と有島画伯と令孫」。さて最終四頁目は「長途の疲労から横になった久米氏を、尊敬と親愛の情をこめて眺めるファンの女性達」「小諸城阯に第一回文芸列車訪問の記念柱を建てる浜本氏とサービスガール達」が上図。下図が、列車の後部に並んで上野駅に安着を喜ぶ作家全員の図。

ちなみに、この時点では藤村没して未だ八年でしかなかったのである。逆にこの五十三年前の旅行を共にした作家達の内では、丹羽文雄のみが九十九歳で生存されている。

（二〇〇三〔平成十五〕年一〇月）

7「島崎藤村『人名簿・二』」

秋の一新会大市会での落札品で、もっとも意外だったのは十万円まで書いた三枚札の下札、四万円未満でこの品が買えたことだった。藤村も含め明治期文学者の値の没落はともかく、七年前の伊東一夫先生との『島崎藤村コレクション』（全四冊・国書刊行会）編集時なら、私は今度の上札を下に、三十万円位までは入札したに違いない。

この和綴じ本の紙数は五十枚、頁にすると百頁。見開二頁に十一名の名と住所、電話番号が書かれている。載せられた人員は約五百名。しかしよく見ると住所変更や他の理由でか、三分の一以上が新しく書き直されており、実人員は三百人ほど。ただこの「人名簿　二」の難点としては、全頁が藤村の筆跡によるものでないこと。それが安く落札出来た原因だったようだ。私の判断による藤村の筆跡は約二百名、あとは誰か家人の手なのである。まず「人名簿　二」の「二」から考えると、これは「一」と「二」が存在しての「二」ではなく、辞典などによくある「一」が使用に耐えなくなっての改版の意味だったと思われた。次に使用年限。「人名簿　二」の開始は表紙下部にもあるように大正十二年、藤村は五十二歳だった。中でももっとも若い名は梶井基次郎で、二十九歳下。梶井は大正十四年一月、中谷孝雄、外村繁等と「青空」を創刊、「城のある町にて」を発表。五月、麻布区飯倉片町、堀口方に下宿を移す。「青空」の人達と藤村の接触は、伊藤整『若き詩人の肖像』に詳しい。

さて、順不同で書かれた中から出版関係を拾うと、新小説編集部、中央公論社、春陽堂、改造社、新潮社、プラトン社、朝日新聞、研究社で、人名として北原鉄雄、籾山仁三郎、岩波茂雄、島中雄作、緒方竹虎、務台四郎が書かれている。

友人もしくは年齢の近い人名は、蒲原隼雄(有明)、小山内薫、川路柳江、河井酔茗、戸川明三(秋骨)、木村熊二、水野葉舟、吉江喬松、生田葵山、三宅克己、丸山晩霞あたりか。後輩としては、田中宇一郎、秋庭俊彦、岡田三郎、阿部章蔵(水上瀧太郎)、中西悟堂、木村荘太、加藤朝鳥、柳沢健、福永渙、石原純、浜田広介、山崎斌、牧野信一、西條八十、細田源吉、里見弴、近松秋江、本間久雄、竹友藻風、水守亀之助、有島生馬、秋田雨雀、鳴海要吉、塚原健二郎、加納作次郎、日比野士郎、安成二郎、土岐善麿、渡貫六助、金子薫園、そして梶井も出ている。この内、田中宇一郎、有島生馬、山崎斌などが終生藤村に近く、牧野信一は藤村に見出されたことで文壇に出た。

画家は小杉未醒、森田恒友、正宗得三郎、山本鼎、小山周次、竹久夢二、木村荘八、鏑木清方、藤井達吉。山本、正宗とは巴里で知り合い正宗とは帰国の時の船が一緒だった。

けっこう女性名も少なくない。川野なか、大井きち、伊吹信子、加藤静子、伊東英子、河内利子、加藤律子、木村恒、秦タキ、富山みたま、富本一枝、鈴木玉子、北村美那、横瀬多喜、中沢つゞ子、加藤きぬ、野溝七生、田尻稲子、榎本すみ子、徳光松子、秦はる子、古沢芳子、杉浦翠子、中野すみ、川島つゆ、富山直子、原まつ代。――北村美那は透谷未亡人、秦たき、はるは故・冬子の妹。加藤静子は言わずと知れた昭和三年に藤村の後妻となる女性。

この「人名簿」を始めた大正十二年初め、藤村は軽い脳出血に倒れるが、回復して六月十日伊吹信子の招きで、静子を同伴松本市の山辺温泉へ行き十六日間滞在。九月一日、関東大震災、家は延焼を免れた。そして五十七歳で三十三歳の静子と結婚するのだが、それまでに静子が、

川越市菅原町六十九

小石川区白山御殿町一一〇

府下巣鴨町字巣鴨一三一一

　巣鴨女子寄協会平井しも内

川越市西丁(ママ)・長松院門前

と移動、藤村の仕事に協力し続けていたことの裏側が分かるのである。

利用した各種生活のための商店の電話も記されている。

西村寿男（メトバ洋品店）、ピイス商会（クリイニング）、大雅堂（美食倶楽部）、星岡茶寮、田巻要平（精昌園茶商）、薬水圏（凱歌梨・各、天月地花印）

そして「屑ゐさん（長谷川正之助）」という行さえあった。

さて、漱石、鷗外、藤村と、すでに研究も行き届いてしまった感のある文豪達の資料だが、平成も十七年経って、ふっとこんな思ってもみない品が出て来る古本市の不思議さを、私は改めて思うのである。

この品にはまだ、「藤村自筆紙片入り」と書かれた茶封筒もついていたのだ。そこには紛れ

もない藤村の筆跡で、左の文章が書かれていた。

十二月四日

冬の海／日暮れゆく／次第に海も暮色につゝまれ行く／碇泊(ママ)する船の燈火静かなる海水にうつる、あそこにもこゝにも

水にうつる燈のかげ／夕飯の支度かと見えて灯かげのことに／大きなるが／黒き煙も暮色につゝまれて望まる

十二月五日

横浜外人墓地／墓守と巡査／異郷にあるものを墓地の観　深きか／よき眺望、墓畔より望む海

（二〇〇六〔平成十八〕年一月）

古本屋の店頭が文学作品に登場するのは、そう沢山はないが、全くないことではない。

8 文学の中の古本屋風景

私には、まず島崎藤村の『破戒』が浮かぶ。即ち、部落民ということを秘密にして教員をしている瀬川丑松が、その出身を堂々と明かして語る猪子蓮太郎の著書を手離す場面である。無論本を読んでしまったからとか、小遣いにしたいからとかではなく、これらの本を押入の隅に隠しておいた行為さえ不安になるほど、丑松は追いつめられていたのだ。

丑松はまず、猪子の『現代の思潮と下層社会』『懺悔録』など五冊の本を改め、蔵書印代りに押しておいた自分の認印を消す。ほかに語学の本などの不要本をそれにまぜ、風呂敷に包んだ。こうして丑松は雪の積もる曇天の下、上町（かみ）の古本屋へ出かけて行く。ここはかつて古雑誌を引き取って貰った縁もあり、店頭に客のいなかったのを幸い入店、これを買って貰いたいのですと、風呂敷を出した。

「いかほどでこれをお譲りになるおつもりなんですか」と、持て余したように亭主。

「まあ、あなたの方で思ったところを付けてみて下さい」と丑松。

「どうもこの節は不景気でして……」と、亭主は参考書を示し、猪子の本は「こちらはお持ち帰りになりやした方が」と言った。

丑松とすればこっちこそ処分したいものなので、そう言わず一緒に、と頼んだ。亭主から、「精一杯なところ、全部で五十五銭」と言われ、丑松は寂しく笑って、これを売った。

《「先生、先生——許して下さい。／と幾度か口の中で繰り返した。その時、あの高柳に蓮太郎と自分とはなんの関係もないと言ったことを思い出した。鋭い良心の詰責は、身を衛る余儀なさの弁解と闘って、胸には刺されるような深い深い悲痛を感ずる。丑松は羞じたり畏れたりしながら、どこへ行くという目的もなしに歩いた》と、藤村はこのあとの丑松の思いを描写している……。

次に思い出す光景は、芥川龍之介の『大導寺信輔の半生』の中にあった。

周知の如く、この作品は「本所」から「友だち」までの六章からなり、龍之介はこの三、四倍は書き続ける予定だったが、未完に終った自叙伝である。この話が書かれてあるのは「五、本」で、信輔の本に対する情熱が小学校時代からのものだった、と語り出される。この頭ばかり大きな小学生は、薄暗いランプの光のもと、父の本箱にあった帝国文庫の『水滸伝』を読むことから始まった。しかし貧しかった信輔は、自由に本を買うことが出来ず、その飢えを満たしてくれたのは、図書館や貸本屋だった。信輔は人のよい貸本屋のお婆さんの目を盗み、〝愉(ぬす)み読み〟することまで発明したと言う。

また信輔は、古本屋ばかりごみごみ並んだ明治三十六、七年の神保町通りを、その古本屋の屋根の上に日の光を受けた九段坂の斜面が光っていたのや、電車も馬車も通じなかったその通りを、弁当やノートブックを小脇にした十二歳の小学生だった自分が、大橋図書館へ通うために往復一里半の道を通ったのを思い出した。信輔はその図書館の何百冊の本を借り、何十冊という本を愛したのである。しかし、信輔が内容の如何んを問わずに本当に愛したのは、やはり己が買った本であった。信輔は本を買うためにはカフェにも足を入れず、そのためには親戚の中学生に数学を教えた。それでも足りぬ時の信輔は、愛する本も売った。

《彼は或る薄雪の夜、神保町通りの古本屋を一軒一軒覗いて行った。その内に或る古本屋に「ツアラストラ」を一冊発見した。それも只の「ツアラストラ」ではなかった。二月ほど前に彼の売った手垢だらけの「ツアラストラ」だった。（略）

「これはいくらですか？」

十分ばかり立った後、彼は古本屋の女主人公にもう「ツアラストラ」を示していた。

「一円六十銭、——ご愛嬌に一円五十銭にして置きましょう」

信輔はたった七十銭でこの本を売ったことを思い出した》

信輔はやっと一円四十銭にこれを値切り、同時に自分自身を何度も何度も嘲笑しながら雪の夜を帰って行くのだった……。

三つ目の小説は中野重治の『歌のわかれ』で、それはこんな話である。

中野が自分をモデルにした片口安吉が、金沢の高校を卒業か、二年続きの落第か、どっちかということを知っている古本屋泰文堂へ入って行く。古本屋は安吉の〝蔵書整理〟を狙っており、安吉の意向を尋ねる。

「それでいつ来てくれるね？」

「いつでも……今日伺ってもよろしいんですが……」

「今日は困るな……と、じゃ、また来るから……」

「へ、へ。承知いたしました」

と、そこにいた同じ学校の生徒が、これいくら？と棚から出した本の値を聞く。それは安吉も使った倫理学の本で、泰文堂「二円六十銭です」と答える。「二円六十銭か……」と生徒が考えていると、安吉が「三年になるのですか？」と聞く。「ええ」と生徒。

「じゃあね、僕のをあげますよ。それ買うのよしなさい」

生徒がそうは行きませんと二円を出すのを、安吉は泰文堂へ渡す本の中へ倫理学の本を入れておくこと、但しその一冊分を全体の値から引かぬこと、生徒は店の本を無代で持って行くことで泰文堂と交渉、承知させてしまう。

もう少し先があるがもう紙数がない。——古本屋の立場からは何とも扱いにくい客の中野だが、この一挿話からも、のちの明晰なヒューマニズム文学と政治的才能までが伺えてしまうのは、私だけであろうか……。


（二〇〇二〔平成十四年〕年十一月）

9 「路」

古書展などで、昔読んだ本をポツポツと、当時手にした本で集めている。先日も大正十四年重版の「ドストエフスキー全集」『カラマーゾフの兄弟』(新潮社刊全三巻・米川正夫訳)が五百円で並べられてあったので買って来た。

これを夜毎、寒い寝床の中で読み続けたのは、昭和二十三年後半の、十七、八歳の頃だったろう。ある日ある箇所にさしかかって、私は「あれ?」と思った。そこに置かれた一挿話が、キリストと釈迦との違いはあるにしろ、すでに読んであった芥川龍之介の「蜘蛛の糸」に全くそっくりだったからである。「なるほど、文学とはこういうものかも知れない」と私は思った。

次の例は、知っている人は知っている話である。六節ある詩から、(一)(二)(六)だけを示そう。

一、ゆうぐれしづかに　いのりせんとて　よのわづらひより　しばしのがる
二、かみよりほかには　きくものなき　木かげにひれふし　つみをくいぬ
六、このよのつとめの　をはらんその日　いまはのときにも　かくてあらなん

で、これは明治二十三年十一月刊の『新撰讃美歌』中の「第四礼拝〝夕〟」の歌詞である。

一方、明治三十年に出される島崎藤村の第一詩集『若菜集』で、人々は「逃げ水」という詩を見つけた(但しこちらは五節)筈である。(引用詩の○印は筆者)

○　ゆうぐれしづかに　ゆめみんとて　よのわずらひより　しばしのがる
○　きみよりほかには　しるものなき　花かげにゆきて　こひを泣きぬ

○　すぎこしゆめぢを　おもひみるに　こひこそつみなれ　つみこそこひ
○　いのりもつとめも　このつみゆゑ　たのしきそのへと　われはゆかじ
○　なつかしき君と　てをたづさへ　くらき冥府（よみ）までも　かけりゆかん

キリスト讃美の歌を、藤村はこのように恋の歌にしてしまう。誰が見てもアイデアの盗用だ。すぐにこれを見破った者はいなかったかも知れないが、今は多くの人に知られている事実である。それでもこれが藤村詩中の名詩であることは、例えば平凡社版「世界文学全集」別巻『日本詩歌集』（昭34・山本健吉編）に、「初恋」「小諸なる古城のほとり」などと共に藤村詩六篇中に選ばれていることでも分かる。

藤村はしかし、こうしたいわゆる換骨奪胎はお手のものであった。『罪と罰』を下敷きにして、『破戒』という、明治期有数の名作に仕上げたし、晩年の傑作『夜明け前』の書き出し、「木曽路はすべて山の中である」以下の名文句は『木曽路名所図絵』の三留野の項「木曽路はみな山中なり」から始まる一節よりとったものだと、戦後、北小路健著『木曽路文献の旅』に書かれ、知られるようになった。

周知の如く、その『夜明け前』が「中央公論」に連載されるのは、昭和四年四月号からである。藤村の名声は最高潮に達していたが、その執筆態度は慎重で、他の原稿はみな断っていた。そうした中の昭和八年、四月を期して岩波書店が雑誌「文学」を創刊するので、そのはなむけの言葉を頂きたいと、すでに前年から言って来てあった。藤村が夫人に、

「どんなに短くてもいいなんて、岩波君も同情がないな。短くていいものを書くのはなお困難だよ。今度はお断りだ」と言っているところに、突然岩波茂雄自身がやって来てしまった。
「先生、岩波に原稿を頂かせて下さい」と言って、岩波は大きな体を狭い板敷の上に丁重に折り曲げて言い、頭を上げない。さすがに藤村も、
「岩波君、待っててくれますか。すぐ書きます」と言って、二階へ駆け上り、三十分ほどで書いて来たのが、「路」という文章。

　古い言葉に、この世にめずらしく思はれるものが三つある。いや四つある。空に飛ぶ鷲の路、磐の上にはふ蛇の路、海に走る舟の路、男の女に逢ふ路がそれである、と。わたしたちの辿って行く文学にも路と名のついたものがない。路と名のついたものは最早わたしたちの路ではない。

岩波はこれを編集部に渡し、「文学」はこれを第一頁中央に、大きな活字で広く行間をとり、異例の組み方で印刷した。
さて、「旧約聖書」を通読すると誰にも分かることだが、「箴言」三十章まで来ると、

　わが奇（くすし）とするもの三（みつ）あり。否な四（よつ）あり。（略）即ち空にとぶ鷲の路、磐の上にはふ蛇の路、海にはしる舟の路、男と女にあふの路これなり。

とあるのにぶつかる。藤村が加えたのは百三十九文字中「わたしたちの辿って行く」以下五十一字だった。

（二〇〇一〔平成十三年〕年六月）

10 藤村の署名本

過日の明治古典会の市に、久しぶりに藤村の署名本が出品されていた。『家』の上巻に、それも広々とした見返しでも、もっとも目立つ厚紙のタイトル頁へでもない、見返しの次の頁。そこは下部に「緑蔭叢書は藤村の著作を刊行するものにて……」の有名な言葉が印刷されているだけだが、その言葉の始まる箇所――つまり、よほど気をつけないと見つからない場所に、ペンで「島崎藤村」とだけのサインだった。

「ほおう！　藤村らしいな」と、私は独りつぶやいていた。

藤村は多分、いつものようにこの乞いを断わったのであろう。が、相手にどうにも断わり切れない事情もあり、彼はこの来訪者に、

「では、本当に署名だけですからね」と言って立上り、己が机に向かったのに違いない。客に背を向け彼は、本を幾度も幾度も繰る動作をしている。客にはそれが必要以上に永い時間に思え、ああは言われたが何か一言二言の識語でも書こうと、その場所を探しているようにも感じられた。やがてゆっくりと染筆、藤村は客の前に戻った。が、客が見たものは？　案に相違してたった四文字、「島崎藤村」の名前だけだった。

この署名本は、本の程度がよくなかった分低かったが、しかしおぎなって余りある値になってN書店が落札した。

……私が四十四年古本屋をやって来て、藤村の署名本を見たのは、大市会を含めてもかれこ

れで十冊ほどである。早い話が、彼はめったに署名することがなかったのだ。同時代の前田晃の話（「逸話の島崎藤村」）を短かくなぞろう。

「福岡日日新聞が大正十二年、藤村、花袋、秋声を選者に多額の賞金を出して小説を募集した。顧問だった私が仲立ちをしたもので、東京で顔合せ会があった。宴たけなわになって、主催者側から色紙、短冊、扇子が持ち出され、花袋、秋声は無造作に何枚か書いたが、藤村は書かない。主催者側もあきらめかけたが、花袋がとりなして『島崎君、名前だけでも書こう』と一本の扇子を手に取る。それでも考えるようにして、やっと「藤村」とだけ書く。仕方なく花袋、秋声とこれを並べたがあまりにも淋しい。結局三文豪の命で私が日付と場所をこれに書き加えたのである。」

小説『エデンの海』や晩年は石佛に触れた文章を多く残した若杉慧の話（「遠景の人」）は、「魂を抜かれた」ほどの一生の傷となった。

数え年二十二歳、若杉は『海へ』を読んで藤村に病みつきになる。「ああ、私のような者でもどうかして生きたい」はお念佛にまでなった。東京から病気して帰郷の時は、一度藤村の住居だけでも見ておきたいと周辺を俳回したり、写真で見た机に似せて机をあつらえ、周囲に必要品の外何も置かず壁に「明月」の文字を掲げ、地味な縞の着物を着てひたすら簡素な生活を心がける。原稿の字までも似せて書き、その前後数年の間に若杉は七、八度も藤村に会いに行く夢を見たという。「それから九年、私の藤村への愛着史は自分でも可哀そうなほど長いものがあったのだ。」

その昭和九年、若杉の勤めていた小学校が創立五十周年の記念事業の一つとして校歌を作ることになった。半年かかって若杉が作詞すると、校長が東京へ持って行って専門家に鑑定を乞え、と言う。心に期するものがあった若杉は喜んだ。藤村に会い、ついでに一筆何か書いて貰おう、と決心した。小手調べに葛原しげる、北原白秋と訪ね、飯倉片町にあった本命の藤村の所へと押しかけた。坂道を下り切った行きどまりにその家はあった。一塵をとどめずと言った感じの玄関で、はや畏敬に近い緊張を若杉は覚えた。磨き抜かれた傘立ての艶を見ながら待っていると、やがて藤村が二階から下りて来た。前垂れをしめた膝を端然と折って座り、

「わたくしは今長いものを書いておりますので……」と一句々々区切るように藤村は若杉に言った。言外に、ここで帰ってくれと言っているのだ。『夜明け前』を「中央公論」に連載していることを若杉が知らないみたいなその言いぶりに、若杉がどう反応したか覚えていないが、ともかく「十分か十五分でよろしいのです」と喰い下ったのである。とり敢えず若杉はその校歌を藤村に見せる。確か「力がこもって……」とか言われたように思うが、若杉はもうその校歌を巡るやりとりを覚えていない。もとよりそれが目的ではなかったのであるが、そのあとの次の「事件」が、あまりにも強烈に若杉を打ちのめしたからである。

これ以後は、略さず若杉の声で聞こう。

「紙片か原稿用紙に何か一筆書いていただきたいと言ったのである。そのときの藤村のこと

ばは忘れてしまった。『それはおことわりします』とでもいう、あたりまえの短いものだった
にちがいない。けれど私のうけとった感じからいえば、あれほどのきびしい拒絶を人から受け
たためしがない。そのときの藤村の語調はとうてい人につたえることのできないものである。
私はひれ伏すような気持であった。私はどういうふうに玄関を出て、坂をのぼって、木立を見
おろす砂利道をあるいて行ったか、十年の夢一時にさめた思いで、落葉の木立をすかした冬日
の光りだけがいまも鮮かである。」……

（一九九七〔平成九〕年三月）

11 五十五年前の「文壇十人男」

六月号の本欄に「ある『一誠堂』文献」を書いたが、紹介した資料は「実業之日本」昭和七年二月十五日号。実はこの時もう一冊、昭和八年一月一日号というのも私は買ってあった。おそらく半月後には十五日号も出たのだろうに、頁数二百四十四頁もある厚冊である。因みにこの古雑誌、この年四月生まれの私より、ほんの数カ月兄さんである。

巻頭に内閣総理大臣・斎藤実ほかの「昭和八年に寄す」と、肖像写真が載せられている。総タイトルは「これからの成功法新研究」号。中に「現代オール代表百人」の特集があり、政界、財界、学界、音楽界、官界、陸海軍人、運動界、新進美術家、演劇界に混じって「文壇十人男」というのもあった。

まず「朱鞘の大親分・直木三十五」。《何と言つても、三二年でいちばん活躍した男。朝日新聞に「明暗三世相」をかき、日々新聞に「光・罪とともに」をかき、更に国民新聞に「水戸黄門」をかいている。その他に「日本の戦慄」と「楠正成」と、この二つを書き下ろしの長篇。更に他に、数種の雑誌。——とにかく、どえらい健闘振りである。朝日と日々の原稿、東京と大阪だから、最低に見積つても一日各六十円、計百二十円、一ケ月で三千六百円。それで建ちかけた家が、建たない彼である。何故？　その　理由は、何でも「ヨシ〳〵」だからである。彼のことだから、おそらく国民新聞などには、殆どタダみたいに原稿をかいているだらう。世の中は、要するに、持ちつ持たれつである。彼は「ヨシ〳〵」と持つのである。だから同時に、「直

木さん〳〵」と持たれるのである》
二人目は「金の大好きな・浅原六朗」。《久野豊彦と、勇敢に兜町に飛び出して、世間をアッと云わせ、そして、とどのつまりは大穴をあけ……》（以下略）
三人目は「文壇人気株・菊池寛」。《「文壇の大御所」で数年間通つて来た菊池寛は、昨年、婦人記者をぶんなぐつたあたりから、どうやら「文壇の平清盛」になつて来た。だが、今年、朝日新聞に「勝敗」をかき、報知新聞に「花の東京」をかいて、それらが相当に当つてゐるのは、まだ太陽をさし招く扇の魔力が残つてゐるらしい》（以下略）
四人目は大宅壮一だが、全文略す。
五人目は「重苦しい先生・横光利一」。《（前半略す）「母」「寝園」と、純文学お札を授けになつて、純文学の三期的恐慌の三二年、インフレーションばやりの中に、ともかくも金本位制を擁護した第一人者である》
六人目は「チャンバラ小説技師・大佛次郎」。《大衆文学の世界で「鼠小僧次郎吉」の逸品、「天狗廻状」の佳品、等々を投じて、香高い防腐剤の役割を果した大佛次郎。直木が「大衆文学の魔王」なら、彼はまさに「大衆文学の神様」》
七人目は「当世股旅男・龍膽寺雄」で、この頃十人男の一人だったことに、今は驚く。
八人目は「モダン大馬鹿・林房雄」。《日和見主義者、唯心論者、ブルジョア作家。――といろんな非難を浴びせられながらも、高級雑誌、大衆雑誌、婦人雑誌が、血道をあげたところは、

たしかに彼も、三二年男の一人》
九人目は「時の勝者・吉川英治」。《(前半略)直木三十五が、ポツン〳〵、と句点だらけの文章を発見して、これが当ると、すぐ彼の文章がポツン〳〵となつたし、また誰やらが、口のセリフでなく、心のセリフを（　）の形式で発表すると、すぐそれが彼の作品にあらわれるし、まさしく彼は模倣の天才》そして最後が「お経もいいがお布施もいい・島崎藤村」の登場。
《林房雄がほめたように「夜明け前」が傑作かどうかは、甚だ疑問である。しかし、生青いプチ・ブル作家が、ダレて、ます〳〵ニヒルに、場あたり仕事ばかり生産してゐる中（うち）に、年四回、じっくり大作を発表しているところは、横光利一が官幣中社ならば、まさに官幣大社の趣きがある。お燈明をあげよう。そうして中央公論が、かいてもかかなくても年俸六千円を拂つて、カシワ手を打つてゐるのは、キトクなことであるし、また純文学で一枚三十円という空前絶後の稿料を御嘉納遊ばしてゐる藤村神社も、まずは、お芽出度い》（筆名・「頭助」）
――これらを読んだ感想を添えるが、何はともあれ、文学者以外の他の各界「十人男」が、今では全く話題にもされない忘れられ方なのに、「文学十人男」は少くとも全く忘れられた人というのはいない。それどころか、この「十人男」中五人が、直木賞、菊池寛賞、大宅壮一ノンフィクション賞、吉川英治文学賞、藤村記念歴程賞と、先の「藤村神社」ならぬ賞の教祖として半ば永久に名を残している。今はなくなってしまったが、戦後すぐにはもう一つ横光利一賞というのもあった筈だ。そしてゴシップとは言いながら、性格、行く末までみなここに出ている。

特に、あと一年一カ月後に満四十四歳で病没する直木の鬼気迫る書きっぷりはどうだ。昭和十年から毎年のようにこの「直木神社」から授かる「直木賞」というお札を持った作家達が、この国の代表的娯楽小説を生み出して行くこと、今に続いている。その「肩書」がついたとたんに、まるで直木の精神が乗り移る如くに、どの作家達も大活躍を始める事実を、誰もが目の当たりにしている。

（一九九七〔平成九〕年十一月）

12 藤村の涙

十月のある日、東京古書会館の文学書専門市に、島崎藤村の関係書が十五、六冊ずつしばって二本、入札に付されていた。研究書はなく、戦前の「藤村文庫」（いわゆる文庫本ではない）版の『夜明け前』が三、四組、筑摩版の「藤村全集」十一、十二巻等々。要するに藤村の古い著書が二本の全てだった。まず、カバーに傷みはあるが、『食堂』の初版がある。そしてもしやと見た『夜明け前』第一部の一冊が、美本ではないが初版だった。この二点をふんで、私は下札五千六百円、上札七千百円に入札した。

忘れた頃に、その二本口が私の下札で発声された。私はこの日電車で来ていたので、息子に運んで貰おうと地下へ運んだ。他に掘り出し物はなかったが、息子の店に上げてしまう予定の「藤村全集」二冊には驚いた。『夜明け前』の一、二部ということは分かっていた。函から中身を取り出しただけで異様な気がした。早く言えば、蔵書主への畏敬の気持と、「これほどにこの作品を読んだ人がいるとは！」という驚きだった。

それは『夜明け前』第一部の方だったが、小口は平均して汚れ、その汚れる前につけたのであろう、序の章から第十二章までの索引が赤インキできれいになされていた。頁を繰って、私は更に眼を見張った。上段の余白には、その文章近辺のテーマなどが美しい文字で記入されている。そして主な登場人物の一々が、色を別にして色鉛筆で囲まれている。よく、各種の本で、最初の数頁もしくは数十頁こうした調べを記入してあるのを見かけるが、これほどに最終頁まで整然と終始一貫した記号で埋められた本を、私は見たことがない。「でも、第二部はどうだろう？」私がもう一冊の函を取ると、そこに現れたものも、その読みこまれた汚れ具合、索引ともに、第一部と変りなかったのである。

「一体、これはどんな人の蔵書か？」

見返しへのいたずら書き等は一切なく、タイトル頁に「早坂蔵書」の朱印が各一箇だけ。それと、各冊二、三ケ所に入っている「専修大学」の文字の入るザラ紙のメモ。

……この所私は、かつて「藤村狂」を公言して来たのが実って、縁あってある出版社の「藤村資料コレクション」というのを伊東一夫先生と編集中の身だった。市場から帰って、遅くなって書斎にこもったのであるが、何げなく取った『藤村書誌』（昭48・国書刊行会版）を繰っていて、「おや？」と思う文章にぶつかった。


「藤村がやって来るというので、私達学生は大いに緊張して待っていた。やがて前方側面の戸口から現れた藤村は、そこでふと立ちどまって小腰をかがめ、室内をさしのぞくようなポーズをとった」と書き始められていた。それは昭和十二年六月十七日の午後のことで、この春仙台に建った藤村の詩碑を見る目的で、四十年ぶりに夫妻で仙台を訪れたのだった。この機会にと、東北大学は藤村に一場の講演を依頼した。初め断わられたのを、学生と座談会をということで来校となる。その時学生の一人だったこの筆者の、これは追憶記だった。

「私が初めて仙台に参りましたのは、丁度今から四十年前になります」と語り出して、藤村は深い息をついて瞑想する。「仙台に来る頃までの私はどうしたものか大変心が動きました。長い汽車の旅を終えて仙台の土を踏んだ時、私の動いていた心はすっかり鎮まり、ここで始めて私の生涯の夜が明けて来たような気がいたしました。……ここでその落ちついた気持で、長いことしたいと思っていたことに言葉を与えたのが稚い詩集でした」

好意と尊敬の思いに充ちた四、五十人の学生のかもし出す雰囲気がそうさせたのか、最初の猜疑の表情も消えて行った。思えば、三月前の東京日々新聞がいわゆる「新生事件」の古傷をあばいたばかり。それが学生達の無条件の好意と愛情に包まれて、昔の詩人藤村に戻ったようだった。藤村は続けた。

「私は自分を文学者だとも、また詩人だとも思っておりません。私は幼い頃から文芸を大変愛しました。私の文芸に対する愛好の心に、言葉を与えたものが私の詩であり、創作なのです。……人間というものは、階段のように一段々々築き上げて行かなくてはなりません。私は今年六十六になりますけれども、今も余生を静かに送ろうという気を持ちません。私は昨年から今年にかけて、遠い国に旅もしました」と、国際ペンクラブのため世界一周をして来たことも暗示し、来たるべき自分との戦いを思い、やがて過去の思い出へと返って行くかに見えた。「私はこんな年になっても、時に思い出に涙を注ぐことが出来るのです」

しばしの瞑想と沈黙のあと、「……結局四十年の歩んで来た道を考えて見ると、みんな悲しみの涙でございます」

と言ったかと思うと、藤村の大きな鼻が歪み、小さな鉄ぶちの眼鏡の下から大粒の涙がぽろぽろと落ちた。会場はしんと静まり、感動があたりを充たした。藤村はポケットからハンカチを取り出し涙をふいて顔を上げ、「失礼しました」と言った。

「藤村の涙」と題されたこの文章の筆者は、「夜明け前」などの研究で知られた早坂礼吾。早坂はこのあと藤村と懇談、恐る恐る愛読書「夜明け前」第一巻に署名を頼む。早坂は「藤」と力強く書かれたその本を今も大事にしている、と結ぶ。

亡くなって処分されたものと知ったあの幾組もの「夜明け前」第一巻の扉を、私が、みな改めて開き見たことは言うまでもなかった。……

（一九九七〔平成九〕年十二月）

13 作家と執筆量

《近頃は文人の筆蹟が珍重されるやうになつて、好事の人々など、原稿、短冊、半折、手紙までも蒐集するやうになつた。短冊、色紙、半折などは、書く方でも始めから保存されるものだといふ覚悟で筆を執るのであるから、これはそれで宜しいが、原稿だの、手紙まで、売り物になり、保存されるといふことになると、吾々悪筆連は余り拙い字のものを保存されるのは何だか口惜しい気がして、責めては少しでも字を綺麗にかきたいやうに思つて、大骨折れである》

右は藤村の明治学院時代の友人、馬場孤蝶の原稿（昭和初年頃・掲載誌不明）で、題「原稿と手紙」の書き出し。過日、島崎藤村の筆跡を論じるために机上に重ねた文献の一つだった。たしかに悪筆だが、読めなくはない。また結論も、《但し、原稿の字はなるべく読み易いやうに書いて置くのが読者に対する義務だと思つてゐる。吾々は若い時分に正式に書を習はなかつたから、本当の正楷で字を書くことはとてもできないので、怪しげな行書のやうなものを書くことは今更已むを得ないが、活版方の方で少し親切に見てくれゝば読みちがひは大抵なからうと思ふ程度の字は書いて置きたいと思つてゐる》とあり、心掛けは悪くない。

しかし同じ筆跡論でも、丹羽文雄の「私の文字」（「風報」昭37／1月）には、少々あきれた。《私の原稿はひどくよみにくいといふ定評がある。五日間に二百二枚も書き上げたりするので、文字といふよりは一種の符牒のやうになつてしまふ。無理もないと私はあきらめてゐる。しかし、植字工がそのために苦労をするのは気の毒である。この風報の原稿にしても、いちいち編集責任の尾崎一雄君がかなをふるのだときいた。漢字にかなをふるのではなく、かなにかなをふるのである。つまり尾崎君は私が書いたとほりの努力をよぎなく払ふことになるのだ。さうでないと、植字工を悩ますだけだ。因果なことである。と私はさう考えるが、災難をうけるのは尾崎君である。お気の毒とも何とも申し上げやうがない。さういへば、毎日新聞に連載した「顔」は四百二十何回にもわたつた大長編だが、責任者の松本昭君が一枚のこらず尾崎流に赤インキで書きなおした。千五百枚の長編を松本君は私といつしよに書いたわけである。私のうけもちになる、編集者は、まつたくの災難である》

で、一段落。このあとも、丹羽は己の字がいかに読みにくいかの例として、先日も、アメリカにいる娘夫婦に手紙を出したところ、もう一人在米の息子まで集まって、額を集めて判読に苦心したらしい、と書く。ある新聞社では、丹羽に連載を頼んだとたん『丹羽（文字）辞典』なるものまで作製したらしい、とも。次いで丹羽は、ある女編集者の話を添える。この女性は、どうやら丹羽の原稿がよめることが自慢だったらしい。ところが、ある時中の一文字がどうしても読めない。女性はとうとうその一字のために丹羽邸を訪ねたが、丹羽は留守。翌朝また訪ねた時の女性の言葉は、

「どうしても判読したくて、机の上に先生の原稿をひろげておきました。まっすぐ正しく原稿に向っているから読めないのです。横から見ても読めないのです。偶然逆さに眺めていたら、とたんに分かりました」と丹羽に言ったと言う。丹羽の結論。正確に書く人は一日五・六枚し

か書けない。しかしこういう原稿は未熟練者に活字を拾わすので却って誤植が多く、私のように誰にも読めない原稿は熟練者が挑戦するから、意外に誤植は少ないのだ、となる。何とも、いい気なものだと思う。

こうして、昭和十年三十二歳時の『鮎』から、二十七年四十九歳の、九十六冊目（他に選集や異装本が七十五冊ある）の『女の階段』まで、丹羽は五万三千枚の原稿を書いた（「別冊文芸春秋」昭27／8月「五万枚の小説を書いた男＝浦松佐美太郎・文」）と言われる。そのあとも約三十年に亘って、丹羽は小説を書き続けているから、生涯では少なくも十万〜十五万枚位の原稿を、例の符牒のような文字で書き飛ばしたのであろう。

ちなみに言えば、藤村の生涯執筆量は、二十六歳の『若菜集』から七十一歳の『東方の門』まで四十五年間で、約二万枚と言われている。『夜明け前』は四百字およそ二千五百枚、これを「中央公論」に昭和四年から十年まで連載、この間の一日執筆枚数は、平均三〜四枚であった。また、先の五万三千枚書いた時の丹羽の年齢に藤村を重ねて見ると、『破戒』から『春』『家』『新生』までであり、著書は合計で二十冊ほどである。この間の執筆枚数については、戦前出版の岩波講座「日本文学」中の「島崎藤村」に、木枝増一が詳細に調べた表が出ており、丹羽の五万枚に対するに藤村のそれは、四千九百二十二枚である。

丹羽の作品が論じられなくなって久しいが、藤村が営々、準備を入れるとほぼ十年を費やした『夜明け前』は、毎年誰かが新しい視点で論じ続けてやまない。「すばる」七月号では新保祐司氏が「『夜明け前』の神学」で、こう言っている。《『破戒』『春』そして『新生』と書いてきた藤村と『夜明け前』の藤村は作風と言ったレベルでなく、何かが根底に変っている。（略）『夜明け前』は島崎藤村という作家が、変な言い方だが、書いてしまった「奇蹟」なのである。近代日本文学史上最高の小説とみなすのも、この故である。》

　そうして新保氏は、『夜明け前』の究極のモチーフを、「一切は神の心であらうでござる」の言葉に見ている。

（一九九八〔平成十〕年八月）

九月に入って紀田順一郎『幕末明治傑物伝』（平凡社）、川本三郎（写真・樋口進）『小説家たちの休日—昭和文壇実録』（文藝春秋）、大村彦次郎『荷風・百閒・夏彦がいた—昭和の文人あの日この日』（筑摩）と、各氏から新著の恵送があった。感謝！

14 円本と島崎藤村「分配」

大村氏の本は〝昭和元年〜五年、大正天皇崩御—円本ブーム—芥川龍之介の自殺〟から始められている。私はやがてくる老先から考え、藤村の「分配」を思い出した。

昭和二年、日本は金融恐慌が起き、打ち続く不況に一〜十一月の間に都下だけで自殺者千五百三十二人が出た。この同じ年に思わぬ収入に浴した人達がいた。明治、大正の文士達で、改造社の『現代日本文学全集』の出現以来、出版社は競争してブームに乗った。『現日』は第一、第二回を通じて三十二万部が出て、円本十種の総定価は六千万円に近く、文士に入る印税は一割として、各全集の執筆者四百九十三名で割ると一人あたり約一万円に近い金が入ったと推定された。殊に菊池寛の如きは、以後三ヶ年に亘った印税原稿料は二十五万円で、文士連切っての最高収入と税務署は見込んだとの記事（「国民新聞」）を書かれた。

そして藤村、実はこの件は「年譜」昭和二年の項目にはっきり出ている。

《三月八日、円本の「現代日本文学全集」（改造社）第十六編として『島崎藤村集』を出版。二十万部の印税二万円を四人の子供の将来のために均等に分配した》とある。以後戦後に至るどの文学全集の年譜にもあるが、右は伊東一夫編『島崎藤村事典』（明治書院）中のものだ。が、この事典の項目に「分配」はない。では、この作品はただの凡作だったのだろうか？

　取りあえず粗筋を示すが、さすがにこの短篇を円本の話から始めてはいない。今でも代表作の一つと言われる「嵐」の続篇のような入り方で、全体の三分の一を費いやしている。次に一行アキにして、

　《……ある社で、計画した今後の新しい叢書は（中略）菊判三段組み、六号活字、総振り仮名付で、一冊三四百頁もあるものを、思ひ切つた安い定価で予約応募者に分たうといふものであつた。（中略）最初の計画ではせい〴〵二三万のものだらうと言はれてゐたのが、いよ〳〵蓋を開けて見るとその十倍もの意外に多数な読者がつくことになつた》と円本の話になる。この思いもよらぬ、社預かり（税金分か？）を差し引いても二万円が藤村の手に入ることになった。人手を頼んだりして、検印を押すだけでも十日もかかってしまう。

「これは盗みだろうか」というまたまた藤村らしい述懐のあと、「髪も白さを増すばかりの年頃に、受けて疾(やま)しい報酬であるとも思はれなかつた」と納得させるのである。しかし、そういう藤村はまだ五十六歳。

《私は旅人のやうな生活を続けたかつた。家は私の宿で、子供等は私の道連れだ。その日その日に不自由さへなくば、それでこの世の旅は足りる。私に肝要なのは、余生を保障するやうな金よりも足腰の骨であつた》と藤村は書く。そして、「いつそこの金は子供に分けよう」ときめる。

春のある日、藤村は次郎（鶏二）と末子（柳子）に、今日はいいことがあるよと誘い、車をやとい外出する。新橋に近い銀行で、二万円を受け取り風呂敷包にし、子供等に持たせ待たせた車へ戻った。車をまず日本橋手前のある地方銀行の支店へとめ、郷里で農業に従事している太郎（楠雄）に五千円を送金した。それから更に京橋辺へ引き返させ、ある銀行に次郎と別住まいの三郎（蓊助）分の各五千円を預けた。こうして最後の末子分は、住居に近く人通りの多い町中の銀行へ預けて家路へと車を急がせるのだった。

ところで、銀行で藤村が「現金でお持ちになりますか」と聞かれ、「こうして見るとずい分重いね」と車へ運んだ二万円の現在の価値はどの位なのか？例えば『値段の風俗史』（朝日文庫）にある当時の上級公務員の初任給は七十五円、巡査、教員は四十五円。私が父などからよく聞いていた、職人の日給は一円というのも思い出す。仮に現在の一般的職人の日給を一万円とすると、物価の変動は一万倍ということ、即ち二万円は二億円というところである。

無論そんな、出版状況の未曾有の幸運に巡り合った文豪の分配の話と、古書店主晩年の父が子に残すささやかな財産分けとは比べものにならなかったが、藤村の考え方と心意気には感じさせられるものがあった。

さて、今度大村氏が採集した挿話（エピソード）の一つを紹介しよう。永井荷風に関するもので、荷風は始め「時事新報」紙上に、「現代日本文学全集につきて」なる公開状を載せてこの円本に反対した。それが半年後にはあっさり出版を承諾、「とうとう荷風を落とした」と山本実彦に言わせた。荷風は「あれは邦枝完二君が金の要ることがあって……」と弁解したが、予想外の印税のことを邦枝から聞き、あわてて翻意したものだった、と言う。

（二〇一〇〔平成二十二〕年一〇月）

15『時代小説評判記』

藤村好きを公言し、闇雲に関連資料の蒐集を三十数年して来た五年前、伊東一夫先生に声をかけられ資料集「島崎藤村コレクション」四冊を国書刊行会から出して貰えたのは、幸いであった。その時私は、一度だけ藤村が可哀相になってしまう事実に出食わした。きっかけは鈴木昭一著『「夜明け前」研究』(昭62・桜楓社)中の調査、「改版本『夜明け前』第一部と三田村鳶魚『夜明け前』評判記」を見たからである。

藤村は『夜明け前』第一部の初版刊行後三年して第二部も完成、定本版藤村文庫として第一部第二部を出す。ところが、鈴木氏の本で知ったのだが、〝江戸時代の文化、風俗、慣習の専門家〟三田村鳶魚がこれを読み、第一部を三〇〇頁位までで、藤村の〝無知、無学が我慢ならず〟中絶。そこまでの間違いを「島崎藤村『夜明け前』評判記」として「日本及日本人」に二カ月に亘って指摘したと言う。すると藤村は鳶魚が批判の対象とした約七十ヵ所の内の二十六ヵ所につき、苦心訂正を加え、藤村文庫刊行後早くも七ケ月後に改版本を出したのだそうである。では藤村はどんな風に鳶魚に言われ、どんな風に直したのか、もっとも簡単な例で示すと、原文に、

《「おゝ、本陣の御主人か。」/奉行の砕けた挨拶だ。》とあるのへ、鳶魚は批判した。

《如何に砕けたにしても、長崎奉行と云えば重い役人です。芙蓉の間の役人なのですから、庄屋や本陣の亭主位に対して「御主人」などといふ言葉を使ふ筈はない。階級制度であつた世

の中では、言葉の使ひやうによつて階級が知れるわけのものだつたので、さういふことを知らぬから、こんな事が出て来るのです》と。さすがの文豪も、ここを、

《「おゝ馬籠の本陣か。」》と改めざるを得なかったのである。

……ところで、その「『夜明け前』評判記」も収められた鳶魚の『時代小説評判記』(昭13・梧桐書院)には、

吉川英治氏の『宮本武蔵』の章もあった。今年はNHKの大河ドラマで、日本中が湧いているのを思い出したので、ではこちらはどう鳶魚の批判にさらされたかを、私は調べて見たくなった。鳶魚の読んだ『宮本武蔵』は、例の講談社版の厚冊函付六巻本で、その第一巻は〝地・水の巻〟である。関ヶ原の戦いで落人となった武蔵と又八が朱実の家にかくまわれる場面で、鳶魚は言う。《二三頁になつて、両人は朱実と一緒に裏山へ茸を採りに行くところで、朱実が「あつた！あつた！お兄さん来て御覧。」と云つてゐる。何処の国にしろ、慶長五年に「お兄さん」なんていふ言葉は遭ふ筈は無い。これはごく新しい、明治以後の言葉です》と。

こんなものもある。《三六頁のところになると後家のお甲が寝白粉をつけてゐることが書いてある。この外にも化粧のことが沢山出て来ますが、関ヶ原付近――関ヶ原付近ばかりじやない、どこにしても野武士の女房なんていふ者が、白粉などを手に入れることが出来ると思つてゐるのでせうか》

師となる澤庵和尚についても鳶魚はこう云っている。《「三年か四年目には、寺へ泊まる但馬

の国の雲水で、三十歳ぐらいな若い禅坊主なのだ」といふのですが、この坊主が澤庵なのです。三十歳の時の澤庵といふものは、もう已に栄誉の高い人であつて、随分重んぜられても居る。さういふ人が七宝寺といふ寺へ来てゐるとしたら、雲水の扱などはしない筈だ。三十歳ぐらいな若い禅坊主といふけれども三十歳ともなつて居れば、坊主でなくても誰でも若いとは云はない。これも時代を考へずに今日の心持で書くから、こんなことになるのです。六一頁には「青年僧」とも書いてあるが、三十歳の青年は現代の話だ。昔は決してそんなことはありません》

次いで武蔵が澤庵によって縛られ、千年杉に吊るされる有名な場面。

《さうかうしてゐるうちに、例のお通といふ女が杉の木に上つて、短刀で武蔵の縄目を切つてやる。「武蔵は、手も脚も、知覚がなくなつてゐたので、お通が、あッ——と抱き支へると、却つて、彼女もともに足を踏み外し、大地へ向つて、二人とも、勢ひよく落ちていつた。」といふのですが、驚いたことには、「武蔵は立つてゐた。二丈もある樹のうへから落ちたのに、茫然と立つてゐる。」とある。まるで猫みたいなもの》

この場面を私は昔内田吐夢監督・中村錦之助主演の映画で観て、よく覚えている。この映画は吐夢が五年（一九六一〜六五）をかけて五部作にしたもので、錦之助の代表作ともなり評判もよかった。しかし二日も三日も樹に吊るされたあと、縄を切られて落ち、すぐ立ち上ってしまう超人ぶりにはさすがにあきれた。何しろ、映画の武蔵ときたら〝二丈〟（約六メートル）どころか遙か上の梢にぶら下げられていたのである。

鳶魚からはもう一章「再び吉川英治の『宮本武蔵』」まで書かれてしまった英治だが、藤村のようにこれを直したりした形跡は全くなく、戦後本も文章は初版のままである。だが、武蔵と比べ道化役的に描かれている本位田又八（ほいでんまたはち）について、当時帝大の本位田祥男が「私の家の言い伝へと違ふ」と抗議した件では、〝旧序〟に、

「従来の大衆文学型から歴史性へ一歩踏み入れた足もとの怪我である、お気の毒に思ふ」と、作中人物と本位田氏の祖とは別、と英治は書いている。戦後本にも〝旧序〟はあるが、本位田祥男の抗議の箇所はもう省かれてしまっている。

（二〇〇三〔平成十五〕年六月）

せっかく揃えたものの、処分し始めたものに戦後の「文藝春秋」がある。何故

16「藤村びいきランキング」と賢治の手帖

集めたかは、昨年本欄連載の「ある作家原稿始末記」に詳しい。が、私にもっとも印象深い一冊として昭和39年度の「特集／近代日本の巨人１００人・八月特集号」だけは残した。これは「明治大正昭和三代に亘り日本の近代化に挺身した巨人一〇〇人を選び、一〇〇人の執筆者によって実像を浮き彫りにする」という四〇〇頁中半分もの頁をさいて特集を組んだものだ。

政治、経済、陸海軍、言論、社会運動、科学、文学、芸能、スポーツ、女性の十項目の各十人。私の興味は文学へ行く。

森鷗外、夏目漱石、徳富蘆花、徳田秋声、島崎藤村、永井荷風、斎藤茂吉、志賀直哉、
萩原朔太郎、谷崎潤一郎

で、文学担当の臼井吉見、伊藤整、村松剛に人選させたもの。ちなみに「女性」の項を選んだのは松島栄一、古谷綱武、高木健夫で、文学者では樋口一葉でなく、与謝野晶子が選ばれている。ただ項目別の最後は候補になった人々の名が小さく六名記され、そこに樋口一葉の名があった。ついでに記すと、「文学」の方の候補六人は、中里介山、正岡子規、幸田露伴、北原白秋、川端康成、小林秀雄だった。また選ばれた一〇〇人中には生存者が二人いて驚く。「芸能」の三船敏郎（何と黒沢明でなく）、「スポーツ」の長嶋茂雄である。

この号発売年からはすでに五十年経つ。明治一〇〇年の区切りとしてはよい企画だったよう

だが、その後も昭和は二十四年間あり、候補の川端康成は四年後にノーベル賞をとった。平成六年には大江健三郎がノーベル賞を受賞した。そして純文学と大衆文学は次第に区別をなくして行き、読書もどんどん変質して行く。ここに、私が取っておいた古新聞がファイルに残っていた。右の「文藝春秋」特別号よりは三十五年後（平成11）のこと、毎日新聞が、「特集　第53回読書世論調査」を多くの頁をさいて発表したものだ。趣旨は「心に残った作家107人」で、読者に一人五人までの作家名を投じて貰う方法。その十位までをあげると、

司馬遼太郎、松本清張、夏目漱石、赤川次郎、川端康成、五木寛之、遠藤周作、芥川龍之介、三島由紀夫、吉川英治

の順。編集者は言う。「かつての上位はきまったように漱石、英治、谷崎、達三、洋次郎、藤村、実篤、龍之介が上位だった」と。先の「巨人10位」内の藤村、谷崎が共に52位、直哉は55位、蘆花、荷風、光太郎は一〇〇位にも入らない読まれなさだった。ところで、二〇〇〇年六月二十九日付の朝日新聞は「この1000年「日本の文学者人気投票」というのを企画している。

①夏目漱石　②紫式部　③司馬遼太郎　④宮沢賢治　⑤芥川龍之介　⑥松尾芭蕉
⑦太宰治　⑧松本清張　⑨川端康成　⑩三島由紀夫

の順。わが島崎藤村は？　と探すと、やっと27位のところにとどまり、「文藝春秋」で「文学者10選」だった鷗外は16位、谷崎は21位、直哉は37位、朔太郎は50位（以下の記録なし）で蘆花、秋声、茂吉の名はなかった。

ああ、生前は「漱石、鷗外、藤村」と並べて論じられたのにと、個人的には嘆くのだったが……と昨年六月、突然溜飲を下げる出来事に私は出合ったのである。

朝日新聞は本紙に土曜毎にB版が別刷りでついて来る。そして毎回「beランキング」の頁があり、これを書いている11月末には「田舎のイメージが強いランキング」①青森②島根③鳥取④秋田⑤岩手、以下20位をあげ、5位まではカラーでその県の絶景1枚が入り、記者の総合的解説がつく。

私が快哉を叫んだのは「教科書に載っている好きな詩」というランキングへの応募を集計したもので①「雨ニモ負ケズ」宮沢賢治、②「道程」高村光太郎、③「君死にたまふこと勿れ」与謝野晶子、④「椰子の実」島崎藤村、⑤「初恋」島崎藤村にカラーの絵が入る。そして⑥位にも「小諸なる古城のほとり」が入り、⑦「手のひらを太陽を」やなせたかし、⑧「荒城の月」土井晩翠、⑨「小景異情」室生犀星、⑩「私と小鳥と鈴と」金子みすゞ、となる。

ついに、藤村は詩人としてだけ生き残るのだろうか？　まさか！　幸い藤村の場合右の4篇中3篇までが歌曲にもなっているのだ。

これから先は余談である。いつかNHKが放送した法話で、ある宗教学者が言っていた言葉。それは宮沢賢治の『雨ニモ負ケズ』は元々は詩として発表されたものではなく、死後手帖に書き残されたもので、次頁には〝南無妙法蓮華経〟と続いていたのを編者が削除したことで人口に膾炙したのだと言う。もし宗教詩となると教科書には載らなかったのか？　と今度私は昔買った手帖の限定復原品が書斎にあったのを思い出した。が、鉛筆で9頁に亘った賢治の言葉は筆勢からも〝南無妙法蓮華経〟は後刻書かれたものと分かる。むしろ、ものを悲観的に見る性格の私からは、数頁あとの、「凡ソ／栄誉ノ／アルトコロ／必ズ／苦禍ノ／因アリト／知レ」の言葉に感銘を受ける。なお「昭和六年九月廿日／再ビ／東京ニテ発熱」が手帖の始まりだった。

（二〇一五〔平成二十七〕年三月）

17　劇化と歴史的事実

八月の初め、私は「新潮」九月号で井上ひさしの戯曲「太鼓叩いて笛吹いて」を読み、考えさせられてしまった。

戯曲の主人公は林芙美子で、他にセリフを言う登場人物は五名、うち母キクと島崎こま子（芝居の始まる昭和10年で42歳）は本名である。島崎こま子は各種人名辞典に出て来る実在（一八九三〜一九七九）の女性で、旧姓長谷川で出ている辞典もあり、父は島崎広助、藤村の兄。叔父藤村とは一時男女の関係があり、藤村が「新生」で節子として描いたのがこのこま子だった。大正十一年、藤村はこま子を自由学園の雑役婦として仕事を紹介、十年の関係を精算した。こま子は大正期の新しい女性として自覚、四年後学園で知り合った女性の誘いで京都に移り、大学学生寮の寮母になった。昭和二年、こま子は思想的共鳴から学生長谷川博と結婚、紅子（こうこ）を生むが間もなく離婚、幼児をかかえて上京する。その後も革命運動を継続するが、窮乏と過労のため羅病し、ついに板橋区立養育院に収容され、東京日日新聞は島崎藤村の姪ということで昭和十二年三月六日、これを大きく報道した。今や藤村の方は二年前に『夜明け前』を完成、前年は日本ペンクラブで初代会長として、新夫人と共に南米他に旅し、この年初め帰国したばかり。日日は、「別々の道へ　〝立場〟を語る」として、藤村の談話まで載せている。

この時、早くも翌七日にその養育院へ、「婦人公論」の記者としてこま子を訪ねたのが、井上の戯曲の主人公となった林芙美子だったのである。「婦人公論」（12／4月号）には、ベットの手すりに掴まってこま子に語りかける写真と共に、芙美子の探訪記が載り、

「わたしがこうなったからって、誰も怨むこともありません。みんな運命です。力のある限り闘って来たので、ここで死んでも少しも悔いはありません。ただ紅子ちゃんが可哀そうで……」という、こま子の言葉を写し、

《私は、十五年もたって、始めて「新生」の答えを訊いたような気がしました。（略）こま子さん！どうぞ幸福でいて下さい》（傍点・青木）と、芙美子は結んだ。

——さて、この〝歴史的事実〟を知って頂いた上で、井上の戯曲に話を移そう。これが唯一の二女性の接触だったことを知識とした私からは、この戯曲は荒唐無稽の産物としか思えなかったのである。

まずこの芙美子の探訪の事実が戯曲に欠けているばかりか、すでに二年前、こま子が新宿区下落合の林邸に、〝亀戸無産貧民連帯託児園〟主の身分で、党の機関誌だった「赤旗（せっき）」購読者名から林芙美子名を見つけて、ガリ版の楽譜を売りに行く場面が戯曲にある。その上こま子は、三十四名の託児のため九十円が欲しいと、藤村筆の〝椰子の実〟原稿（末尾に、こま子様——春樹とある）を芙美子に見せる。

「……こんな、小学生みたいな字で、ほんとうに『若菜集』や『破戒』を書いたのかな」と戯曲での芙美子。「叔父は、わたしの目の前で涙をこぼしながら、それを書いていました」とこま子。「叔父？　藤村は叔父さん？」「はい」「それじゃ、このこま子というのは？」「わたしです」

こんな挿話を観せたあとの昭和十二年秋、その年末からの報道班員として日中戦線への従軍が決まって忙しい林芙美子邸へ、芙美子があわただしく島崎こま子を連れて帰って来る。無論、従軍の歴史的事実は曲げていないが、何故かこの年三月のこま子の〝行き倒れ〟は、この秋の出来事として取り入れられてしまう。

「板橋の貧養院からはハイヤーを使ったのよ」と芙美子。そのハイヤーの中でこま子と話し合ったことというのを芙美子は母に告げる。「まず、かあさんのお相手。これだけでも相当に疲れるけど、ほかに郵便物の整理、新聞や雑誌の切り抜き」

するとこま子は言う。「お炊事とお洗濯もさせて下さい」

芙美子は怒鳴るように言う。「ほんの一ヵ月前のあなたは、行き倒れだったのよ」（その上、こま子がもっとも気づかっていた筈の、娘紅子《のち長谷川姓を名乗り女医として生涯を送る》のことはどうしたというのか？）

こうしてこま子は従軍する林邸の留守番となる。芙美子は報道班員として南京占領に随行、一番乗りを果たし、題名ともなった「太鼓叩いて笛吹いて」の生活に邁進するのだ。

以下第二幕で、昭和二十年の芙美子は疎開地で危険人物になっている。その後のシンガポール、ジャワ、ボルネオなどの従軍で、芙美子の頭の中の何かが変ってしまう。非国民的発言の講演のあとも、井上はこんなセリフを言わせる。

「こうなったのは軍部が悪い。天皇さまに責任がある。戦さを煽った新聞とラジオがいけない」

いや、己もまた「太鼓叩いて笛吹いて」国民を煽った一人だったのだ。――この思いが、戦後の林芙美子に、戦争によって運命を狂わされた不幸な庶民群像を書かせたのだ、という新解釈で終わる劇である。

しかし、その後林邸を去り、長野県北穂波村役場で働くこま子と、同じ長野県上林温泉に疎開した芙美子を再会させ、

「南方でなにかあったのかしら、なにをごらんになったの」などと言わせ、芙美子がその心境を語る相手として、井上はこま子を登場させている。まだまだ、こま子やその娘紅子との思い出も生々しい人々（例えば藤村研究家の伊東一夫氏など）が現存する現在、安易に歴史的事実を曲げて本名で劇の上に登場させてしまうことには、私は疑問を持たないではいられなかったのである。

（二〇〇二〔平成十四〕年一〇月）

18『近代文学草稿・原稿 研究事典』を読む

——日本近代文学館編・2／20八木書店刊

これほど作家原稿を総合的に論じた本はない。

第一部が総論。第一章「草稿原稿研究入門」第二章「草稿から出版へ」第三章「草稿・原稿をどう生かすか」で、この章末尾の「草稿原稿は流通する」（この小節には「——八木乾二氏に聞く」のサブタイトルが付く）が私には最も有益だった。

この項の筆者紅野謙介氏に、八木さんは昭和三十九年頃病中の父に代って客買い百五十万円の漱石「硝子戸の中」原稿二九七枚を天理まで二代目真柱・中山正善方へ売りに行った話をしている。翌昭和四十年、今に続く第三次明治古典会が発足、ここは原稿、書簡、色紙、短冊を含む自筆本を扱う中心的古書市場となり、八木書店・八木乾二さんはその中心となって活躍した。まだ二十代前半の若さ、この年暮、私も三十二歳で会の末端に加わり、市場での自筆本の流通史を見て来た。

こうして長く自筆本価格の隆盛時代が続くのだが、昭和の終焉と共にバブルがはじけ、戦後初版本の暴落など一時は自筆本の値も停滞する。ここで私事にわたるが、私が島崎藤村が好きになった理由は、戦前の文学全集に載る口絵の筆跡に触れたからで、その息使いまで感じられる直筆を取引現場で見ることができた。私は早くも入会した年の暮の大市で自筆本を買い始め、後年その蒐集史までを本にした（『近代作家自筆原稿集』他）。

事典は第二部「作家別事例」に進む。芥川龍之介から横光利一まで六十五名分の原稿を巡る世の流れ、逸話、現状が気鋭の学者によって書かれている。その全員を列記するイトマはないが基準としては物故者であること、純文系主体であることとか。私見であるが、内田百閒、佐藤春夫、安部公房、寺山修司、司馬遼太郎、松本清張があってもよかったかなと思う。逆に山田美妙、久米正雄、佐多稲子、富永太郎などがあるのはどうか？　そういえば与謝野晶子もなかった。

ともあれ、近代の原稿用紙の歴史でのわが島崎藤村については多くの教示を得たことは幸せであった。藤村は始め、自刻の用紙へ文字を記したという。すでに藤村の筆跡については総論の中島国彦氏も触れているが、藤村の項を担当された高橋昌子氏の調査には驚嘆した。

《藤村にとって文学の創作とは、単なる言語的表現ではなく、まず原稿用紙を作り、そこに文章を書き、さらに印刷、装丁、出版、販売にまで自ら関与する、という全体的な営みであった。「物を手造りにする」心の宿った藤村の原稿は、紙、罫線、文字形態、文章内容のすべてが自らの意匠による一種の美的工芸品でもある。端正な美しさを湛えたその自筆原稿の特徴については、……》おやおや、雲行きがあやしくなって来た、このあと続くのが、《青木正美氏の「藤村の筆跡」に詳しい》と、その出典が出ていて恐縮した。そして、漱石が「破戒」を読んで感心し、その推選で東京朝日に連載した「春」の原稿については図版入りで引用している。それは岸本（藤村）が品川遊郭へ行く場面だ。

「客を粗末にしないと言つたやうな風の人である。岸本は初心のことゝいひ、それに五つも六つも年少(としした)であつたから、子供のやうな取扱ひを受けた。飯をやりながら、彼は斯の女のことを考へて見たが、傍に居た鋭い眼付の老婆(ばあさん)や床の間に飾ってあつた大きな人形などゝ離して考へることは出来なかつた。長火鉢の置いてあるところで、一緒に朝茶を飲んだことも、忘れられない事の一つであつた。その茶の味を思出すと、最早相手にする人もなくなると言つたやうな、寂しい娼婦(たはれめ)の様子が、彼の眼に浮ぶ。

『不幸な女だ。』

斯う言つて見た。」

右はやがて棒線のある行は全て消され、主観的・通俗的な感慨を示す言葉を消してしまっているという。私は今度、この箇所を見て藤村の、露悪的にさえ書く他の自然主義作家との違いを見せつけられた思いさえした。

さて次に、本書にはコラム「近代文学研究と自筆資料・外国文学の研究との違い」など三篇が載り、付録として「全国文学館原稿所在リスト・重要複製本リスト・原稿流通に関する公式声明などの記録」がつく。なお、奥付には編集委員として安藤宏、栗原敦、紅野謙介、千重田裕一、中島国彦、宗像和重の名が見える。

ところで現時点での作家と原稿の関係である。その執筆行為は、すでにペンや鉛筆で原稿に一字々々刻むのでなく、ワープロから続く電子機器による打ち込み作業が大勢と言われる。その行為は書信にまで及び、私のところに来るのは葉書文までが手書ではなくなった。これからは、機器で印字された紙片の束に作者がサインをすれば原稿ということになるのだろうか。

そして、今や全国で二〇〇前後ある文学館の、ショーウィンドウに飾られて入場者の目を引く品と言えばこれまでに遺された先人の自筆本である。貴重さに気づいてからは、古書業界の商行為についてとやかく言われる向きもあるが、それらを発掘し護って来たのは古書業界や一部好事家だったのではないか。

（二〇一五〔平成二十七〕年五月）

19　江戸博で思う

「永井荷風と東京」展を観覧して来た。江戸博行は二度目である。出かけたのは八月三日朝で、開場を待っていたのは私達夫婦の他一、二名。あの、まるでディズニーランドでの行列のようだった開館当時の賑わいは嘘みたいだった。

まず、入口にある〝主催・東京都／江戸東京博物館〟と並べて〝東京新聞〟とあり、「おや？もしや！」と私は思った。また正面には、

「今の世のわかき人々／われにな問ひそ今の世と／また来る時代の芸術を。／われは明治の児ならずや。」で始まる「震災」と題された『偏奇館吟草』からの詩一篇が大きく掲げられていた。

入るとすぐ、写真によって荷風の系譜が辿られる。父久一郎は工部・文部・内務省に勤めたエリートで、のち日本郵船上海支店支配人、横浜支店長を歴任、漢詩人でもあった。荷風が単に一代の才能の開花でなかったことは勿論、経済的にも人一倍恵まれた一生が約束されていたことが分る。また父の弟二人は養子に行って、それぞれ知事や衆議院議員を歴任するほどの家柄で、その方面から見れば荷風は不出来な息子だった。荷風はその家系に反発、父達の文学的才能だけを受け継いだようだ。明治三十六年九月、それでも父は荷風に実学を身につけさせようとアメリカ遊学を勧める。十月、カナダのシアトルに上陸、タコマの父の友人宅に一年間滞在する。……十年ほど前に生田葵山関係の遺品一まとめが市に出品されて来たことがあるが、

私も柳浪、天外、白鳥、小剣などに混じって差出人〝荷〟だけの外国絵葉書二枚が入っていたのを買ったが、実は荷風がその地から出した葉書だったまでを、平成二年十二月号の本欄に私は書いた。が、今度のことに関連して出発時のことを荷風が、

「九月廿二日　郵船会社汽船信濃丸にて横浜港を発す。余の行を送るゝもの小波先生青浪漁史、渚山湖山葵山の他二三子なり」（「西遊日誌抄」）と書いているのを知った。

ところで、展示されている荷風の著書の美しさには眼を見張るものがあった。そのほとんどの表示に〝さいたま文学館蔵〟とあるのは、明治古典会の先輩山田朝一氏の蒐集であろう。しかし何と言っても私に強烈な印象を残した陳列品は「断腸亭日乗」の原本だった。私はそこに何人か立つ女性係員のいぶかるほどに、長時間そこから立ち去ることが出来なかった。……その間も私は、この「断腸亭日乗」（昭和22年からは大学ノートを使用）の31年3月13日には、「晴。鬼越市川税務事務所に行く。午後執筆。短篇男ごゝろ脱稿」とある筈、と私蔵のある資料のことを思い出していた。そう、あの「男ごゝろ・初稿」（昭和59年に購入時の表題）草稿ほど、この孤高の文学者の老いを感じさせる資料はない。ではこれはどんな作品なのか？

夕刻に入った旅館での情事のあと、若い男女はいつか眠ってしまい、ふと気づくと九時、二人はやっと衣服をつけ始めた。――こうして出会いから別れまでの経過を回想する風俗小説で、どうということのない凡作である。が、凡作はどの作家にもあることだが、この草稿に表われた荷風の苦心惨憺ぶりが異常なのだ。例えば、主人公友田が偶然浅草公園の映画街で一人歩い

ている民子に出会う場面。

〈二人は互に「あら」と言つたなり暫くは言葉の出ぬほど驚いて其場に佇んだ。やがて女が言訳らしく何か言ひ出さうとするのを、友田は聞かぬ振りで映〉……

ここまで書いて中絶。荷風は二〇〇字詰用紙を改めて、また書き直す。〈二人はアラと言つたなり、驚いて其場に佇(たゝず)んだ。やがて言訳らしく女が何か言ひ出さうとするのを、友田は聞えぬ振りで、映画館の入場券を売る傍の窓口へ歩み寄り、手早く切符を受取り、「民子さん。鳥渡見て行きませう。どんな写真だか分らないけど。これ、あなたの切符。」「まア、どうも。」と此場合厭とも言へず女は男の後について内へ這入ると、日曜のことゝて場内は大入で〉……

と、荷風はここまで書いて、あと二行を残し、またも同じ場面を書き改めるのだ。〈二人は互にアラと言つたなり…………〉。

ではこの書き改めた第三稿が決定稿(未見)になったのか? それが、活字になったものにはまたもこの三稿と異同があるのだ。そして壮年期のあの端正で個性あふるる筆跡では書けないばかりか、やっと意志の力で装ったようなペン書が、同じ筆勢では三枚と続けられないのである。多分、この昭和三十一年・七十七歳辺りまで辿り来た荷風からは、才能も枯渇し、気迫、根気さえすでになくなっていたのではなかったろうか。

話を荷風展に戻すが、右の「男ごゝろ」執筆の二年後の四月三十日、荷風は胃潰瘍のため吐血死しているのが、通いの手伝い婦によって発見された事実が文字で掲示される。――結局、入口で私が「もしや！」の思いで連想した、あの白日夢を見るような写真の公開はなかったのである。それは昭和五十七年八月二十六日号の「週刊文春」に載っていた二枚の連続写真で、こげ跡の残る汚い畳、紙屑、空缶と、まるでゴミの山に埋まるようにして吐血してうつ伏せに横たわる自宅での荷風の姿だ。そこには編集部の、「普通なら、大病院の個室で待医に脈を取らせていい身分なのである。文化勲章まで受けた大作家の臨終にしてはもの悲しすぎる。（略）この一見異様な死は、世間に対する彼の〝回答〟だったかも知れない。」のコメントが、そして末尾には、どういう事情でか〝提供・東京新聞〟とあったのである。

（一九九九〔平成十一〕年九月）

20 内田百閒と中村武志

どこにでもいる、極く平凡なサラリーマン像を描いて人気のあった、作家・中村武志が亡くなった。享年八十三歳。

私はある縁で送られて来ている雑誌「新潮45」一九八九年七月号で「性の扮飾決算」という文章を読んだことがある。「七十歳の時にあちらが駄目になってから十年、性的妄想はますます激しく……」的内容のもので自らの赤裸な性の遍歴を語っていた。二年半後に生を終える中村の、「目白三平像」でない、作家としての業のようなものを私は感じた。流行作家時代の中村は、随筆を書くのにさえ「目白三平の」と入れるよう要請されたと言う。

残念ながら古書価というものの殆どない中村の著書だが、浅見淵宛の毛筆署名本を四冊、私は持っている。私がこれらを捨てられなかったのは、その一冊に『埋草随筆』があったからだ。これは文庫判を横綴じにした変形本で、表紙の右半分に縦に襷をかけるように帯がついている。昭和二十六年、静和堂刊。

「掘立小屋の百閒先生」他、十篇の随筆集だが、巻頭の文章以外にも出て来る敗戦直後の内田百閒を記録して貴重だ。

何しろ「百閒邸は、三畳間一つの掘立小屋だが、奥の一畳分を押入れにしている。棚を吊って食糧、食器類を載せ、その下に衣類布団が入れてある。残りの二畳には、机、焜炉、目白の籠、書籍その他種々雑多な実用必需品が整然と並べてある。」というのが、戦火で灰塵に帰したあとやっと作った小屋の光景だったのである。またこの本が貴重なのは、二頁にわたる百閒の、漢字カタカナ文の「序」が載っていることだ。「中村サンノ新著『埋草随筆』ノ序文ヲ書クニ就イテ、少々無理ナ事ガ言ヒタイ」というのが書き出し。百閒は言っている。

「文章は人に読ませるために書くのではない。表現せずにいられないことを、文章で表現する。それを人が読んでくれるという風に考える。面白い面白くないの結果は読む人の勝手で、面白くても知りません、と私は言いたい。中村さんの書くものは、右の順序が逆だと思われる。私は中村さんの次の本に期待する。ところで読者諸彦に一言。この本は面白いから小言を言ったのです。だから読者にとって面白いことは、百閒がお請け合い申す」と。

中村武志はこの「序」をどう受け取ったのだろうか。古書として殆ど扱われない本を書き続けた、その後の四十年がその答えになっているかもしれない。内田百閒とは何とも恐ろしい、い、い、人である。

因みに、朝日新聞の十二月十二日の死亡記事である。それによると、「来春には師の内田百閒との交流などを綴った『百鬼園先生と目白三平』『目白三平随筆・男はいつも孫悟空』が出版される予定だったとあった。やがて発売されるであろう二冊のうちの前者、及び『埋草随筆』あたりが、後世いくらかの古書価で古書業界で扱われるのだろうか?

（一九九三〔平成五〕年二月）

21 「黒髪」後日譚

以前私は、「我老いたり」のせいにして、新聞に読むべき記事の少なくなった現象を嘆いた。がそのすぐあとの六月四日、朝日新聞土曜日毎の付録beに、「ええ!?」と驚く記事が出現した。

〝シリーズ愛の旅人〟「近松秋江『黒髪』『狂乱』『霜凍る宵』」がそれで、広告のスペースを別とすれば、祇園の夜に浮き上る芸妓の大きな写真と共に、まるまる二頁も使ってその舞台京都を取材しているではないか。

《……その女は、私の、これまでに数知れぬほど見た女の中で一番気に入つた女であつた》と書き始められる小説。……京都の遊女のために、年季が明けたら一緒になるという約束を生き甲斐に、不自由な下宿生活を送っている秋江が、四年に亘ってそのお園という女とその母親に、だまされ続けていた次第が判明する。母娘が秋江を避けて転居を続けるのを、やっと探し当てた秋江はその家に乗り込む。が、お園はすでに別の男の保護を受けており、母親は、「警察へ往てさう云つてくる。警察、警察。さあ警察へうせい(ママ)。警察へ連れて往く」とまで騒ぎ出す始末。

そこへ隣家に住む、お園に妙に同情的な男が仲裁に入り、この場を別れさせられてしまう。秋江は未練らしくその足で、お園の元の女主人の茶屋へ出かける。意外にも女主人は秋江を丁重にもてなし、元お園に見習いでついていたがこの四年ですっかり、一人前になった芸妓と共に延々と、お園には昨年亡くなった相愛の男があったこと等、その境遇を語るのである。秋江は女々しいまでに一喜一憂してそれを聞き続けるのだ……と、実はいくら粗筋をなぞってみてもこの作品の真価は、読まなくては伝わって来ないのも事実だ。

ましてこの作品がどれほど仲間内で支持されているかは、遠くは潤一郎、伊藤整、大岡昇平が、近くは水上勉、野坂昭如、久世光彦までが評価していることで分かる。文学少年時代「何だこれは？」と途中で本を伏せた私もまた、五十歳になって読んでそのすさまじいまでの執念に打ちのめされたのである。

要するに作家は、ある日ある時ある勢いで傑作を書いてしまう幸運を、秋江もまた、この大正十一年の前半（一～七月）四十七歳の時に持ったのであった。が、実生活としてはそのあと、この年後半に猪瀬イチという女性と結婚、子も生れ、「四十八歳の初児なり。恋愛経験を取材せる作風こゝに至りて漸く一変す」と、「子の愛の為に」について秋江は自注し、また年譜にも「愛児もの始まる」と書かれている。

実は、私が今度朝日の記事を見て瞬間に思い立ったことは、昔買って所蔵している秋江が大正十五年十二月号に「文章倶楽部」にこれまた書いてしまった原稿「水の流れ」二十枚を紹介しようということだった。

……〝私〟＝秋江はこの年四月、久しぶりに京都に一泊、いつも行く骨董商の老人を訪ね、よく通った頃の思い出の茶碗を貰って帰る話で前半の枚数が費いやされる。そして後半、あの「黒髪」の最後は、文にはすでに別の旦那がいて秋江は女をあきらめるのだが、まずその三、四年後に京都へ行った時のことを記した。もう男達のことは頼みにせずもっぱら内職仕事に励んでいるらしいという噂を便りに、路地裏の女の家を訪れる。女は賃仕事の手を動かしながらも秋江に、

「御機嫌よろしうおすか」と言う。秋江が、「まあ二人ともお達者で結構ですな」と声をかけると、女は微笑しながら、

「あんまり結構なこともおへん。私達、女工みたいなものどす」と応えたが、その手は薄く紺色に染まっていた。「まあ、こんな仕事ですよってな」と、傍らの母親も言った。

そして秋江は、去年も満二年ぶりで京都に行ったついでに、〝退屈しのぎ〟の表現のもと、女の住むあの路地を覗いたことを書いている。それは暮れ方であったが、女が襷がけでホーキとチリ箱を持って外を掃いているところであった。もう遠くは見えないくらい暗くなっていたので、どう顔が変っているかは分からなかったが、体は前よりはよほど小さくなって、その恰好はひどく老けてしまったように見えた。

《ああ、あの女もあんなになつたかと思ふと、祇園の廓で一時多くの浮かれ男に名を呼ばれた女の果ては敢果ないものだと、つくづく思つたのであたつた。無論古い怨恨も私には消えてしまつてゐた》と、秋江は感慨にふけるのである。

――さて本来なら、秋江の原稿「水の流れ」による「黒髪」後日譚は右くらいまでで終っているのがよかったのかも知れない。実はしかしそのあと秋江はもう一挿話加えてしまう。

《それで、H老人が、七月の中旬に上京した時の話によると、この頃彼女は発狂状態になつて、真夜中でも、むくりと起きて、戸外に走り出てそこらを歩き廻つたり、母親が後生大事に仕舞つておく銭を持ち出して、誰れにでもくれて遣つたりするといふことである。そして私のことをいつて、そこへ行くのだなどゝいつてゐるといふことである。》と。そう、「水の流れ」を書いた頃はもうとうに、あの熱に浮かされるように「黒髪」を書き続けた秋江ではなかったのである。……

（二〇〇五〔平成十七〕年八月）

22 芥川龍之介「年末の一日」

昭和六十一年のことである。七月初めの明治古典会七夕大市会が近づいていた六月半ば、八木書店の自筆物を特集した販売目録が届いた。中に、この項を飾っている芥川龍之介の完全原稿「年末の一日」を見つけ値は倍以上にハネ上っていたが、私は今度は躊躇なくこれを注文した。

今度は、と言うのは、私はこれをすでに四年前の同書店の目録で見ていた。値は八十万円、欲しいと思った。しかし同じ目録には梶井基次郎の「闇の絵巻」原稿が載っており、私はこれより二十万円高かったけれど、稀少性ということでも梶井を選ばざるを得なかったのである。無論、資金の関係でそうなったのであるが、その後この「年末の一日」について、調べて見ればば見るほど、私は「ああ、どんな無理をしてでも買っておくべき品だった」と思った。そして、恐らく売れてしまったものと思ってもいた。それが現われたのである。ちなみに、四年前の値は百万、この時の値は百八十万円になっていた。

では、この「年末の一日」とはどんな作品だったのか？　周知の如く、龍之介の自殺は昭和二年七月のことだった。この作品はその前年の『新潮』一月号に発表された、二百字詰原稿用紙たった十七枚のもの。とりあえず、二枚までを活字化して見よう。

……僕は何でも雑木の生へた、寂しい崖の上を歩いて行つた。崖の下はすぐに沼になつてゐた。その又沼の岸寄りには水鳥が二羽泳いでゐた。どちらも薄い苔の生へた石の色に近い水鳥だつた。僕は格別この水鳥に珍らしい感じは特になかった。が、余り翼などの鮮かに見えるのは無気味だつた。

――僕はかう言ふ夢の中からがたがた言ふ音に目をさました。それは書斎と鍵の手になつた座敷の硝子戸の音らしかつた。僕は新年号の仕事中、書斎に寝床をとらせてゐた。三軒の雑誌社に約束した仕事は三篇とも僕には不満足だつた。しかし兎に角最後の仕事はけふの夜明け前に片づけてゐた。

寝床の裾の障子には竹の影もちらちら映つて

と、ここまでである。家人にもう十二時ですよ、と言われ〝僕〟は台所へ顔を洗いに立つ。二時頃、旧知のKという新聞記者が来て、「どうです？ 暇なら出ませんか」と言われた。前から、夏目（漱石）先生の墓を教える約束をしていたので、「じゃあお墓へ行きましょう」と〝僕〟は言って、外套を引っかけK君と出た。が、どう道を間違えたのか行けども行けども、師のお墓の前に出なかった。墓掃除の女にきいたりして、結局分かったものの、その時はもう尋ねあぐねつくし、疲れ返っていた。連れのK君とも別れ、〝僕〟は一人とぼとぼとした感じに田端まで帰り、墓地裏の八幡坂まで達した時、たまたまそこに、その坂を上り悩んでいる胞衣会社の車を見出す。〝僕〟はこのところの萎えた気持を救うためにもと、無理から力を出し、ぐんぐんと車の後を押してあげる、――というのがこの短篇の概略である。

ともあれこの作品は、龍之介本来の衒学的で硬質な文体からほど遠い、それは何という素直な文章であることか。これを書いたであろう大正十四年暮れは、「俳句の外、詩にも興味を寄

芥川龍之介（あくたがわりゅうのすけ）（一八九二〜一九二七）

「年末の一日」が収載された『湖南の扇』（昭2・文芸春秋社）

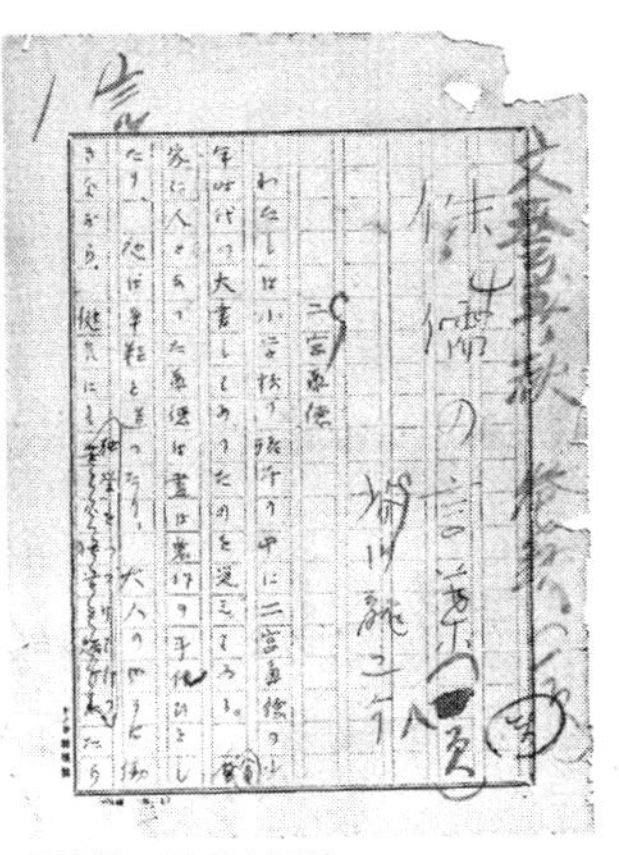
「侏儒の言葉」原稿

日本現代文学全集・講談社版 56
芥川龍之介集

「年末の一日」が収載されている『日本現代文学全集』（講談社）

せた。健康はますます悪化した」（年譜）という健康の不調が続いていたらしい。これを発表した大正十五年（昭和元年）一月十五日から二十九日までは、「胃腸病、神経衰弱、痔疾等の療養に湯河原中西旅館に滞在」したとも書かれている。

　龍之介は心身とも疲労困憊していたのだ。あるいはすでに、死の誘惑さえ脳裏に去来していた時期だったのかも知れない。龍之介は結ぶ。

（略）僕は受け身になりきつたまま爪先ばかり見るやうに風立つた路を歩いて行つた。

　すると墓地裏の八幡坂の下に箱車を引いた男が一人、楫棒に手をかけて休んでゐた。箱車はちょつと眺めた所、肉屋の車に近いものだつた。が、側へ寄つて見ると、横に広いあと口に東京胞衣会社と書いたものだつた。僕は後から声をかけた後、ぐんぐんその車を押してやつた。それは多少押してやるのに穢い気もしたのに違いなかつた。しかし力を出すだけでも助かる気もしたのに違いなかつた。

北風は長い坂の上から時々まつ直に吹き下ろして来た。墓地の樹木もその度にさあつと葉の落ちた梢を鳴らした。僕はかう言ふ薄暗がりの中に妙な興奮を感じながら、まるで僕自身と闘ふやうに一心に箱車を押しつゞけて行つた。……

「胞衣＝胎児を含む膜。胎盤」（「広辞苑」）と分かると、龍之介の深い思いが察しられよう。

（二〇〇〇〔平成十二〕年一月）

―この稿『近代作家自筆原稿集』（平13）より転用―

過日の、古本市場・明治古典会での出来事。

最近の私は、ここでよく見て歩く品は自筆本に限るようになった。作家原稿や書簡、色紙・短冊の類はいつか最終開札に近い場所に並ぶようになっている。この日、その辺りには、私には数点の入札希望品しかなく、私は隅に設けられた椅子席に座った。そこは主に高齢者が座り、ちょっとした業界の情報交換の場にもなっている。

23　運命的掘り出し物

開札開始は午後一時半、私はよくやるようにその十五分前頃に、もう一度市を初めから見に立ち上がった。二列目に来て、いわゆる本の本が七、八冊しばられて並んでいるのが目につく。中に昔の自著『東京下町古本屋三十年』(昭57)がはさまり、薄い黄色本で、「おや、特製本じゃないか!」と思った。さっきこれを見過ごしてしまったのは、この百部本がたまに出れば、外函付でもあり大がい一冊で平置きにされているからである。この特製本がそれなりに評価されるのは、最初の数頁に芥川龍之介自筆の原稿切片から始まり付録の類が貼り込まれているためだ。しかし背中の色違いで特製本とは分からず、入札者は二人ほどだった。どっちにしても、すでに自分用一冊が残されているだけの私は、五六〇〇~八一〇〇円と二枚札に入札してそこを離れた。

この日、私に自筆本が一点だけ落札した。事務処理コーナーから付合せ用伝票を受け取って、私は先ほどの〝本の本〟一束も落札していたことに気づく。早速私はその束から『古本屋三十年』を引き出し、「まさか?」と思った。タイトル前の遊び紙に「反町茂雄様　　青木正美」とあったからだ。私はこの本に氏の序文を頂いており、そのお礼を含めた気持で手造りし、届けた本だった。もう忘れたが、あの時点では最良の付録頁にしている筈だ。一頁目をめくると、それは二つ折りにされて龍之介はあった。

　この町は東京の郊外である。町の古老の話によれば、つひ二十年ばかり以前迄は寂しい田舎町に過ぎなかつたらしい。北に面した岡のあたり、雑木林や芒原の中には兎、狐、雉など

と八十字ほどが書かれて中絶している二〇〇字詰原稿一枚だった。……右のように書き始め、のち昭和二年に「中央公論」に発表することになる「玄鶴山房」は、少しは名の知れた画家だったがゴム印の特許で得た財産で山房を建てた玄鶴も、すでに死期にある。そこにはすでに病を得て寝た切りの妻があり、娘ムコ夫婦と子が、また看護婦が一人寝泊りしている。そこへ玄鶴が外に囲っていた妾のお芳が玄鶴の子を連れて来て……という暗さばかりを凝縮したような物語だ。多分龍之介は、導入部としてこれを書き始めたのだろうが、やがて右の土地柄から描写することをやめ、直接家の中から書き始めるのだ。

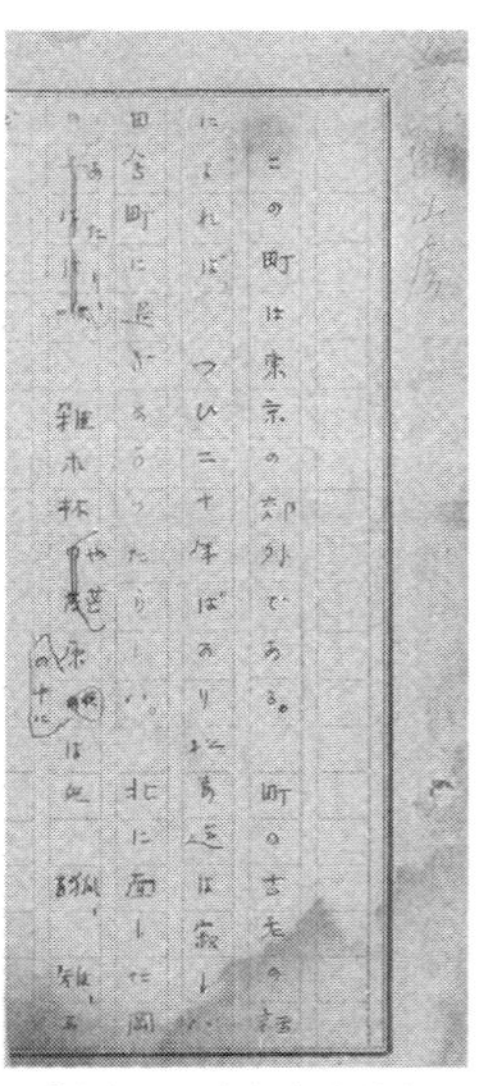

この町は東京の郊外である。町の古老の話
によれば　つひ二十年ばかり以前迄は寂しい
田舎町に過ぎなかつたらしい。北に面した岡

「玄鶴山房」未定稿断片

では、この書き出しの反故がどうして「玄鶴山房」のものときめられるのか？　実はこの原稿の右上余白に、葛巻義敏の鉛筆書きで「玄鶴山房」の記入があるのだ。葛巻は周知の如く龍之介の甥で、若き日堀辰雄などと文学に励んだが、その後半生は初期の「芥川龍之介全集」の編集や、書き反故類に捧げた人だった。私はずっと昔、龍之介原稿の切片百枚ほどを市場で求めてあり、世に残って貰いたい気持で特製百部本に使ったのであった。

……話を、反町茂雄氏への謹呈本へ戻すが、次に折り込まれているのは、例の「婦人グラフ」表紙に貼られた夢二の木版画。次がマッチペーパーで昭和初年の燐票、それも氏の思い出につながるよう三越、白木屋、松坂屋などでの一頁、次の女優ブロマイドは若きデートリッヒ像、次は木版刷りのうちわ絵二枚と、よりすぐりのものばかり。

反町氏の在庫と遺品のほとんどが、明古他の市場で売られている事実は知っていたが、この品もその一連の中のものだったに違いない。ふっと今日の荷主を調べたい欲求にかられたが、この運命的掘り出しをさせてくれた人の詮索をやめた。

（二〇〇九〔平成二十一〕年五月）

24 〝野呂栄三郎〟とは誰か

もう二、三年前の市場で、〝久米正雄資料〟なるものを買った。角川の『洛中洛外図』の外函を廃物利用しての一函の出品物で、無名人の原稿や、画家名のわからない挿絵画稿や久米家の書類やらで、上の方に「これで買って下さい」というように、大正初期の消印のある葉書十数枚が乗せられてあった。

みな久米の下宿先〝本郷森川町〟宛で、東大生時代から卒業近辺のものらしかった。中には豊島与志雄、江口渙のものが見え、後者の葉書（大7／5月）には、用件の末に「芥川の地獄変を読んでゐる、面白い」などとある。また〝譲〟名での葉書が三枚あり、これはこの一、二年後に漱石の娘筆子を巡って恋がたきとなる松岡譲のものか。他には〝木村茂〟名が六枚、〝野呂栄三郎〟名のものが一枚、――これで全部である。昔、久米宛書簡葉書を沢山扱ったことのある私はこれに入札、一万数千円で落札することが出来たのだった。

その後家で眺めると、中でもっとも興味の持てる文面は、他でもない〝海岸通り・野呂栄三郎〟と署名された、大正五年十二月三日付の絵葉書を利用したもので、図柄は〝鎌倉長谷観音〟である。文章は宛名書きの下部から始められ、細字で「鎌倉四首」とあり、

斎藤茂吉調（モヅク採り）

宵月は空に小さし海中にうかび声なき漁夫（しゅうし）の頭（あたま）

北原白秋調

漁夫の子ONANISMしてひるふかし潟はつぶつぶ水はきらきら
　　吉井勇調
夕月夜片眼しひたる長谷寺の燈籠守もなみだするらむ
　　与謝野晶子調
星月夜鎌倉びとの恋がたり聞かむととべる蚊食鳥かな

なる短歌が書かれている。これを見て私が思い出したのは、あの有名な斎藤緑雨のパロディ、『新体詩見本』の見事さで、こちらもそれに劣らぬ出来と思えた。そればかりかこの筆跡は、ある有名作家のものと酷似さえしていた。では、裏面〝長谷観音〟の余白に書かれている方を写そう（句読点は青木）。

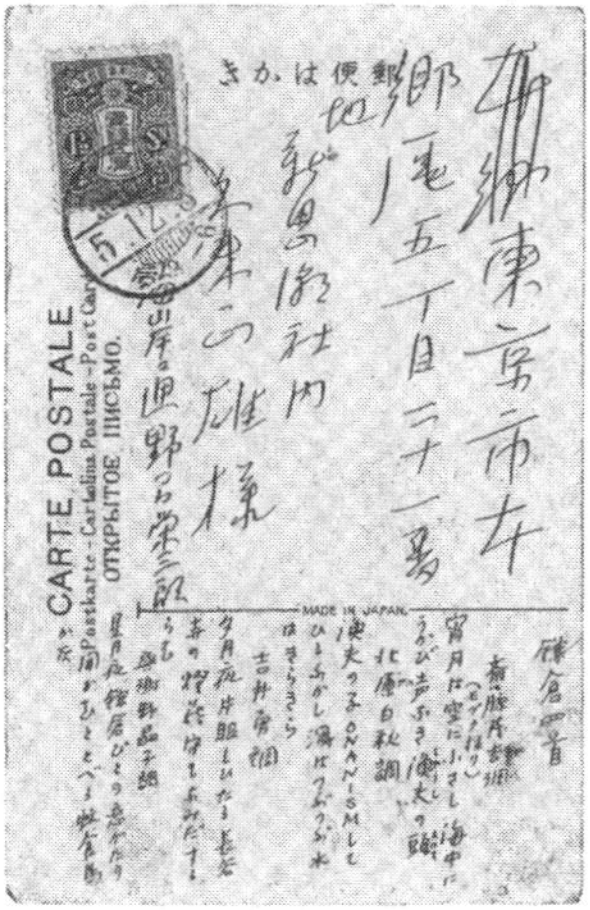

《全速力で小説を書いて居る。中々苦しい。第一朝の早いにはやりきれないぜ。六時におきるんだからな。久しぶりで辞書を引いて訳を考へてゐると一高時代を思ひ出す。／鎌倉の物価の高いのにはあきれかへる。何でもぼるのにはかなはない。人間もあゝ虚心平気でぼれるやうには余程修行が入るだらう。駄弁慾絶対に不充足。／二伸、赤木君の宿所をしらせてくれ》

こうして私は、いつしかこの一函の資料のことを忘れていた。

……さて、この七月二十五日新しい古書会館が落成して、私は金曜日の市へ上る前に一年ぶりに古書展を見に地下へ降りた。何しろ古書展の開催日と同じ金曜日が、この一年間会長職として勤務していた明治古典会の日だったので、出かけられなかったのである。私は『芥川龍之介とその時代』（関口安義）他五冊を買って、今日、新会館での初市が行なわれる三階の明古の市へ行った。

夜は新幹事による、前任の私達の慰労会が毎日新聞・パレスサイドホテルで行なわれた。終って帰宅の車中、私は待ち兼ねたようにあのA５判七百頁を越える『芥川龍之介とその時代』をめくり続けた。その最終頁には広汎な索引がすえられ、もしや〝野呂栄三郎〟の項もあるのかも知れないと、早速探ったがない。あとはこの評伝の、大正五・六年頃もっとも多く出て来るであろう友人久米正雄関係の記事中に何かヒントが見つかるのではないか？

第一章　大川の水とともに
第二章　青春の日々
第三章　第四次「新思潮」創刊と前後
第四章　文壇への登場

と来て、「第五章　新進作家として」だった。久米はこの頃、商業雑誌にも登場する傍ら、「新思潮」でも中心になっており、もっとも友人からの通信が集まった。現に〝野呂栄三郎〟の宛名書きは、久米の住所のあと「新思潮社内」とある位だ。一方関口の本によると、この大正五年、芥川は十一月海軍機関学校に就職している。授業は十二月五日から始まるため、菅虎雄の世話で鎌倉の海岸通りに、八畳間の借家をした、とある。関口は書き進めていた。

《……芥川はここから横須賀へ通った。鎌倉は当時から高級住宅地であり、物価は高かった。しかし彼には気に入った。／芥川はさっそく授業の準備にとりかかる。が、一方で、新年号に出す小説の原稿も忘れていない》

とそこに、関口は思わぬ引用をしていた。

「**全速力で小説を書いて居る。中々苦しい。第一朝の早いのにはやりきれないぜ。六時におきるんだから(な)。久しぶりで辞書をひいて訳を考えてゐると一高時代を思ひ出す**」（久米正雄宛）と、何と〝野呂栄三郎〟署名の葉書文をであった。

その後書簡集で調べると、この葉書の「出典」として、「転載」とあった。

（二〇〇三〔平成十五〕年九月）

朝日新聞文化欄は、去る一月十六日「はじめての芥川龍之介」を一頁特集した。

25　久米正雄と芥川

生誕一二〇・没後八十五年というのに、芥川人気はずっと続いていると言ってよい。そして半年おきには〝芥川賞〟でマスコミが騒がしくなる。過日は大先輩石原慎太郎と、新誕生作家がテレビもにぎわせた。特集では芥川の華麗な登場から自殺までと、その死の原因をさぐったり、今や芥川の名が世界的にも知られるまでになったことを紹介している。そして芥川を中心にした関係図も作られている。夏目漱石、菊池寛、高浜虚子、谷崎潤一郎、泉鏡花、室生犀星、宇野千代、川端康成、萩原朔太郎、堀辰雄の十人。同級生として菊池寛を代表させたのだろうが、私には久米正雄の名がなかったのが淋しかった。

……二十代の私の愛読書の一冊に、久米正雄著『風と月と』（昭22・鎌倉文庫刊）があった。当時は人生五十年の頃で、その意識（六年後に没）もあったのか芥川龍之介と自分を振り返った素直な文章であった。

《私はその頃、本郷の宮裏と云う所に下宿していた。》が書き出し。久米はすでに戯曲「牛乳屋の兄弟」を、芥川も「帝国文学」に「羅生門」などを発表していたがまだ学生の身分だった。久米はある日、漱石の所へ出入りする岡田という同期生に会い、

「ねえどうだろう。前から僕、一度お願いしようと思ってたんだが、僕らを一度先生の所へ連れてってくれないか」と訊く。話し合って、岡田は承諾し「芥川も」、と久米。

「芥川なら秀才だからいいだろう。じゃあ来週。先生に手紙を差上げておくよ」と岡田。こうして二人はその日漱石に面会、話を交し内田百閒などにも紹介され、『社会と自分』の署名入りまで貰って帰った。

こうして、晴れて門下の木曜会にも出席、そこでの刺戟もあって京都の菊池寛を誘い、第四次「新思潮」を創刊する。久米は「父の死」を書き芥川は「鼻」を提出する。菊池は「坂田藤十郎の恋」を送って来たが最終的に落とされた。その読み合せの場も魅力的だが、この三〇〇頁ある一篇のクライマックスは芥川が漱石に激賞される件にあり、その途中の、久米が芥川から打ち明けられる微妙な心理描写に私はもっとも感銘を受けた。

それは創刊号が出て三、四日後のこと、学校で芥川に会うと君にだけ話があると言う。ある小料理屋の二階へ上ると、一体何なんだいと久米は訊いた。

「実は」と芥川が口を切った。そして漱石からの手紙が来たことを言い、君にも読んで貰いたいんだと言った。

《そう言って彼は、制服の胸の金釦を外すと、内懐を探って、一通の鼠色の封筒を取り出した。（略）彼の体温のぬくもり、又彼の胸の中で揉まれて、少し皺くちゃになっていた。何度も、取り出して読んだのかも知れない。

「ふーむ。……どれ。」

私は、何かハッと息詰る思いで、それを受け取った。――そう言えば何だか、彼の話って言うのも、ひょっとするとそんな事ではないかと、内心、半ば羨やみ、半ば怖れて考えていたような気がした。矢っ張り、そうだったか！　矢っ張り芥川に！　漱石先生が直接手紙を。……私は突如として内心に湧き上った、羨望と嫉妬に手が震えるのを、やっと堪え乍ら、中の手紙を引出した。その巻紙には、墨で、優婉な字で、こう書かれてあるのが、熟した私の眼に読まれた。》

こうして有名な、「……敬服しました。ああ言うものを、是から二三十も並べて御覧なさい。文壇で類のない作家になれます……」を含む、「鼻」を激賞する全文を紹介し、久米は自然と息がおののくのを感じながら、懸命に普段の声をよそおいやっと言った。

「ふーん、これは大した手紙じゃないか！」そしてちらっと芥川を見やったが、すぐまた手紙の上へ視線を落とした。芥川の方も、その久米に背を向け向うの窓の辺りを眺めていた。その後二人の仲は微妙に揺れ始め、久米に芥川はその顔に鬼気さえただよわせながら、

「……君のお陰で物を書くようになり、君のお陰で漱石先生の所へ出入り出来るようになり……先生に認められるとたちまち抜手を切って先へ行こうとする……そんな浅ましさを僕は……などと口ばしるようになる。

その木曜会に、二人は何となく一緒に行くことが出来なかった。その夜訪ねた久米に漱石は言った。「みんな読んで、中でも芥川君のに特に感心したものだから、短い感想の手紙を出しておいたがね」

「今日昼間お礼に上ったと存じますが……」と久米。

四五日して、久米が芥川の部屋を訪ねる。そこには昼間芥川が一人で手紙のお礼に行くと、漱石は来客に書を書かされて、ついでに書いて貰ったという「風月相知」の真新らしい横額がかかげられてあるのを、久米は見なければならなかった。

――「風と月と、か」久米はその漱石の揮毫をしみじみと見上げたのである。――

『風と月と』の末尾である。


（二〇一二〔平成二十四〕年四月）

26　続・久米正雄と芥川

前回私は、久米の遺稿集『微苦笑随筆』（昭28・文藝春秋新社）も傍らに置いた。編集は小島政二郎。跋で、この本をまとめるのにはいろいろ迷ったが、ともかく文壇がもっとも華やかだった時代の私的資料として後に大正の文学史を書く人に役立つだろうと言っている。

二人をよく知る小島は、当然久米の芥川にふれた文章を多く集めている。そして巻頭に選ばれたのが「身辺」。……また「文藝春秋」に月々随想めいたものを書かせて貰うことになった。一体僕は菊池のこの雑誌には初めから深い関係がありながら、芥川や直木のように精勤していない。筆不精もだが、一つは微妙な親近関係から書く気がしなかったのだと、文頭に振っている。が、続く二節の文は、久米の後半生を知る私には気になった。

《芥川が自殺し、直木が死亡した後では、どうも今度文藝春秋に、沢山書いて死ぬ番は、僕より外に無さそうな気がして、一つ此処らで、大いに親善を加えて置こうかと思ふ。と云つて、何も死んでから、文藝春秋の社葬にして貰おうとか、死後の世話を、菊池にして貰おうと云ふ意志では、さらく無い。――現に、其点では、惚気を云ふようだが、仲間が死ぬと、余りに菊池の世話になり過ぎる傾向があるので、それでは余りみつとも無いからと云ふので、愚妻は貯金を初めて、家産やうやく萬に達して、小生にも、四万円ばかりの保険金をかけたので、もう後顧の患いは無い。》

★ここで※印で一行。

《ところが、そう思い乍ら、人間まさに畜生の浅ましさで、茲まで生伸びて見ると、もう鳥渡生きてゐたい気がして、柄にない摂生なぞを考えるから可笑しい。ほんとに死んでは、偉いかも知れんが、芥川でも直木でも、それつきりだつたと云ふ気がする。芥川は自分の生涯を、小纏りに纏めたにしろ、直木はもう一周忌になるが、実にどうも無駄に、悲壮な犬死をしたようで、惜しいとか悲しいとか云ふより、馬鹿々々しい。老年まで持ち堪えて見ない事には、此の人生なんて、分るものかと思う。此点、菊池が大いに袈裟つ気を出して、此間までは五十まで(ママ)などと云つてゐたのを、もう少し生きたいと思いはじめたらしいから、頼もしい。まあお互いに生恥を、うんと晒して見るんだ。》

ただこの文、「文藝春秋」何年何月に掲載の記録がなく、直木が死んで一周忌とあるから、昭和十年久米四十二歳のものか。すでに五年前には平凡社から己れの十三巻になる全集も出し、久米は菊池寛と共に通俗文学を背負う二大作家だった。昭和十二年には、英国皇太子の戴冠式に秩父宮に随行して渡英、その参観記を毎日新聞に掲載している。

さかのぼれば昭和二年、親友芥川龍之介の自裁に遭い、その時「発すべき言葉もなし」と年譜に残した久米だが、翌三年には円本の収入で一ヶ年、夫婦で欧米漫遊旅行をした。やがて戦争が始まって、昭和十七年六月、社団法人日本文学報国会が設立されると、久米は常任理事となり事務局長を兼任（翌年には辞任）した。

昭和二十年敗戦、久米は川端康成、高見順、中山義秀と共に貸本屋・鎌倉文庫（やがて出版社）を設立、月刊誌「人間」を創刊。そんな中、「サンデー毎日」に連載し鎌倉文庫から出版したのが『風と月と』だった。久米はそのあと鎌倉名士の代表として活動、昭和二十六年高血圧で静養していたが翌二十七年、六十一歳で急逝した。

以後急激に久米の名声も衰え、戦後初の本格的全集だった筑摩書房の『現代日本文学全集』ではその23巻「里見弴・久米正雄集」としてやっと入る。やっとと言うのは、久米の作品収載量は一冊の四分の一ほどしかない。そして直近の『昭和文学全集』に久米の名は消えた。

話を、もう一度「身辺」に戻そう。あの少々異様な引用文のあと、久米は満洲で会ったある政治家が「我々はあなた方と違って長生きすれば、偉くなれるんで禁酒してるんですよ」と、杯を断わった言葉を紹介、一節を使って今自分は先へ行って十年長生きするより、今の酒を楽しむつもりだ、これがなければ、「自分は自殺だってしかねない」とまで言っている。

次に、その後始めた趣味のゴルフが身に合い、これは終身まで永続性がありそう、と書く。最後は通俗小説について、読まずに文句を言っている批評家に抗議、しかし自分は菊池のように全てを棄てて、もう通俗ものしか書かないとは思い切れない、やはりしみじみとした私小説は考えている、と弁解、文章を結ぶ。確かに「風と月と」は私をとらえた。私は「受験生の手記」や「破船」を読み返した。

しかし、戦後ますます名の上った芥川にくらべ、久米は自分の文学はやがて忘れられてしまうのではと察し始めたのではなかったか。その思いが、無理にもカーニバルなどでの陽気な演戯に徹しさせ、晩年を生きたのではなかったかと、今は見えてしまうのだが、どうであろうか？
迷って迷って、この「身辺」を巻頭に持って来た小島政二郎の微妙な選択眼も分かる気がする。

（二〇一二〔平成二十四〕年五月）

この六月の初め、同じ葛飾区内に住む詩人・櫻本富雄氏が今度の著書『日本文学報国会―太平洋戦争の文学者たち』（青木書店刊・六六九五円）を、自転車に乗って私宅に届けに来てくれた。索引共で五二六頁の厚冊である。まるで「日本文学報国会辞典」とも言ってよいおもむきの労作で、約四千名を収めたという索引がありがたい。今、私は「久米正雄」の項を引いてみたが、何と五十ケ所の頁数が載せられている。ちなみに、同じ見開きにある「菊池寛」は四十六ケ所で、この二人は頻度数で一、二位を争っている。

27 久米正雄と日本文学報国会

久米正雄は初め俳人志望で、すでに少年時「三汀」の号があった。次いで二十三歳、劇作家たらんとして句集『牧唄』（大3）を出して俳句をやめる。やがて小説を書き始め、二十代から三十代前半までに純文学作品の全てを書き終えてしまう。二十七歳の作「受験生の手記」、三十一歳の作「破船」を、私は戦後の文学青年時代どれほどの共感と共に読んだか知れない。

久米は昭和二年七月、親友芥川龍之介の自裁に遭い、衝撃を受ける。翌昭和三年十一月、一ケ年の予定で、妻同伴で欧米を漫遊する。昭和五年には平凡社から『久米正雄全集』全十三巻が刊行される。以後久米はその円満良識の人として、文壇を代表する名士として活動した。大正九年の国民文芸会の創立を手はじめに、東京中央放送局顧問、東京日々（毎日）新聞文芸部長と歴任、一方、創作力は衰退した。昭和十二年、秩父宮に随行、英国皇太子戴冠式に渡英、新聞に参観記を書く。昭和十七年六月、「日本文学報国会」が設立され、その常任理事、兼事務局長に就任。……今私は、久米のこの会のことを書いた原稿反故、メモの類を眼の前にしている。前々回私は、おびただしい久米正雄の資料が古書市場にあふれ、その一部を購入した話を書いたが、この反故類もその片割れである。すでに昭和十三年、九月に日中戦争の漢口攻略に作家が動員された時も、久米は一行を代表して挨拶したようだ。

「私が久米です。従軍文芸家の一行を代表致しまして、中支那地方に居られる皆様、特に戦線に居られる将士諸兄に、一言御挨拶申上げます」がメモの書き出し。同時に原稿用紙上の欄外に一行の名が連記されている。陸軍第一班＝片岡、川口、深田、佐藤、久米、林。第二班＝白井、岸田、尾崎、滝井、丹羽、富沢、中谷。海軍＝菊池、吉川、小島、北村、浜本、杉山、吉屋、とある。メモの文章を続けて見る。「此度吾々が、内閣情報部、並びに陸海軍の御指名を受けまして、ペンを擔つて、漢口攻略戦を観戦する事になりました。若し我々の筆が至り得るならば、此の眼のあたりに拝見した、前線将士の御奮闘は勿論、後方勤務の方々の辛苦艱難を写して、後代にも残り得るやうな立派な文芸作品を作り、以つて国民一般に報告し、聖戦の意義と目的の貫徹に努めたいといふのが念願であります」（後略）

この頃、久米が東京日々に籍を置いたことはすでに記したが、やがて顧問、文化委員長などという役職に押し上げられて行く。その久米に、時の情報局五部三課長であった上田海軍中佐から、毎日主筆上原虎重に交渉があり、久米は新聞社の現職のまま、借りられて行く形で、日本文学報国会の事務局長に就任するのである。久米は別の反故にその心境を書きつけているが、特に書いたあと線引きして消してある辺りを写そう。

「考えれば考える程、重大な役目であつた。だから、それに就いた以上、私としても身命を賭して、在来の新聞社籍は擲つても、それに専心すべきではないかと、幾度か思つた。さう出来れば、さうした方が、私としては身綺麗に違ひ無かつた。併し私には、それが出来なかつた。私は主として、毎日新聞社に衣食の道を求め、其余力を挙げて、日本文学報国会に尽粋する外無かつた。結果としては、殆んど全力を挙げて、文学報国会の事務に当り、余力を以つて、新聞社へ勤めようとも……。」

久米は続けて、とても文章など書いていられない忙しさをあげ、短時間で出来る俳句に又こり出したと言う。「文壇政治家」との悪口まで聞こえるとも言う。

久米は昭和十九年三月末日を以って事務局長を退任した。ただこの件については、最初に紹介の櫻本富雄著『日本文学報国会』には、

「事務局長久米正雄の任期満了によるものと一般には理解されていた。また、そのように選ばれたが、その裏面には『アラヒト神事件』と呼ばれた紛糾があった」とある。久米は就任直後の九月、満州建国十周年式典に代表として参加、毎日新聞に満州国皇帝を「現人神（アラヒト）」と表現した文章を送ってしまったのだという。「不敬罪ではないか」との声も直後にはあったらしい。

やがて敗戦、久米はまだ五十半ばだった。確かに「風と月と」「清濁」「騒客」「小鳥篭」等、幾篇かの見るべき作品はあるが、世に知られたのは「鎌倉カーニバル」等での久米の活躍ばかりだ。久米の資料の中には、こんな言葉が書かれたメモが残されている。

「是までのものは、みんな小手調べで、本当の仕事は是からだ。

かう、何年私は考へて、仕事をし、のみならず人生を、——続けて来たことか。

そうして是から先、何年？ 正雄」

（一九九五〔平成七〕年八月）

28　久米正雄宛賀状集

今年（二〇〇八）七十五歳の私の年賀状のやりとりは、年平均百枚前後である。さて正月三日、私がこの項を書くため、今机上に持って来たところだ。

昔古本市場で仕入れ商売用にした残りの久米正雄宛の諸名家年賀状一束（約二百枚）を、

「商売用にした残り」と言うのは、これらは宛名書きは肉筆だが、裏面はみな印刷されたもので、文面も自筆の方はすでに売ってしまったということなのである。それにしてもこれら年賀状を貰った戦前期の久米は、菊池寛とも並ぶ文壇の名士だったから年賀状は読者や商店案内まで含めたら、どの位沢山舞い込んだかは想像することも出来ない。

ともあれこの一束の名士は文学者が主で、あとは画家などである。確か早川雪洲、上山草人、藤原義江などからのものもあったが、すでに昔手放してしまった。面白いのは年賀の文句で、八十％近くが〝謹賀新年〟で、今の若い人達のやりとりは知らないが、我々世代の文句は未だに〝謹賀新年〟が圧倒的だ。だが、長々と近況や述懐が入るものもあり、もっとも違うのは年齢への感じ方だろう。

凝然と安座し居れば初明かり

迎春　所懐御慶申上げます。尊堂のいよ〳〵御清福を祈り、平素の疎遠をおわび申します。老生お蔭さまでます〳〵頑健、本年はかねて腹案して参りました『飲食大事典』の編纂に傾倒いたしたく、申さば老後の「置土産」として、畢生の微力を捧ぐる念願にございますゆえ、何卒一段の御鞭撻御支援を賜はりますやう、お心づきの新語彙などございました節は、解説と共に御教示を仰ぎたいと存じます。

昭和二二歳旦　六七叟　本山荻舟

右の荻舟は『近世数奇伝』『近世剣客伝』で知られ、荻舟はこのあと七十八歳まで生きて、死の年きちんと『飲食事典』（昭33・平凡社）を上梓している。ただ昭和二十二年、六十七歳で〝叟〟とあるのは、今の感覚では異様で、〝七十五叟〟と言っても笑われるだろう。昭和六年にはこんなのも配達された。

謹賀新年　壬申一月元旦

昨年十月以降近親の不幸その上に不慮の厄難を重ね一身上の変動に遭遇して「慧相」発刊の予定を変更するの止むなきに至り恐縮千万に御座候。春に臨んで住所を転じ候も偏に再起を期するの意に他なく候　合掌

東京市外代々木西原八六四今　春聴

春聴は東光、彼は以後二十年余、文壇を離れる。実は菊池寛との対立があった故と、戦後華々しい活躍をするようになってからは言われるようになった。

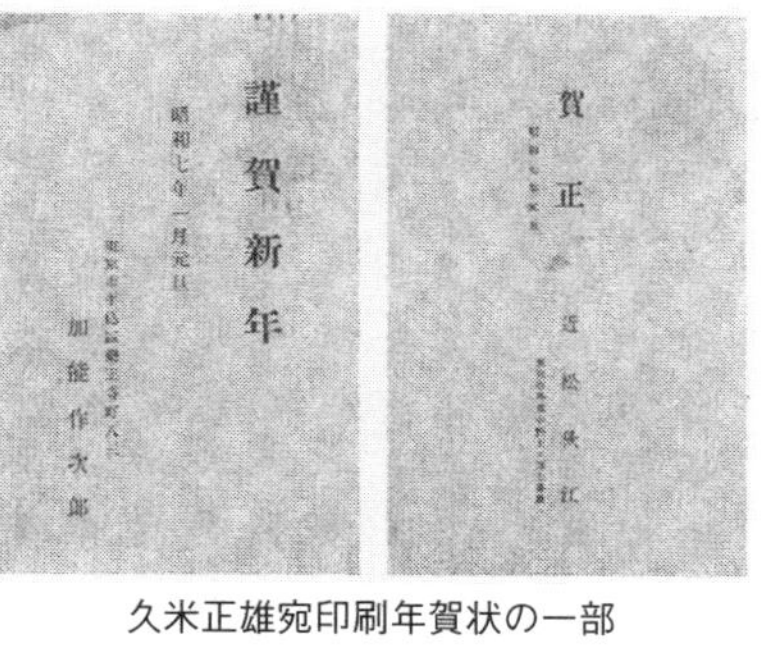

久米正雄宛印刷年賀状の一部

亥の年ゆ　干支のしんがり　勇ましう
君が御代をぞ　壽ほぎまつれ
おさなき日　円山応挙　えがくてふ
亥の図に心　うたれしにわれ

われはたゞ　恐しげなる　猪にしあれど
絵筆の露に　孤々と生れつる

近世に　初三郎式　鳥瞰図
その処女作も　亥年なりしが

二十年余り　四歳の　ながき春秋を
図絵報国に　もゆる一念

こんな詩の入る昭和十年・亥年の年賀状を寄こしたのは、現在〝パノラマ地図〟という分野で古書業界の一部をうるおしている吉田初三郎である。挨拶は更に「年の大半を南船北馬の旅をしており御無沙汰をしております」とも記している。

最後は長文細字の、まるで「断酒宣言」をしているような、ある作家の述懐である。

「有様に云へば、小生は強ひて禁酒しなければならぬ程酒の上の癖が悪いとも思つてゐません。別段人様に迷惑をかけた覚えもなく、ただ少々おしやべりになる位なもので、それだからと云つて、差障りがあつたり、他人のいやがるやうなことをしやべるでもない。まあ、他愛のないことを少々大袈裟に、時にはうるさく並べ立てる程度です。好く云へば、天眞の流露（?）とでも申されませう。なれど、飜つて思ふに、その所謂天眞なるものは、人様の前で、さうたびたび流露すべき性質のものではございますまい。やつぱりはた迷惑です。よしやそれ程御迷惑にならない程度であるにしても、酔ひが醒めてから思ひ返して見ますと、自分ぢや実にいやな気持ちです。殊に酒に酔つた者として大目に見られるのを好いことにして、他人の上へのしかゝらうといふ、酔拂ひ共通の心理が自分にも幾らか働いてゐなかつたとは云はれないと考へて来ますと、何とも云はれぬいやな心持ちとなります。これが今回小生が断然人前では酒を飲まないと決心した動機でございます。どうぞ小生のこの殊勝（?）な心懸けを汲んで、今後飽く迄この誓ひを守らせて下さい。お願ひして置きます。頓首稽拝　鎌倉町一ノ鳥居　森田草平」

これは昭和六年のものだが、前年「予は当分、在来世間から一種の偏見を以て見られてゐる歴史上の人物にジヤスティースを与へる創作に従事せむとの志念あり」と、草平は『現代日本文学全集』の自作年譜に記している。


（二〇〇八〔平成二十〕年二月）

29 犀星詩「足」について

新制中学を終えて、私は動物園裏にあった上野高校の夜学に通った。普通は上野駅から歩いたが、日暮里から谷中墓地を突っ切って行く方法もあった。その時寄るのが七面坂にあった古本屋・鶉屋書店。均一本の中から拾った非凡閣の犀星全集の端本でその詩を読んだのが始めであった。『鳥雀集』の中のもので「足」という奇妙な題がつけられていた。

夜ふかく天に叛く足。
をみなごの足／足／足は五つの光より成る。／日光／いえすのひかり／淫乱／沈黙／
あはれあはれ／人にな告げそ／しろたへのをみなごの足。
あはれおんみ此の世にうまれ／ただひとつ持てるものなれば／ありがたく。

というのである。集中「加茂川」「海」などは有名だが、余りこの詩が問題にされたり愛読しているという評者を見ない。第一この詩集そのものが、ほぼ同時期を集めながら『抒情小曲集』に比べると普遍度は低いのだ。ましてこれを読んだ十七、八歳の頃の私には、何やら官能的な刺戟は受けたが、これが性行為時の女人礼讃の詩などとは、具体的に思い及ばなかったのである。

最近私は、犀星自筆の「足」元原稿を入手、発表時には倍の長さがあり、大正三年「創造」に掲載されたが「急行列車」と共に発禁になり、後半を切り取ってしまったものと知った。これから先もこの詩は今のまま流布し続けるのだろうが、参考までに最初あった後半をここに写して見よう。

十方遍照
光明真言
足は舞ひ
足は跳り
粛啓を極め
われのかうべに置かる

ひるはこれひたすらに懺悔の足
足
足

やわらかくふくれあがり
微温上天
人にな告げそ
わが真にかつぐ足
なんだもろき足

——これで初めて、私は「夜ふかく天に叛く足」「ただひとつ持てるものなれば」の意味が全て理解出来たのである……。

（一九八九〔昭和六十四〕年一月）

30　室生犀星展で……

昨年(一九九二)十月、私は金沢へ旅行し雨宝院へも寄った。犀星が幼少年期を過ごした寺として有名で、養父直乗が亡くなったのは大正六年、寺を人に譲った金で犀星は『愛の詩集』を出した。現在の住職は昭和十八年から入った人で、七十半ばの奥さんが細々と寺を公開している。「大文豪犀星先生が育った寺、見学料百五十円、御用の方はブザーを押して下さい」という貼り紙。大文豪はいただけないが、気性のいい老婦人で二時間近く話し込んでしまった。途中、東京の大田区立郷土博物館の人が来て、近く開催の犀星展の資料数点を運んでいった。

十一月の第二日曜日、私は地下鉄浅草線・西馬込駅から歩いてその「没後三十年室生犀星展」を見に行く。かつてこの地にあった室生家とその庭、石塔などが復原されて見事であった。ところで、この日を選んだについてはわけがあった。中村眞一郎氏の講演が予定されていたからだ。雑誌「新潮45」十月号に、「死ぬための生き方」という特集で中村氏は書いていた。……七十半ばの私を書き頃と思ったのだろうが、一家三人の糊口の道を講ずるためにはこんな特集の原稿でも断われない。家人は「大みそかも元旦も、断乎として、午前中、四百字詰原稿用紙五枚に妄想を記して、これを米塩に代える」生き方をもうやめてくれと言うが、少年時代の貧しさが骨身にしみている私は死に至るまで、この習慣は続けるしかない……と。私はこれを読み、もう半年も「古本屋奇人伝」を構想し、手をつけることの出来ない自分を比べ見、この月始めからせめて日に四枚でもと心にきめ、書き始めていたところだったのである。

中村氏の話は、これまでの文学史の評価でなく、常に私は今読んで作家の自分に何を与えてくれるかを問題にする、犀星は晩年の幾つかの前衛的な作品で世界文学の最先端にある、と金魚との対話だけで成立する『蜜のあはれ』を引いての、ユニークなものであった。講演後、私は眞っ先に手をあげた。「犀星も中村先生も著書数が桁外れに多いのですが、一日五枚書かれるという話は本当なのでしょうか？」

「本当ですよ。要するに外国の作家のように少し書いていては生活出来ないんです。『中村眞一郎長篇小説集成』とか出してくれてもみな選集です。犀星全集というのも、たしか？」と中村氏は演壇近くの席に声をかけた。一人の婦人が立上ると、司会が「室生朝子さんです」と紹介、拍手が起きる。「はい、新潮社版で約三分の一しか入っていません……」

中村氏は話を戻し、「……犀星は私が行くとね、堀辰雄を通じて行くようになったんですが、本当とも嘘ともつかぬことをケロっと言ってからかうんです。そう、犀星の日課ですけれど、一日四枚を書いてやめるって言ってました」

終ると、色紙など持っての四・五人の列が出来た。古本屋の私には素直にそれが出来ない。それでも意を決して、中村氏の「一日五枚説」の載る、持参の雑誌余白にサインだけ頂こうと、列のうしろに近づいて行った。

（一九九三〔平成五〕年一月）

31 語り続けられなかった部分

近代文学館から、私に〝図書資料委員会〟九月例会で、〝手稿や古書籍との出会い、古書業界の動きなど〟をテーマに一話座談をせよ、との文書が来たのは五月のことだった。九月二十九日、三時〜五時の予定で、私は駒場の文学館を訪ねたのである。

部屋へ入ると、十人余りの先生方がすでに座っておられた。今日ばかりは遠慮してても仕方がないので、私はマイクの置かれた正面中央に座した。左手に紅野敏郎、保昌正夫先生が座り、知り合いの上笙一郎氏、元文学館職員だった宇治土公美津子さん、他に八名の方々。

三時丁度に、紅野先生が私を紹介する言葉を述べられ、会が始まる。元々この会は、今年（二〇〇一）二月に保昌先生の監修を得て私が東京堂出版から出した『近代文学自筆原稿集』が目にとまってのもの。現在その姉妹篇『近代詩人歌人原稿集』が進んでいることから、材料になった詩稿などの蒐集秘話を語ってみたいと、私が提案しての会だったのである。とりあえず私は自筆本の出廻りや値の現状について触れ、次著の話となった。今回は巻頭に犀星『抒情小曲集』、荷風『偏奇館吟草』二詩集の原稿から複数の詩を写真版で特集したのでまずその入手の苦労話をし、また今回は〝作家篇〟に逸した内村鑑三、斎藤緑雨、岩野泡鳴、有島武郎、中勘助、石川啄木などを詩人の業蹟から選んだことを話した。

そして話が萩原朔太郎のところまで来た。私が今度もっとも思い入れを重ねることが出来た詩人は犀星で、若き日からの犀星詩への感銘が解説文の基準の一つになっていた。それにしても、現代の朔太郎評価の高さはどうだ。例えば私が人選の参考にも使った「日本の詩101年・1890〜1990」(平2/11「新潮」臨時増刊)にある口絵写真。何と巻頭は朔太郎で、白秋、晶子、達治、中也と並ぶ十四人中に犀星がなかったことを思い出した。私は詩史のことくらい何もかも知っておられる人々を前に、「朔太郎だって、犀星詩の影響であそこまでなれたんですよね、何しろ貧しかった犀星は義父が没して雨宝院を売った金で『愛の詩集』を出す。裕福だった朔太郎の方は、すでに『月に吠える』を出してしまっている。それなりに評価を受けた『愛の詩集』のあとになって犀星はやっと『抒情小曲集』を出すんです。これがもし、『月に吠える』より先に出していたらと想像すると、これはもう詩史が変ってますね……」と、この辺りまで話したのかどうか、ふいっとかすめた思いは犀星の小卒という学歴のことと仇敵日夏耿之介のことであった。それは今何のいたずらか、多分最高学府を出られ、大学で文学を講じられておられる方々に何事かしゃべつている己の学歴のことも無意識にそこに重なったかも知れなかった。

………日夏の『明治大正詩史』上下二冊(昭和4・新潮社)は、戦後増補版を出して第一回読売文学賞を受けることになる労作だが、こと犀星と犀星詩を愛する人々にとっては、決して納得出来る詩史ではなかった。日夏はその下巻〝大正混沌詩壇→群小詩壇→新興詩壇の成立〟の箇所で、まず詩誌「感情」に触れる。そして注記でこう書くのだ。

《「感情」は犀星の同人雑誌で、新詩家を集めたのも一種の幼稚な営業政策の一端に外ならなかったが、他の立派な有力な雑誌が新詩の展開に留意しない時代であったので、この見すぼらしい小汚い同人雑誌の特輯号が期せずして計らずも史価を持つ事になったのである。小さな史価ではあるが。》

また別の本文では「……犀星は、無学で単純でそのくせ世渡り上手の生来に加ふるに……」などと書き、同じ頁の欄外・注にはまたしても、《無学で俗才もあり、己が特色「その官能主義とその抒情主義」を後生大事に守ってともかくもやがて一種の小心境に到達した室生は民主詩壇凡愚列伝中での立志伝的小人物といふべきである。》と加えるのである。そして次頁には、この頃少し面白い詩風を見せているが、「学問なく教養なき人が詩に執し詩に生きんと欲する努力によって、応分の材能の発揮の機会を捉へうる事を示す」などと、ちょっぴりだけほめるのであった。私はこの日夏の不当な論を憎み、そしてあきれた。実は日夏がこんなことを言っている頃、三好達治、伊藤整、中野重治、堀辰雄、立原道造までが、その犀星詩に影響を受け育っていたのである。しかし私は今度使った沢山の資料の中の一冊『世界現代詩辞典』（一九五一・創元社）の〝室生犀星〟の項で外ならぬ中野重治が、犀星詩が日本の詩に与えたすぐれた新しさを述べ、

「日夏耿之介が犀星を無学・無教養の群小詩人の一人とした（『明治大正詩史』）ことは、詩人犀星が教養からでなく生活から詩を生んで行った事実を証処だてるものとして、教養派が何ものの詩をも生み得なかった事実とあきらかに対比される」と書いていたのを読み、少しだけ

溜飲を下げたのだった。…………

私はこれらのことを瞬時に思い出し、話そうと思った。

「犀星はもっと評価されるべきなんです、大体日夏耿之介が……」と、私は言おうとしたのだが、何故かこの時、日夏の言葉を見た時の犀星の口惜しさが頭に昇り、このことを話し始めたら最後、涙がこみ上げ、せきを切ってあふれてしまうのを感じた。この間、五秒だったか十秒だったか今は分からないが、私はその話を通り越してしまうことでその後の話を続けることが出来たのである。

（二〇〇一〔平成十三〕年十一月）

32　金沢・雨宝院

次男が、ゆったり六、七人乗れる車を求めたのを機会に、久しぶりに金沢へ連れていって貰った。四月二日は白川郷と共に世界遺産に指定されている、まだ道路以外は雪に埋まった五箇山村を見学、この夜は和倉温泉泊。

二日目の朝、私は一人金沢で降ろして貰って、赤レンガの石川近代文学館に入った。館長への面会を求めると、「どうぞ」と二階の館長室を教えてくれた。新館長は応接のテーブル向うに掛け、名刺を交換した。井口哲郎氏で、私より一歳上の方。井口氏はしかし、「実は十分後に新聞記者が見えるが」と。私は金沢の文学館関係のその後を尋ねた。今年鏡花記念館が開館したこと、雨宝院が充実したこと、その目と鼻の先に犀星記念館の敷地が確保され、十四日に起工式が行なわれること、来年は島田清次郎記念館も出来ることなどを教えて下さる。私が聞きたかったもう一つは、『室生犀星―ききがき抄』の著者で前館長・新保千代子さんの消息。何しろ一九一三年生まれのご高齢である。「お元気ですよ」と館長は言われたが、そこへ新聞社の人達が来てしまった。

私は午後また伺いたい旨を伝え、最も行って見たかった犀川大橋を渡った右の袂にある雨宝院へ、香林坊交差点からタクシーに乗った。そこは生後一週間で犀星が室生眞乗に貰われた寺で、二十歳まで過ごしたところ。そこでの生活は、《私は七十に近い父と一緒に、寂しい寺領の奥の院で自由に暮らした。その時、私はもう十七になっていた》と書き初められた『性に目覚める頃』などに描かれている。

私がここを初めて訪れたのは平成元年秋、寺の脇のガラス戸に〝大文豪・室生犀星遺品〟云々、見学料百五十円と貼紙があった。ブザーを押すと七十歳位の老婆が出て来た。早速老婆は、絵具の消えかかった木橋時代の犀川大橋の板絵、その頃東京の百貨店での犀星展に飾られたと言う、『性に目覚める頃』で描かれた盗癖のある町の娘が手を入れるのを胸ときめかして犀星が盗み見ていた賽銭箱につき説明する。次に堂の奥まった辺りの蛍光灯がつけられ、その下のショウウインドーに入れられた十数枚の現金封筒が見せられた。

昭和三十年、寺の山門修復のため、犀星に寄進を呼びかけたのである。昔養父の死と共にここを売って『愛の詩集』を刊行した犀星だったが、二万円を約束して毎月几帳面に千円ずつを送金して来た、その封筒だった。近くの小机には〝来観者ノート〟が備えられ四、五冊にもなっていた。それをパラパラと繰って行くと、昭和五十六年のところに、《初めて参りました。犀星先生のお手紙拝見しました。字が懐しかったです。朝子さんは二十五日に見えられると聞きました。お元気ですか？（宮城まり子）／宮城まり子さんにお伴して参りました。（森敦）》などという頁もあった。

こうして十二年ぶりに見る寺だが、板塀も土の壁に変えられ、山門も広く作り替えられていた。ガラス戸を開けると、堂の裏側に三坪ほどの細長い展示室が設けられ、若い娘二人に、あの時の老婆の娘さんか、五十歳代の夫人が説明をしていた。婦人は犀星と寺との関係を展示品とからめて語り終え、娘達を置いて私のところへ来た。私が、今は三百円と書かれたものを支払うと、婦人は私を展示室に誘いもう一度初めから口上を繰り返した。婦人は更に娘達と私を本堂に連れて行き、例の賽銭箱と堂内の仏像について説明した。すると俄然娘達が活発に仏像への質問を始めた。

帰りかける娘達に、

「高校生？」と私。うなずく二人に「犀星を知ってた？」

「初めて聞きました」と二人。

「島崎藤村は知ってる？」

「試験の時覚えました」

「萩原朔太郎は？」「知りません」

「じゃあ見学したのは？」「課題で、お寺巡りしているんです」

娘達を送り出して婦人は、「最近は犀星を知らない若い人は多いんです」と言った。私が老婆のことを聞くとやはり母親で、今の住職は養子とのこと。平成九年からこの仕事を代ったとかで、桜もつぼみのままだった北国の冷え込みを察し、石油ストーブを点火、コーヒーを沸かしてくれた。

「結構、展示も行き届いていますし、窓からは／あんずよ花着け／あんずよ燃えよ／と犀星に謳われた杏の木も見えてますし、ここには引きつけられます」

「ありがとうございます」と婦人。「でもね、青木さん。この先に来年春、金沢市が造る犀星記念館が建つんです。展示品も、ここは室生朝子さんのものなどがほとんどですから、みな向こうへ運ばれてしまうでしょうしね」と先行きの不安を真剣に話した。

私は「ここは寺がある限り、犀星が育った場所という事実があるじゃないですか。心ある人は必ず寄って帰りますよ」と言った。

午後、もう一度文学館に寄ると、館長は新保千代子さんとのつき合いを聞かれる。すると、「出て来られることもありますから、夜でも電話なさって見たらいかがですか」と言ってくれた。

翌日は鏡花記念館を見に行き、十一時に、昨夜電話で約束をした館長室へ出かけた。しかし新保さんは現われず、正午まで北村喜八が専攻だったという井口氏と本や資料の話をし、一通り文学館を見学、失礼した。

四時に、この日の宿・金沢東急ホテルに行くと息子達が待っており、車で二十分くらいの野田山の犀星の墓へ連れて行ってくれると言う。私は十二年前と変らない、犀星が生前軽井沢の別荘の庭に置いてあったという高さ一メートル五十センチの九重塔に、しばし額ずいた。

（二〇〇一〔平成十三〕年五月）

33 ある「完全犯罪」

昭和二十七年頃のある日、五反田のとある料亭に和服姿の老人が一人、食事をしに来た。老人は、「一番売れない芸者と、売れっ子を一人ずつ呼んで欲しい」と言った。

こうして峯子（仮名）という女と老人は初めて会ったのだが、女は売れるも売れないも、この料亭の女主人の姪で、ほとんど初めてに近いお座敷だったのである。その後老人は何度か会いに来、身分を明かし峯子からも身の上話を聞いた。老人は控え目な峯子の性格が気に入り、同情も加わって芸者をやめさせ、自分の住居に近い大森駅近くのアパートに住まわせることにした。

老人は週に一回、十日に一回、家人には映画を観に行くと言って出、それからの十年ほどを女の元に通い続けた。家人は老人の死後、世話になった峯子の父親の訪問で、やっと老人が外に女性を囲っていたことを初めて知ったのである。

右の老人は室生犀星、のちに、「瞬時も、誰をも不幸にしなかった父の『完全犯罪』は、むしろ一人の男性として、立派すぎていることに、私の考えはあれこれあわせて到達した」（『父室生犀星』（昭46・毎日新聞社刊）と書くのは、娘の室生朝子氏である。

無論、この事実を知り、またその後自分よりも年下の女と会うに及んで、朝子氏の思いは複雑なものであった。朝子氏は晩年の九年間、ほとんど父犀星と密着した生活を送っていたから、父の周囲に疑惑の眼を向けることなどなかったのである。朝子氏はやがて、こんな場面を観たことを思い出した。ある時雑誌「群像」から、最近観た映画についての随筆依頼が父にあったのを、父が専門家でないからと断ってしまったのだ。以前の犀星は映画についての随筆を沢山書いていたのに、である。朝子氏はとうとう、「父の一日を考えてみると、彼女に会う時は、映画館に行くための外出の時間をおいては、ほかになかった」と思い至った。

……昨年暮に、その室生朝子氏が犀星新発見詩稿のことで私共に来宅されたのである。用件も済み、雑談になった時、私は前から興味を持った犀星の晩年の女性についてお聞きしてみた。

「例の『完全犯罪』の峯子という人はまだ御存命でしょうか？」

「近年亡くなったって聞いてます」

「失礼ですが、当時全く朝子さんは気づかなかった？」

「ええ、あとから思えば思い当たることだらけ。例えば父に贈呈されて来る本があるでしょ、父は見たあと私にくれてたのに、くれなくなった。またコートをうしろから着せかける習慣を、老人扱いするなって叱るようになったの。父はこうして、本を袂に入れて一冊々々峯子に渡すため運んでいたんです」

「やはり知った直後ってのは、かっかされましたか？」

「そりゃあそうよ！」と朝子氏は言い、それから同席していた私の妻に、「ねえ」と同調を求め、そのあとは私に向け豪快に笑って見せた。

（一九九四〔平成六〕年二月）

34 「杏っ子」の死

この(二〇〇二年)六月二十日、夕刊を開いて室生朝子さんの訃報を知った。十九日午前十時十二分、肺炎にともなう呼吸器不全のため、文京区の順天堂大学医学部付属順天堂医院で没した、というもので、どの新聞にも、「犀星の小説『杏っ子』のモデルとして知られる」とあり、さすがに昔これを連載した東京新聞の記事がもっとも詳しかった。

実は死の三日前、私の今度の本『近代詩人歌人自筆原稿集』の出版記念会がお茶の水・銀座アスターであり、朝子さんは出席を約束して下さっていたのである。この日出席の、犀星研究で知られる本多浩先生から、急に肺炎を起こされて、と欠席をことづけられたのだが、まさかの出来事と言ってよかった。

……私が室生朝子さんを知ったのは、平成五年に『自筆本蒐集狂の回想』という本を出し、紹介した犀星の未発表詩「はは」が毎日新聞や北国新聞で大きく紹介され、それを見たいということで来宅されたことからだった。知人の男性が一緒で、詩稿を見られたあとも、二時間も雑談して行かれた。この時の、映画見物と言って出て行く犀星が、外に囲っていた女性に会いに出ていたのだと、朝子さんは犀星の死後まで知らなかったという話は面白く、私は「ある『完全犯罪』」として平成六年二月号のこの欄に書いた。

近年朝子さんが私に電話されて来たのは、平成十二年の秋頃である。

「今度金沢に、犀星記念館が建つんです。あなたの持っている『抒情小曲集』の原稿、お売りになりません？　十四年八月の開館ですが、開館の目玉にしたいんです」

失礼な！　と私は思った。「好きで買ったんです。今の所、そのつもりはありません」

「じゃあ、考えといて下さいな」

私は雑誌「古本屋」にも書いた、あの稿本を鶉屋書店の売立市で購入するまでの苦心を思い起こした。どうして今更手離すことなど出来ようか。とは言ってももともとはこの稿本を受け継ぎながら、これを売却したであろう朝子さんには反発したが、記念館がこれを欲する意味だけは理解出来た。そしていつか、その理解は私の胸の中で棘となった。

昨年（二〇〇一）春、機会あって私は金沢に旅行をしたが、所蔵稿本中にある「うつくしき川は流れ」と始められ、

いまもその川ながれ
美しき微風ととも
蒼き波たたへたり

と結ぶ「犀川」などの実景を見ては、私の中の棘はますます大きくなる。すると偶然にも、帰京した私を待っていたのは「お気持きまれりや」の朝子さんの電話だった。即答出来ないでいる私に、朝子さんは言った。

「では来週、館の推進にかかわっておられる、本多浩先生と遊びにだけ行きます」

朝子さんは弟朝巳さん（故人）の娘・州々子さんを養女として、一緒に暮らしている話などをされる。この日、本多先生ともども、お二人はとうとう稿本については一言も触れずに帰られた。

そのあと、私は今度の本を書き始めた。そして完成間近の二月、朝子さんの三回目の電話があった。朝子さんが歩行困難のお体と聞き、私はお訪ねする日を約束した。——朝子さんの住まいは大森駅から徒歩十分ほどの、あるマンションの五階で、まだ娘さんにも見える州々子さんが出迎えてくれた。二重扉の向こうはダイニングキッチン。テーブルに朝子さん。お元気に見えるものの、鼻から耳に呼吸補助の管がつけられている。州々子さんが使いに出たあと、私は稿本につき、

「実は、今作っている本に『抒情小曲集』中の〝小景異情〟を六節写真版にしました。本が出ましたら、記念会へ商売用じゃない値で納めましょう」と答えた。

「ありがとうございます」と朝子さん。私は失礼を承知で、お聞きした。

「朝子さん、でもあれらの原稿類、どうして流失させてしまったんですか?」

「あの頃、色々苦しいことが重なったのよ、それで鶉屋さんに引き取って貰ったの。しばらくは売らないって約束でね。あの人、約束は守って、あの売立まで売らなかった……」

サバサバと、よどみも嘆きもない返事に私は、このひとは八十歳を前にしてもお嬢さんなん

だ、と思った。そのあと州々子さんが買って来られたお弁当を三人で食べた。

そして六月、ご参考に、と発起人の名をお借りしたので案内状をお送りすると、早速、「州々子に車椅子を押させて出席します」のご返事があったのだった。……

密葬通夜の通知で、早目に桐ヶ谷へ着くと、本多先生について州々子さんが近づき、「母がお約束した記念会に伺えず、申し訳ありませんでした」と丁重な挨拶があった。

控え室では、一人々々にお茶と乾燥した杏の実五、六個ずつが小皿にのせて出された。


（二〇〇二〔平成十四〕年八月）

35　やっと分かった本の素性

「**柳原白蓮／初見世日記（扉欠）千円**」なる札紙のついた本を古書展で求めたのは、そのような洋本を面陳で並べ方をしていた大昔のことだった。当時から「日記」と名のつく本は何でも集め始めており、まだ他人様の肉筆日記も只のように安く売られていた頃だ。

大正十五年十二月十日発行／定価二円二十銭／著者森光子／文化生活研究会刊――が奥付。題名の印刷はなく、奥付裏からは『有島武郎遺稿／文学と生活』の広告文「死を以て護りし……云々」の文章が見え、ああこの頃かと思った。

ただ、本の形態が変だった。題名を隠すためか背一面にベッタリと古紙（ふるがみ）が貼られている。扉欠というのと関連するのかどうか？　著者名も別名で、白蓮は見返しに歌一首と序を寄せているだけ。私は芝居などでしか遊女のことは知らなかったが、今度初めてこの世の地獄を生きていた人の告白を聞き、泣かされてしまった。《身を売るといふこと！　私はそれは古い時代の野蠻な風習だと思つてゐました。（略）そして身を売らなければ食はれない人々！　何といふ厳しい因果の掟でせう。（略）この恐るべき地獄の記録が今世間に公けにされやうとして居ります。私はこの記述を読まれる方の多くが私と同じやうに驚かされ悲しまれるであらうことを疑いません。／大正十五年八月》

このワクに囲まれた序のあとが本文で〝中見出し〟の「初見世日記」とある。ここでも異様なのは初見世日記を「吉原初見世日記」とペンで訂正してあること。日記は左のように始まる。

×月×日

熊谷の周旋屋が話を決めて帰つた。この急場を救ふには、これより他に道はない。／金は千円以上借りられるとの事。今の借金には多すぎるが、どうせ借りられるのだから借りなければ損だと言ふ。それなら小川のおばさん（お隣りの周旋屋）が言つたやうに、母の死に金に取つて置かう。／それにしても一体あの吉原といふところはどんな所だらうか。何も知らない自分が、そんな所で勤まるか知ら！『怖い事なんかちつともありませんよ。お客は幾人も相手にするけれど、騒いで酒のお酌でもしてゐればよいのだから、喰物だつて東京の腕利きの御馳走ばかり、部屋なんかも、とても立派でね、まるで御殿の様なものですよ。お金にも不自由はしないし、二、三年も経てば立派になつて帰つて来られるのだから』

という口車に乗せられ、上京して吉原の花魁になった娘の手記。四二七頁もある本の十五頁めからは伏字の×××ならぬ空白の部分が入り始め、十行アキから一頁丸々空白という頁まである自主規制ぶり。そして〝初見世・春駒〟が売りで千客万来の忙しさ。来る男、来る男に、五円、十円の金、ときには二円、三円の金で、散々に踏み躙られる娘の体。収入はほとんど呉服代や日々のかゝかりに消え、借金ばかりがふくらむ。その春駒を支えていたのは唯一つ、天性の日記を書く行為だった。

いつかこの世界の不合理に目覚め、新聞雑誌に目を通すようになり三年経過した頃、春駒は夢のような噂を耳にする。

「伊藤さんとかいふ救世軍の方が娼妓を三百幾人とか自由廃業をさせたとの事。あらゆる迫害をものともせず、死線を越えて！／おお！　自分は感激する。身顫いがとめどなくする」と春駒は記した。

やがて機は熟し、「脱出記」の章が来る。逃亡手段を説明するイトマはないが、とにかく抜け出した春駒がすがろうとしたのが雑誌で見た白蓮。上野で、「駅前の人に省線電車の乗場を聞いて」……やっと目白の邸宅へ辿りついた。これぞ永らく春駒の憧れの的であった白蓮夫人の愛の殿堂！

この本のあとがき末尾。「最後に、わが身にとつて救主(すくいぬし)でもあり、師の君と仰ぐ宮崎様御夫妻（注・白蓮夫妻）と労働総同盟の岩内様、そしてこの本の発行に就いて色々お骨折り下さつた小林様の方々にあつき感謝の祈りを捧げます。（略）／森光子拝」

――そんなところへ、今年六月二十七日朝日新聞夕刊「街プレーバック・森光子『吉原花魁日記』＝吉原」という記事を見た。〝白蓮のもとへ、遊女は駆け出した〟と大きな見出しも。遊廓のあった現在地は台東区千束三～四丁目で区画はそのまま残っている。元の題は『光明に芽ぐむ日』で刊行され、二〇一〇年〝朝日文庫〟化した際に改題された、と。「遊女として生きなければならなくなった若い女性の戸惑いと怒り、悲しみが日々つづられ、郭の内側の暮しや恋愛、脱走なども克明に記録されている。群馬・高崎生まれの作者は自由廃業を手助けした官吏と結婚したが、後半生の消息や没年は不明。」とも小さくメモされていた。

昔から詮索癖のある私には、この件でもすぐに疑問が湧いた。札紙に残る同業が本まで改造、「柳原白蓮／初見世日記」と変えて千円とつけたのかということ。文庫と照合すれば分かることだが、あの沢山の空白部分はどう処理されたのかということ。

（二〇一四〔平成二十六〕年十一月）

36「啄木の嘲笑」

昭和十二年に朝日新聞社から出された『話のあるばむ』（函付・定価一円八十銭）は、中々の貴重本である。全五四四頁もあり、内容は「生きてる歴史」「名人会」「研究余談」など十六項目に分けられ、幸田露伴、横山大観、野口雨情、中里介山、水谷八重子、東海林太郎、三浦環、柳家金語楼、宮武外骨、小林一三等百数十人の談話がまとめられている。何しろ、古い証言では佐久間象山を訪問した石黒忠悳の話や、清水次郎長と話をした生き証人的談話もあり、この時点で三十四歳の榎本健一が、故郷・入間郡でのイタズラ小僧時代を語っていたりする。

ここでは「秘話」篇中の「啄木の嘲笑」と題された、咢堂・尾崎行雄（一八五八～一九五四）の話を紹介しよう。実はこの昭和十年頃には、啄木死後二十年余りを経ており、名声は尾崎をさえ圧していたかも知れない。

明治三十七年晩秋、一束の詩稿をたずさえて上京した二十歳の啄木は東京中の出版屋を駈け巡って交渉するも、問題にされなかった。最後の手段として啄木は、時の東京市長を市役所に訪ねるのだ。この時啄木がねばりにねばって獲得した「東京市長・尾崎行雄」の名刺、これにものを言わせて、遂に牛込にあった岩手出身の小田島書房から詩集『あこがれ』を出すことが出来た。その初版本には、

「此書を尾崎行雄氏に献じ併せて遥かに故郷の山河に捧ぐ」の文字が印刷され、やがて啄木研究者にも、

「尾崎市長が小田島書房を啄木のために紹介の労を取った感激に応えたもの」と、この献辞について伝えられるようになる。

しかし尾崎が語った真相は、啄木が作り上げたものとは違うものであった。では、すでに会見の時から三十年が経っているのに、何故尾崎が啄木のことを覚えていたのかということだ。実は、尾崎の妻（テオドラ夫人）が短歌をやっており、その出来事のすぐあと辺りに、「啄木の歌の中に、あなたの悪口がありますが知ってますか」と与謝野鉄幹に言われ、尾崎が啄木の記憶を新たにしていたからであった。その歌は、

手が白く　且つ大なりき　非凡なる人といはるゝ男に会ひしに　（「一握の砂」）

というのである――ここで、尾崎の啄木との出会いの模様を聞こう。

《……取次ぎの者を通じて渡された名刺は確か「石川一」とあるだけ、住所も肩書もなかったと思います。ドアを排して入って来たのは、まだこんな（といって翁はいわゆる白き、大きな手をあげて啄木の背恰好を説明する）子供です。十八九位に見えたが頭髪は伸ばして分けていた。（中略）

「御用は？」と訊ねると、郷里や東京の住所を説明しながらテーブルの上へ風呂敷をひろげ、中から大分厚い原稿をとり出し、これを世に問うて見たいと思うがどこか出版屋に先生から紹介して戴きたいという。初めて会った人だし、詩集だというがどんなものだかわからない。わたしが返事をせずにいると「お忙しい所を恐縮ですがとにかく内容を御覧願えませんか」「い

や読みたいが読む暇がない」「いえ唯今でなくてもよろしいのです、お手許に置いて参りますから」「いや持って帰り給え」こんな問答をしているうちに新しい詩歌に無理解だった当時のわたしは、何となく、この気魄ばかりの様に見える弱々しい少年が可哀想になって来たので「一体勉強盛りの若い者がそんなものにばかり熱中しているのはよろしくない。詩歌などは男子一生の仕事ではあるまい。もっと実用になる事を勉強したがよかろう」という様な事をいって叱った。

彼はその時、何もいわず膝の上に手を置いて確か「ハイ」「ハイ」というて頭を下げていた様に記憶する。後年彼の歌なるものを知って、彼の性格としてよくハイハイと素直に聴いていたものだと思う。「手が白く……」の一首は其時の、歌も詩も解さぬ男としてのわたしに対する彼の偽らざる印象ですよアハハハハ。嘲笑だねアハハハハ。そんな問答の揚句、彼は何でも持って帰れという私の言葉をきかず、原稿をそのまま置いて帰ってしまった。その原稿は市長室のテーブルの抽斗の中に暫く入っていました。のちに与謝野君から啄木の話をきき、また彼の歌を見るとなかなかいい。あの時置いて行った彼自身の原稿があれば面白いと思ってあの時代の反故を全部探したのだが見当らない。

しかし確かにあの原稿は帰ってない筈です。彼を部屋に通したのは、タッタ一度きりだったし、あとで原稿を取り返しに来ないのだから『あこがれ』の出版に用いた原稿は別に清書したものである筈。（略）……出版を引受けた小田島書房、これは彼自身の腕で開拓したのだと思

います。わたしは紹介した覚えがありません。名刺はやったかも知れませんが……。》

尾崎の談に続いて、この会見の直後、啄木の訪問を受けた中学時代の親友、洋画家・上野広一の話も小さく組まれて載っている。

この時上野の下宿へ意気揚々とやって来た啄木の言は、「おい俺は今日尾崎市長としばらく話して来た。心配をかけた『あこがれ』もいよいよ市長の紹介で出ることになった」だった、とか。

しかしあとで啄木は、何でも会見の機会を掴かむまでに、三日とか五日とか市役所通いをした揚句、やっと一度だけ会えたのだと、上野に白状したとも、上野は語っている。

（一九九八〔平成十〕年十一月）

37　谷崎潤一郎と江戸川乱歩

谷崎潤一郎と『鴨東綺譚』という文章を載せる筈だったが、一月のある夜見たテレビ番組(ドラマ)から、谷崎の資料としてとってあった古い雑誌二冊を紹介したくなった。

（1）新青年　大正十五年夏期増刊号

（2）中央公論　大正七年七月臨時増刊号

ドラマは「屋根裏の散歩者」、（1）はこの作品掲載号。「世の中退屈だと郷田（元柔道家の篠原が扮する）は友人の紹介で明智小五郎（女優が扮する）と知り合い、その犯罪談に魅了されて行く。そんな時、郷田は下宿の天井板が外れることに気づく。郷田は足音をしのばせて天井裏を散歩、下宿人の秘密をのぞき見して行く。下宿人の中に歯科医の助手（杉浦某扮する）がいた。節穴からその寝ぐせを見て、郷田の頭に、不意に恐ろしい考えがひらめく」…この名作を読んだ人ならこの先は分かる。

が、私がこの号に見つけ紹介したいのは、この小説のことではない。同号の別頁に小活字で組まれた「私の好きな作家」特集があり、乱歩も書いている。

《僕はポオが一番好きに違ひないのだからかういふ場合にはさしづめ彼のことでも書くべきかも知れない。だが彼などが、五六枚の枚数で、とやかく云ふには、(略)作物にしろ伝記にしろ、全部二重三重の邦訳があり、ここには書かない。／その代りに、日本のポオとも云ふべき、我が谷崎潤一郎について少し書く。日本の谷崎潤一郎ならアメリカのポオより一層よく知られてゐるではないかと云ふ人があらうかもしれない。だが、例へば「新青年」の如き探偵小説専門雑誌に於て、（略）一言の潤一郎に及ぶものなきは、日頃の不満とする所である。》

こうして乱歩は、谷崎の「金色の死」「二人の藝術家の話」「白昼鬼語」「私」「柳湯の事件」「人面疽」「ある少年の怯れ」「呪はれた戯曲」などの作品を挙げている。中でも、《「途上」は、面白味では他のものに劣るけれど、佐藤春夫の「指紋」を外にしては、そこに取扱はれたデリケートな犯罪は、探偵小説に一つの時代を画するものといつて少しも過言ではない》と書き、《…などと、益々問題がそれた、変な小理屈になつてしまつたが、要するに、僕は潤一郎の諸作を、日本探偵小説界の誇りとしたいのである。》と結ぶ。

確かに最後はしどろもどろになるが、この年三十一歳の乱歩にとっていかに谷崎が探偵小説作家（？）として崇拝の対象だったかが分かるではないか。ちなみに、この年谷崎はまだ三十九歳で、文壇では純文学の作家とみなされていたのだ。

さて（2）の紹介に移るが、目次面は「中央公論第三十三年（第八号）定期増刊・秘密と開放号」と長いタイトルで、「公論」「説苑」「創作」に分かれる。「公論」の筆者は中野正剛、安部磯雄、吉野作造など八名。「説苑」は松崎天民、生方敏郎など七名、別に生田花世、杉浦翠子など女子十七名の「秘密の楽み（ママ）・秘密の苦み（ママ）」のアンケート形式の短文集がつく。そして先の「公論」「説苑」共に、全二七八頁に亘って全篇「秘密」のテーマの文章ばかりなのである。そして（2）で、私が本当に紹介したいのは、末尾の「創作」の部なのだ。

▼創作
（新探偵小説）
■二人の藝術家の話……谷崎潤一郎　■指　紋…………佐藤　春夫
■開化の殺人…………芥川龍之介　■刑事の家…………里見　弴
（戯曲と小説）
■戯曲 肉　店…………中村　吉蔵　■戯曲 別　筵…………久米　正雄
■小説 Nの水死…………田山　花袋　■小説 叔母さん…………正宗　白鳥

正に乱歩が八年後の「新青年」別頁に小活字で触れている歴史的作品だと分かる。芥川の「開花の殺人」が（探偵小説）として書かれていたことも私は知らなかった。そして谷崎の新探偵小説「二人の藝術家の話」。

私はこれを改めて読んでみたのである。

《実際、青野の脳髄は決して死んでは居なかつた。彼の魂は此の世との関係を失つてから、始めて彼が憧れて居た藝術の世界へ高く高く舞ひ上つて、其処に永遠の美の姿を見た彼の瞳は、人間の世の色彩が映らない代りに、その色彩の源泉となる真実の光明に射られた。嘗て此の世に生活して居た時分に、折り折り彼の頭の中を掠めて過ぎたさまざまの幻は、今こそ美の国土に住んで居るほんたうの実在であつた。己の魂がまだ肉体に結び着いて居た頃には、己は屢々此れ等の実在を空想したり夢みたりした。―彼はさう云ふ風に思つた。》

作品は全文こんな文章で埋められていた。この作品はのち「金と銀」に改題された。
私は若き谷崎作品は自伝的作品「異端者の悲しみ」以外は読んで歯が立たなかった理由が初めて分かった気がした。

（二〇一六〔平成二十八〕年四月）

38　乱歩「活字と僕と」

私小説好きで、今更探偵小説を楽しんでいるような時間もない私だが、江戸川乱歩だけは時々再読することがある。過日の古書展で、『文壇大家花形の自叙伝』（「現代」昭和十一年十月号付録）七千円を買う気になったのも、菊池寛、徳田秋声、林芙美子、尾崎士郎、甲賀三郎等の二十七名中に江戸川乱歩の文章があったからである。

タイトルは「活字と僕と」で、初めて見る乱歩の文章だった。全体は、「探偵小説好きの由来」「活字の魅力」「野心に燃える」「處女作二銭銅貨」という見出しの許に進む。

…まず、子供の頃新聞小説を母に読んで貰う思い出から書き始めるが、思えばそれが菊池幽芳訳の探偵小説「秘中の秘」だったと言う。母は又黒岩涙香の探偵小説の愛読者でもあった。やがて「少年世界」「少年」「日本少年」が乱歩を喜ばせる。次いで「冒険世界」「武侠世界」「探検世界」へと進む。それからは活字の魅力が乱歩を虜にし、『噫無情』『巌窟王』『幽霊塔』を耽読する。同時に謄写版から、手製の手押し印刷器にこる。名古屋の中学を卒業して上京、つてを求めて湯島天神前の活版所の小僧をしながら乱歩は早稲田大学に通った。

卒業後は貿易商に一年ほど勤め、次に三重県鳥羽港の造船所の書記になる。そこでは二、三千人いた職工に読ませる雑誌の編集が仕事だった。このあとを乱歩の文章で辿ろう。

《僕が文学といふものを、やゝ理解し始めたのもこの頃であつた。学校にゐる間にも、西洋の暗号の研究をしたり、ポオやドイルの探偵小説は愛読してゐたが、そして又、泉鏡花や広津柳浪の小説には少年時代から心酔してゐたが、当時の文壇の小説には殆ど無縁であつた。それが、谷崎潤一郎の作品に初めて接して感嘆したのが、鳥羽へ行く少し前、ドストエフスキーの『罪と罰』『カラマゾフの兄弟』を読んで、この世が一変したやうに感じたのが、鳥羽在勤中であつた。二十三四歳の頃である。

鳥羽にゐたのが一年程、僕が会社を止すと、雑誌も間もなくやめになつてしまつたが、それから上京して、二人の弟と一緒に、本郷の団子坂で『三人書房』といふ古本屋を開業した。しかし、いつの間にか営業の方はお留守にして、石川三四郎氏の息子さんなどと一緒に、当時流行の歌劇の田谷力三の後援会を始めたり、又しても活字懐しさに、際物の歌劇雑誌を計画したりして、結局家賃を拂へないことになつてしまつた。

そして、仕方なく内職を始めたのが、北沢楽天からその発行権を譲り受けて、下田といふ人が経営してゐた『東京パック』の編輯であつたが、読物は全部僕一人で書いてしまふし、絵の方まで手出しをして、素人臭い時事漫画なんかを署名入りで発表したものだから、漫画家同人の憤懣を買ひ、二号程、勝手気儘な編輯をしたつきりで、体よく免職させられてしまつた。故小川治平、岡本一平、下川凹天、前川千帆の諸氏は、パック記者として度々訪問したものであつた。故吉岡鳥平とも仲よしであつた。

古本屋開業一年程で、家を畳んで大阪に引越しをすることになつた。そして就職したのが『大阪時事新報』の編輯記者であつた。岡戸武平君とはそこの同僚、貴司山治君も当時同社にゐたのだが、僕の方は入社すると三月位でやめてしまつたので顔も知らなかつた。『時事新報』をやめたのは、東京の『工人倶楽部』へ呼ばれたからであつた。(略) 甲賀三郎の春田能爲君もその倶楽部の幹事の一人で、お互に探偵小説好きなどとは夢にも知らず、顔を合せていたのであつた。そこでの僕の仕事は、名目は書記長といふのだが、僕の楽しみは工人という雑誌を編輯することであつた。(略)それから二十九歳の夏探偵小説の處女作『二銭銅貨』を書くまでに、在学中の自治雑誌は別としても、造船所の雑誌、『東京パック』『大阪時事新報』『工人』と、ひどく現実的な勤人生活を転々しながらも、不思議に活字との縁が絶えないのであつた》

――続けてこの年四十歳の乱歩は次のような惑いの言葉を、この文章に残している。

《そして、僕はたうとう、小説家となることによつて、活字そのものと結婚してしまつたのであるが、しかし振返つて見ると、少年時代の純粋な情熱に比べて、僕は何といふ低俗なジャーナリストに成下つてしまつてゐたことであらう。半分は生活の為であつたからといふ弁解は許されない。それは恐らく、貧窮といふものが、僕に碌でもない商才を与え、浮世の妥協を教へ込んだからであらう。さういふものが、作家となつてからの僕にも、純粋な気持を持ち続けさせなかつた。イヤ、作家としての出発そのものが、今の大衆小説家の多くのものがさうであつたやうに、既に純粋ではなかつたのである。

誰の心にも二人の人間が住んでゐるやうに、僕の心にもハッキリと二人の別人が住んでゐる。その一人はいつまでも少年で、いつまでも純粋で、たゞ遥かなる夢をのみ追つてゐる瞑想家で、そして夢幻の国への美しい懸け橋として活字の非現実性を恋するものは彼である。もう一人は世渡りといふものを心得て、商才があつて、如才がなくて、功利の故に自から低くする人間界の弱者で、そして、活字の非現実性を傷けそれを生活に結びつけようとするものは彼である》——と。

実は、私は乱歩の作品を時々私小説とさえ思うことがある。

（一九九八〔平成十〕年五月）

39 ある「夢二論」

今年(二〇一四)九月三日、朝日新聞に「ロートレックとの対比」のもと、二十六日~十月六日・日本橋高島屋での〝夢二生誕一三〇年記念〟展覧会が開かれる、とあった。次いで十七日「夢二が描いた欧州の少女―未発表作2点発見」の記事は、本郷・弥生美術館の展示紹介。二十五日夕刊「竹久夢二展―ベル・エポックを生きた夢二とロートレック展」は《デザインや商業美術の世界でも活躍したアンリ・ド・トゥールズ・ロートレックのポスターとの対比など新たな視点も交えながら、代表作など約二〇〇点》で回顧するもの、と謳う。図版の多い一頁大の記事で「秋のいこい」(一九二〇年作・夢二郷土美術館蔵)の、紅葉に囲まれて座す美人画屏風を大きく配し、セノオ楽譜表紙絵原画などに加え、ロートレックの「コンフェッティ」(一八九四〈大阪新美術館設備室寄託〉)なども全品カラーで載せられ、文章は某若手女優の、「子どもの頃から親しみを持ってきたので夢二と聞くだけで心がくつろいでしまいます」から始まる談話が載るだけ……。下部に〝主催・夢二記念館、朝日新聞社〟とあるから、〝全面広告〟の文字は無いものの、体の良いそれのよう。が、夢二好きの私は懐しさにその頁を切り取って保存した。

そこで私は昔読んだある小説のことを思い出したのである。数日探してやっとその本が見つかる。ただ夢二論の箇所を見つけるのにもう一度、初めから読み返すこととなる。……還暦近い日本画家、瀧田北冥は、死んだ友人の作家、倉田の記念碑の除幕式にその関西にある郷里へ行き、倉田の姉、前川夫人に会う。彼女とは若い頃、誘われて一度関係したことがあった。一人暮らしの瀧田は、今こそ青春を甦らせ、老年の性を味わいたいと思い立つ。すでに年上の女流歌人と大胆な性的交渉や、まだ妖艶さの残る前川夫人とも一夜を共にし、女の寝物語を聞く。その上倉田の愛人だったバーの女給ともよりを戻し、前川夫人が急死した葬式の場では、彼女の娘とも唇を求め合う……一方、画壇にあることも頭を離れず、そこに生涯捕われなくてはならなかった一人の画家がいつか定着して行き、次のように独白する（小説は〝私〟体で終始）。《私の目には、夢二は甘美な情緒的な画家でなく、北斎や歌麿が過去にそうであったと同様な、絵のある決定型を自由にあやつることの出来た近代の唯一の画家として写った。しかし、それがどういう型であり、絵の本質とどうつながるのか、よく分らなかった。／（略）私が夢二の問題へ多少でも接近できたと感じたのは、夢二の描いた女がモヂリアーニの描いた女に酷似しているということであった。多分時代的に言うとあのような女の姿をとらえたのは、夢二の方が二十年ほど早いのである。モヂリアーニは浮世絵の春信や歌麿の影響下にあったようだし、夢二もまたそうにちがいない。しかしひょっとしたら、昭和のはじめ頃夢二がパリで展覧会を開いたとき、モヂリアーニはそれを見ているのではないか。それが私につきまとっている考えであった。》

昔私がこの夢二論を見かけた本は伊藤整の晩年の傑作『変容』（昭43）中で、老年文学の先駆的一冊として定着している。無論これが伊藤自身の論とは言えないが、文学は作家の思想を代弁させるものとするなら、この夢二論を私は画期的と思ったのだった。論を詰めると以下の如くなる。

……夢二は死後三十年、本画家仲間や評論家に軽視され、敬遠されている。夢二が女性に狂った話、彼が描いたとされるワイセツ画の話などが伝説として横行。無邪気なファンは年々数を増し、当分まともな画家としては扱われないだろう、少なくもモヂリアーニとの関係を論じる絵画史家が現われるまでは。……

ただ岩波書店刊で、(「世界」へ連載)この本が出た翌年には伊藤が没してしまう。それからでも四十六年経つ。美術全集には必ず夢二は入るし、ずっと古書市場では〝夢二物〟の人気は落ちていない。値も掛け軸の美人画に至っては〝本画家(?)〟にも負けない札が競われている。

さかのぼれば夢二は、ようやく人気にかげりの見え始めた昭和五年、心気一転の「榛名山産業美術研究所建設」を宣言、見聞を広げようと秩父丸で出帆、六月米国カリフォルニアに着く。この年は画業も代表作「黄八丈」「立田姫」「榛名山脈」を描き、のち「青山河」も発見される。七年九月、夢二は更にアメリカから欧州へ渡り各地では展覧会も開き、この旅程の無理がたたって体をこわして帰国、昭和九年九月一日未明、正木不如丘の信州富士見高原療養所で、満五十歳に半月足りない歳で没した。

それにしても、千余点の肉筆画、自著他の装幀本だけで二百数十冊、楽譜表紙、絵ハガキ、封筒、千代紙、浴衣、半襟、人形からポスターに至るまで、意匠デザインの夢二の業績は別にロートレックを引き入れての展覧会は必要ないのではないか。ただし、「モヂリアーニと夢二」を比較せよと、伊藤整が主人公に言わせた奇抜な論を、誰かが研究してみてもよいのではないだろうか。

（二〇一四〔平成二十六〕年十二月）

40　老年文学の時代

平成八年七月に東京堂から出した『夢二ヨーロッパ素描帳』に続き、私はもう一冊の夢二の本を書くことになった。そんな中、私は伊藤整の最後の小説『変容』（昭43・岩波書店刊で、伊藤は翌年没）中の、主人公の画家が語る「夢二論」を改めて出色のものと思った。

同時に私は『変容』を伊藤の最高傑作と再確認した。テーマは「老年の性」で、一夫一婦制からの解放をも意図している。既に妻を亡くし、六十間近の「私」は若い女とも交渉がある。一方過去の繋がりからとは言え、六十半ばの老婦人二人とも、憧れをもって近づき交わりを持つ話だ。いや、結びで「私」は別の、亡妻の親友で一代で和装学園を創立した老女を訪れ、「校長先生に校長室で接吻してもいいのかな？」と抱き寄せて言い、「いいのよ、構わないのよ。それより、あなた、やっと私のことを逃げまわらなくなったようね」と老女に言わすのである。……丁度この小説の執筆（「世界」に連載）時、伊藤は現在の私と同じ六十三歳。「老女の性」への執拗な傾斜は、その描写力と相俟って、これが伊藤の実像だったのでは！と思わせられる程だ。やがて二〇二〇年頃の日本は六十五歳以上の人口比率が、約二十八パーセント迄増加すると言うから、『変容』は老年文学として先駆的作品だった。

所で、先日私は奇しくも二冊の老年文学の寄贈を受けたのである。一冊は岩越豆本『オキュパイト昏暮』（大沼洸著）で、重い実物の缶詰をあしらった仕掛け本だった。出て来た豆本は厚冊三六四頁もある。

……定年退職後の下畑宇吉は、五年前に妻を亡くして以来、順調に回っていた家庭内から孤立した。分からず屋の息子、倣岸不遜の嫁に疎外され、僅かに孫娘と心が通じあう位。膝痛で行った病院で、運動不足を指摘された宇吉は駅一つ先の大型スーパーマーケット通いで日を暮らすようになる。宇吉はそこで、大正七年生まれで二歳上の平栗文市と知り合う。同じ軍隊経験など話し合う内、平栗は、女房に逃げられた身を今はここからそう遠くない所にある、或る老母娘の家に下宿してる境遇を宇吉に話した。その日宇吉は、平栗に誘われその家を訪ねる。部屋は古い離れの六畳間だった。床の間には薄汚れた山水画が吊されているが、異様なのは床の間の片側を埋めつくしている夥しい数の缶詰の山。

「これは一体……」と、ビール、清酒、赤飯、魚類と確かめながら宇吉が聞く。「スーパーに行って、釣銭で買い溜めたんです。雨の日、風の日、スーパーに行けない日はこれを食べて凌ぐんです。それに独り身だもの、何時寝たきりになるかも知れませんしね。手を伸ばせばすぐそこに何か口に入れるものがあるって、幸せじゃないですか」

宇吉は絶句した。平栗は又、宇吉にOccupied by Japanの文字の見える終戦直後の国産目覚し時計を、大事そうに見せた。そして言った。「もう今は、この国にこの時計のような純国産品など、いくら探したってないのですよ」するとそこへ、「お客さんでしたか」と、この家の六十過ぎの娘・おセキさんの方が入って来た。

所が、「おや」「まあ」と宇吉とおセキさん。宇吉が現役の会社員の頃、よく出入りした料亭で、二人は客と仲居として顔見知りだったのだ。今は、九十になる老母を看ている。

その後宇吉は春先に風邪で寝込んだ。宇吉が暫くぶりでスーパーへ行くと、平栗が見えない。宇吉が、狭心症の持病があると言っていた平栗を訪ねると、何と平栗は急死してふた七日になる、とおセキさんの話。雪混じりの春嵐の夜が過ぎ、朝になって部屋を覗くと平栗は矢張り狭心症の発作で事切れていた。それも、崩れた缶詰に全身を埋めて……。

その後宇吉がおセキさんを訪ねると、「どなたかこの部屋を借りてくれる人はないかしら」と言われる。家賃は三万五千円、母を養う資にもなっているのだ、と。

「でも、平栗さんは七万円くれてたんです」と、おセキさんは宇吉に初めての媚態を見せて言う。宇吉は平栗が全くの不幸でなかったのを知り、ほっとした。そして、

「私に貸して下さい。七万円で。いや、私もサービィスして頂きたい」と言うのだった。

……こうして主人公は、息子の家からおセキさんの所へ一月毎、一週毎と通い始め、かつて味わったことのない幸せを感じるようになる。しかし好事魔多し、宇吉が例の膝の病でしばし行けないでいる時、おセキさんは横断歩道で無謀運転の車に轢かれ交通事故死してしまってい た。小説は次のように終わっている。

「宇吉は、ただ馬鹿のように雨に濡れながら呟いていた。

夜の生罰
霧糸の雨は

当たらぬようでも
　よく当たる――」

さて、もう一冊の老年文学とは？　七月半ばに、神田の三茶書房から著者が退職を記念して出して貰った、伊吹ふみ子著『古本屋日記―老残随想』である。

著者が三茶書房・三宿店の店員になったのは昭和六十三年、七十五歳の時。爾来足掛け十年の、主に古本屋の店頭で見聞きした、人生模様と老いの哀歓を綴った本だ。……或る日、いつも来る初老の男が、酒気を帯びて飛び込んで来て、

「こんな年寄りを働かせてるとはけしからん！」とわめき立てる。すると著者が、

「私はこの仕事が好きでしているんです。丈夫なうちは誰だって働かなければ食うべからずよ」と諄々と客に説く場面があり、ここにも確実に、老後の一つの生き方が描かれている。

（一九九六〔平成八〕年九月）

41 夢二・お葉・山田順子

平成九年一月末、こつう豆本の一冊として、川本三郎さんの『荷風が見たもの』、長谷川勝三郎さんの『澄生さんと私』と共に、私の『新発見　夢二絵の旅』を出して貰えたのは嬉しかった。これは、去年私が求めた夢二が昭和四年に書いた旅日記の紹介なのだが、解読には長田幹雄氏の手をお借りした。例えば夢二の走り書きの短歌を、私が清書した、

いち早く博士と刷りし名刺をば　われにも配る浅ましき道

の後半は「われにも配る笑ましき道一」と直され、「これは京都時代の親友で医師の岡田のことですよ」と言われてしまった。無論その過程も私は豆本で書いたのだが、つい先日今度は豆本の読者の方から、思わぬその岡田道一資料を頂いてしまった。長田氏のご指摘以来、本人の著書やこの人について触れた『竹久夢二正伝』（岡崎まこと・昭59求龍堂）等も読んで来た。夢二の晩年を看取る正木不如丘と中学が一緒、正木を夢二に紹介したのもこの岡田で、夢二との交友は大正二年からと言う。頂いたのは「日本医事新報」の昭和十六年五月号の抜刷りだった。結構長文の「一代のロマンチスト竹久夢二を語る」で、中では震災直後、「大正のノラ」山田順子と同棲中の高井戸の夢二宅へ、前記正木と押しかける場面が出色である。そこを写そう。

「堂々乗り込んだ二人連れは、先ず夢二を先に呼び出し真っ向から山田順子と別れるべく、その女の変態的な身体の状況まで某書店の主人（のちに出る足立某）からの材料その侭、悪し

ざまにまくし立てた。そして私は春草会（これはその当時主として私や竹久君がやっていた歌会で、今でも二百六十何回と続いて毎回やっている）を代表し、もし山田順子と別れぬならば、春草会は君を除名すると会員一同の決議を突きつけたのだ。

そして今度は順子を呼び出し、正木君は例の皮肉な口調で、お前は何だ、お前みたいな女はキリキリと消えてなくなれ、と怒鳴ったものだ。それに対し、夢二は遂に一言も発せられなかった。後で判ったことであるが、この時山田順子は次の言葉で大いに夢二に口説いたという。

『先生、あたしがこれ程、この方達から侮辱を受けているのに、先生はひとことも言って下さらないのですか』

正木君と私は言うだけのことを言って、そして門外に出て『どうせ二人はこの世では添ふに添はれぬ枯れすすき』と、その当時流行していた唄を高らかに二人で歌いつつ、意気揚々と引き上げて再び四谷の私の家に帰り、一杯飲んでその勢いで二人してハガキに寄せ書きした。曰く、

『今君の家から帰って一杯飲んでいる。どうだ、二人とも何とも言えないじゃないか。邪はそれ正義のものならずか。山田という女は溝のゴミみたいなものだ。流るるままに（これが山田順子の小説の題で、この本の画を依頼したキッカケから夢二の所にズルズルベッタリに入り込んだものだ）流れしめよ。君の行動は色と欲との二筋道、どうだ図星だろう』と、今から考えれば訳の判らぬことを書いて送ったものだ。

以上の寄せ書きに純情夢二がひどく感じ入ったものか、間もなく夢二はこの順子を棄てた。そして順子は、直ちに徳田秋声のものとなった。その後また秋声の処も去り、バー順子のマダムになったり何かして、流浪し、未だ東京にいるそうだが、その後一度だって会ったことはない」

何とも凄まじい証言だ。が、その割には本人だけ納得して、舌足らずな文章でもある。ではこの事件はどんな情景で起きたのか。

夢二はこの頃あの「お葉」と暮らし、愛欲の葛藤の中にいたのである。お葉は人並みに結婚を望み、夢二はそういうものとは遠い生き方の男だった。お葉はそれがために次々と浮気をし、別の男と服毒心中を図ったりした。それを応急処置で救ったのも正木不如丘だった。こんな折もおり、岡田の文にある如く『水は流るる』の著者山田順子が現れるのだ。夢二は順子の誘いに乗って順子の故郷に旅行、それを知ったお葉は怒って家出する。その隙に、順子は母親と妹まで連れて夢二宅へ乗り込んでしまう。何だかだあっても、四、五年続いているお葉と夢二の同棲に割り込んだのが親友として許せず、二人の医学士が乗り込み、談判に及んだのだろう。いや、岡田はあからさまに言ってないが、山田順子にまつわる以下の噂も聞いていたかも知れない。

順子は嫁ぎ先が事業に失敗したのを機に、離婚して自伝小説を持って上京。徳田秋声に原稿を見せる。秋声はその順子の妖麗な女っぷりに圧倒され、出版社・聚芳閣を紹介する。ところが、その書店主足立某は「本にしましょう」と言って、ついでに順子を妾に囲ってしまう。その依頼を受けて装丁に一役買ったのが夢二で、その打合せで今度は順子が夢二の妻の座を狙ったというのである。順子は妻子ある足立にはこう言ったらしい。「ねえ、分かって。私あなたを愛しているけど、田舎は（妾のこと）うるさいから、表向きだけでも夢二さんと結婚する必要があるのよ」。

……こうして二人の思い通り、夢二と順子を別れさせた。一方、正木は身を寄せて来たお葉を預かり、夢二と復縁させようとしたが、夢二はこれを断ってしまったという。結局正木は、お葉を後輩の医師（のち医博）に紹介、二人は正式に結婚、お葉は一番望んでいた家庭生活に入ることが出来た。

（一九九七〔平成九〕年四月）

42　長田幹雄さん

諸先輩に長田幹雄さんの消息を尋ねるが、どなたからも最近はお会いしてないという答えが返るばかり。実は私の次の本は、夢二晩年のヨーロッパ旅行のスケッチ画集に、私がその原本九冊を求めて以来の調査と解説を添えたものになりそう。当然文章中には、かつて私が夢二について教示を受けた長田さんのことが出て来る。が、この二、三年は年賀状も頂けなくなって、表現も微妙だ。……それで、一度お呼び頂き伺った六年前の日記を調べ、昨年(一九九五)十二月中旬、私は文京区の長田邸を訪問して見た。

朝十時頃に出、有楽町線・E駅の降り口「3」で下車。しばし町中を抜け、住宅街への坂道を上がる。その上がり口辺りの、家の軒下を掃いている老人が見えた。尋ねると、

「あすこが……」と指し示してくれる。

そこは切り通しで、台地へは階段で上がる形態の家々が並ぶ。長田家の石段を上ると、玄関。玄関前はゆったりと空間を取り、右手には住宅の敷地が広く伸びている。呼び鈴を押す。間もなく、女性の気配とともに中から捻子鍵を開ける音。夫人だった。

「ああ、いつかお出で下さったあの時の……」と夫人。

「長田幹雄さん、お元気でいらっしゃいますか？　実は近い内に長田さんのお名前も出る本を予定してますが、ご消息を書く場面がありまして……」

「主人、元気ですよ。ちょっとお待ち下さい」と言って夫人は奥で何か話し、「どうぞお上が

り下さい」と私に。

広い和室の応接間のテーブル前に案内される。正面欄間の、二メートルにも余る流麗な漱石書簡が客の眼を引く。そこへ思ったよりはずっとお元気な長田さんが現われた。私は持参の最近の著書を贈呈、来意を告げた。

「お元気そうで安心しました」

「ええ、なんとか。でもほとんど外出はしません。病院の診察日だけは出かけてますが……」

「もう確か九十歳でしたか？」

「そうなるのかな」と、はぐらかすように言う長田さん。

「相変わらず夢二のことには、お気持ちが行きますか？」

「夢二のことはね。もう……これはね」

「いつかの、一生懸命集めてらした夢二の俳句、あれはご本にされたのでしょうか」

「ああ、あれはもう出てますよ」

「日記、手紙は編集されましたし、歌集はすでに沢山ありますしね。……句集、どこからですか」

するとと長田さんは立って、本を持って来て見せてくれる。もう二年前で、発行所として、
筑摩書房サービスセンター　竹久夢二伊香保記念館
の名が並べられてあった。編者として長田さんの名はなく、それを言うと、

「集めて上げただけだから……」と。相変ず裏方々へと回ろうとする人、との感じを受けた。

「先日、『何でも鑑定団』というテレビ番組で、夢二の美人画の掛軸に、千五百万の値が付けられましたが、あれはどう思われますか？」と、私。

「あれは高過ぎる。どうでも高くしようというのはよくないですよ」

「でも夢二も、いつかの美術全集のキャッチフレーズではないですが、『北斎、大観、夢二……』なんて文句で表現される存在になりました。確か、あの日出た伊東深水の掛軸の方は三百万位の評価でした」

「夢二を高くだけしてしまってはいけない。それとね、北斎とも大観とも夢二は違うのよ。夢二は絵としてだけ評価しては駄目なんです。詩人なんです。詩が線の形で出て来る。詩を絵と色で書いたのが夢二です。それも夢二にとっては、人が呼吸するように溢れ出て来ただけなんですよ」

「よく分かりました。これは、一度お聞きしたことで恐縮ですが、岩波書店におられた頃、長田さんの夢二好きは岩波茂雄に知られていたとか？」と、私は話を変えた。

「ええ、知ってましたよ」と長田さん。

「岩波は、どう夢二について言ってました？　岩波からは夢二本は出すな、と？」

「あまり夢中になるな、ってことは言われましたね。そう、夢二とは肌合が合わない」

「今は結構、岩波も柔らかいと言うか、一見下らないものも出してますよね」

「だからってあなた、夢二が下らないってことではないでしょ。今は下らないものが好きなんでしょう」私は、……やはり、今の岩波はですか？　とは聞き返せなかった。

夫人が、林檎を剥いて持って来てあったが、私がその著作を愛読する小林勇のことを質問、夢中でお聞きするばかりで手もつけていなかった。長田さんも心なしかお疲れの表情、もう失礼すべきと思い、言った。「もう失礼します。最後に、興味で一つだけお聞きします。長田さん達は当時、岩波のことをどう呼んでおられたんですか？」

「それは、最後まで『先生』です。二代目には勿論、そう呼ばなくなりましたけどね」

玄関で、私は夫人に言った。「お会い出来ると思いませんでしたので、感激でした。ただ長田さん、私をからかって教えてくれないんです、今九十……？」

「来年二月で九十一です。もうすっかり、最近のことがねえ……。昔のことと夢二のことははっきりしてますが」と夫人はにこにこして私に答えられた。

（一九九六〔平成八〕年三月）

43 「永見徳太郎」異聞

《明治二三・八・五～昭和二五・一〇・二三（1890～1950）劇作家、南蛮美術研究家。長崎銅坐町生れ。号夏汀。倉庫業のかたわら市会議員、商工会議所議員、ブラジル国名誉領事などを勤め、南方ゴム園経営に失敗後昭和初年東京に移住、劇作、南蛮研究に従った。芥川以下当代文人、画人との交遊、南蛮趣味の蒐集でも著名。戯曲集『愛染艸』（大13・表現社）ほか。随筆集『南蛮長崎草』『夏汀画集』『長崎版画集』『南蛮屏風大成』など著書多数。　（永平和雄）》

右は、講談社刊『日本近代文学大事典』にある永見徳太郎の項である。

永見と言えば、大正七年長崎への旅をした竹久夢二を永見邸へ滞在させ、己が経営する雲仙の温泉宿へも案内し、土地の歴史に精通しては却って夢二の絵の特色が薄れるだろうと、質問以外には史実的知識を与えぬと言った心遣いをした。同伴の次男不二彦が病みつくと、医師の叔父を世話するなどもしている。夢二の最高傑作で、古書の大市会の最終コーナーを飾る大型版画「長崎十二景」や「女十題」は、のち永見への謝礼として夢二が描き贈ったものと言われる。

長崎で永見と交遊したのは、長崎医学専門学校時代の斎藤茂吉も同じだった。長崎史談会に加入からの発展で、茂吉は永見を短歌にもしている。

長崎の永見夏汀が愛で持ちし鰐の卵をわれは忘れず
南京の羹を我に食はしめし夏汀が妻は美しかな
しづかなる夏汀が家のこの部屋に我しばしば来し百穂も来し

などである。また茂吉文献『新訂版・年譜斎藤茂吉伝』(藤岡武雄・昭62沖積舎)には、関連「茂吉人物事典」の章があって「永見徳太郎」の項もある。

《長崎時代の友人。永見家は長崎で指折りの家柄で、維新前後さかんに貿易業を営み、のち倉庫業を始める。大正四年にはブラジル名誉領事となり永見家にはブラジルの国旗が立てられた。茂吉は長崎時代に永見家に出入りし、美術品や南蛮ものを見、一緒に遊蕩生活をした仲間である。大正一〇年市会議員となったが一四年上京。『月下の沙漠』等の創作集を書いたり出版業をやったりしたが失敗。昭和二五年秋、熱海に住んでいたが悲惨な生活から出奔、自らその消息を絶った》とあり、おもむきが違う。いや、これでは永見が単純に「出版に失敗」、戦後「自ら消息を絶った」ものと取られかねない。

実はその後私の手に入れた資料で、右二つとは全く違った永見像を提示したいのだ。もう十年前になるが、茂吉資料が古本市に大量に出現した話を、私はしばしば書いて来たが、これもダンボール一箱中に入っていた永見の書簡葉書数通中の一つである。

拝啓
四百拾何年の寿命にて長崎港は無になって志まひました。

故郷の山も海道も街も家も、唐寺も石段も櫓も天主堂も諏訪社も出島も丸山も、祖先の墓も、近親者も友も知己も恋人もすべてが亡びました。或ハ散りくですじやがたらお春の如く、あら恋しやなつかしさ．です。

毎日〳〵望郷の念にかられ、頬のあたりに熱いものが流れ落ちて参ります。先生の住まされしあたりや、御あそびにみえた拙宅も灰と化してしまつたのです。嗚呼、此上ハ私としてハ長崎の天地人に手向のため貧弱なるわが家の資料や蒐集の古文書を生かす考へで御坐ひます。本年中にハ拙著一、二冊が出版されませう。先生が御近くなれば参上いたしたくも今許されませぬから書面にて失敬仕ります。長崎の昔が、長崎恋慕につきまして短歌を何か御揮毫なしいたゞけませぬでせうか懇願申上ます。

無理でせうがすみません。

（中略。**青木註**＝前回十何年ぶりの長崎への帰郷の思い出をめんめんと記して）

先生ハ故郷があって何よりと羨望いたします。私ハ故郷が……何しろ詳報がありません。

九月三日　　　夏汀生

斎藤先生

お祭しの如く、これは長崎に原爆が落とされたあと（昭和二十年九月三日付）、永見が茂吉に書き送ったものなのである。

すると茂吉からは早速返事があり（「茂吉日記」に「九月九日、夏汀永見等に返事」の記事）、永見は葉書で追伸している。

（略）秋帆先生旧宅も目茶〳〵になった様子です。私の一族も十人ほど爆死しました。何にしてもえらい事でした。そちらもだん〴〵寒冷之候でせう。一層御身大切に祈ります。熱海には米兵が毎日見え、街での買物姿なんぞ、以前の故郷に似てゐるのです。

十月廿三日、草々

とあった。永見はその後生活の不如意から、この五年後に「自ら消息を絶」つのだが、その大きな要因の一つはおそらく、原爆による長崎の実家と一族の消滅にあったのではないだろうか。

（二〇〇〇〔平成十二〕年二月）

44　井伏鱒二を巡って

平成十四年二月四日付朝日新聞は、故井伏鱒二の翻訳で親しまれて来た「ドリトル先生物語」が、〝差別的表現〟があるということで議論になっていることを、社会面で大きく報じた。

「ニガー川」（〝ニガー〟は黒人の蔑視語）「つんぼ」など、黒人や障害者への差別表現があることを市民団体が指摘、回収を求め、発行所の岩波書店は「故人の作品の根幹に手を加えることは、適切な態度とは思えない」と回収せず、読者へのお断わりで対応することを決めた、というのである。

記事は更にふみ込み、《原文そのままに、そのような表現があった部分もあるが、井伏氏の翻訳で「差別的表現」になったところもあるという。ニガー川については井伏氏の誤記とみられ、次の印刷時点で改める》、その他の表現では改めるかどうかを検討する、ともあった。そして最後に、別わく「読者のみなさんへ、要旨」も印刷されていた。

私は私の所蔵している井伏書簡（後述）や、このところ話題になった猪瀬直樹『ピカレスク・太宰治伝』（平11）、「文学界」昨年八月号の「『重松日記』出版を歓迎する」（猪瀬・文）のことを思い出していた。

後者は井伏の代表作となった『黒い雨』における、今度出版された『重松日記』原文のことから始めている。井伏が作品の中でこの日記を使ったことは知られていたが、出版直前の井伏の文化勲章受賞、『黒い雨』の野間文芸賞受賞後は、井伏の「重松日記」への対応、発言が微妙に変化して行く。即ち、井伏は受賞の三カ月前には、重松静馬にはっきり、「これは共著」と言っていたのに、「新聞の切抜、医者のカルテ、手記、記録、人の噂、速記、参考書、ノート、録音」――と数多くの記録に拡散されてしまった、と言う。しまいには、

「重松さんから、日記を返してほしいといわれたことがあったが、手を加えたりしてずたずたになっていたから、返せないので、いまはない」と井伏は朝日新聞昭和六十三年十月十二日付で語るのである。

この度出版の『重松日記』は、その原本からの翻刻で、その結果今では、「ていねいに比較するとわかると思うが『黒い雨』の約六割は重松日記をリライトすることで成り立っている」と猪瀬は結論づけている。猪瀬はこのあと単行本『ピカレスク・太宰治伝』でも触れている、出世作「山椒魚」について、ロシアの風刺文学「賢明なマナムグリ」（サルテイコフ＝シチェドリン作）とそっくりなのに、井伏は全く似ていないチェーホフの「賭け」からのヒントで書いたと言い続けている。また、「森鷗外に詫びる件」（昭6・文）は、「中学生朽木三助（注・井伏が使った偽名）の筆跡が、現在の私の筆跡よりも老人らしくなかったことは事実であるが、鷗外氏がそんなことをいうのは、よくせき伊沢蘭軒の研究に没頭して、見さかいがつかなかったのであろ

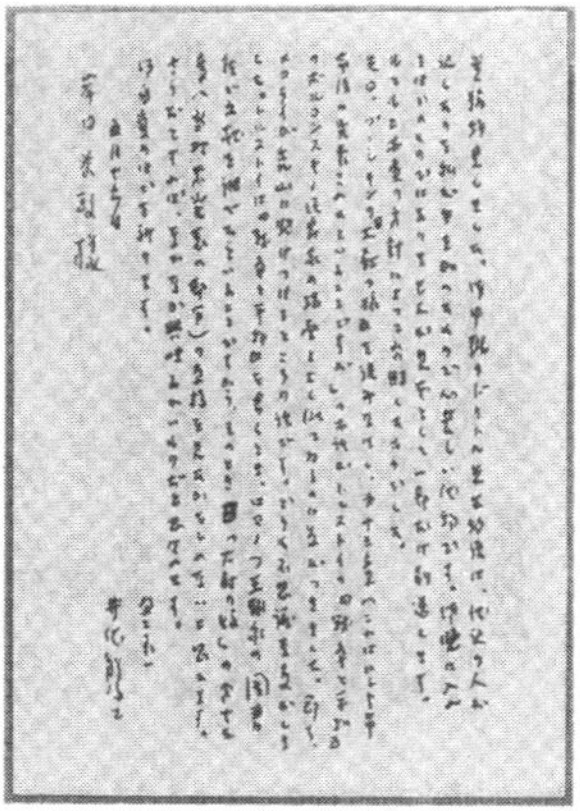

う」と自慢話にしていたが、実は「伊沢蘭軒」に載った〝朽木〟の文は、鷗外が推敲したものと井伏が打ち明けるのは、戦後だった。この他「青ヶ島概記」「ジョン万次郎漂流記」のいい加減さ、『厄除け詩集』には粉本があった〝論〟も展開している。最後に猪瀬は、もう一度「重松日記」に戻り、この日記を「富士見の農家にいた時、紙屑と一緒に燃やしてしまったんだ」という井伏の言葉（萩原得司『井伏鱒二聞き書き』・昭60）で結んでいる。

……ところで、今度の「ドリトル先生」論争の記事から思い出した井伏書簡のことだ。これは昭和三十三年五月十六日付の、当時ソヴィエト在住で日本語教授をしていた岸田泰政宛のものので、その部分は書き出しにあった。

《貴翰拝見しました。御申越のドリトル先生物語は、代訳の人が訳したのを私が手を加へたもので心苦しい代物です。御覧に入れるほどのものではありませんが、見本として一部だけ別送します。もともと本屋の方針によって出版したものでした。》

というのである。恐らく井伏は、この言葉を、相手が外地にいる人間という安心感から発信したのであろうが、その後このシリーズは、〝井伏鱒二訳〟の信頼感、ネームバリューもあって、朝日の記事にある如く「各版合せて四万冊」が売れてしまう。

しかし、こうも思えないだろうか。作家は多かれ少なかれ〝粉本〟や資料を使うものだ。藤村の名作『夜明け前』は、巻頭から粉本の口語訳だし、あの「大黒屋日記」なくしてあれだけの重量感が出せたかどうか。またどれだけの有名作家が、下訳に手を入れるだけで、己の翻訳として来たろうか。井伏が微妙に「重松日記」のこと（金銭授受のことも含め）を隠して行く過程はともかく、この日記と日記作者の思いが、結果的に『黒い雨』の世評高き故に世に残ったのではないか、と。

（二〇〇二〔平成十四〕年四月）

45 義秀と利一

必要あって中山義秀の『台上の月』（昭38・新潮社）を読んだ。数え年十九で、二つ年上の師友となる横光利一と知り合い、それから苦節二十年、昭和十三年に「厚物咲」で芥川賞を受けるまでの半生記である。一方、横光は『機械』（昭5）『寝園』（昭6）などの名作で名を挙げ、「小説の神様」とまで言われるようになっていたのだ。その間中山は、私生活では貧しい教師生活の中、昭和十年までに三人の子どもと妻をも亡くした。そしてやっと文学で食えるようになった頃、戦争が始まって中山は海軍臨時報道班員として、半年近く南方諸地を巡遊した。

しかし帰国の頃からは、もうほとんど作品の発表場所すらなくなる。そんな昭和二十年五月に、中山は川端康成の発案で久米正雄、高見順と四人、鎌倉で貸本屋を開業する。そして敗戦。その〝鎌倉文庫〟には投資する人が現われ出版も始めることになった。初めは丸ビルに入ったが、間もなく日本橋の白木屋二階に移った。何しろ、百貨店はまだまだ建物の広さだけ売る品物が埋らなかったのである。

《鎌倉から出京して眼にふれるものは、満目瓦礫と化した焼け跡の廃墟、栄養失調のため瀕死の状態で、東京駅のホームへ列車からかつぎだされる復員兵、浮浪の戦災孤児や欠食児童、襤褸衣のパンパン、乞食、駅前の広場、橋畔、路傍いたるところにひり散らされてある糞便の山——こういった敗戦の現実を私達はまのあたり体験した。》とは『台上の月』の一節である。

白木屋の二階にあった鎌倉文庫は、階段を上ったところが貸本部、その奥の扉を開けると出版社で、中央通の両側に業務部と編集部とが机を並べ、正面奥に社長と重役の席、川端、高見、中山の三人は入口に近い窓側の衝立の陰に席を並べていた。

他社に先んじていち早く出版を始めた鎌倉文庫は大当りで、月刊誌「人間」は岩波の「世界」と発行部数を二分するほどで、発行日には購読者が列を作り、地方の販売店からは小売業者がわざわざ買い出しに来るというような繁昌振りであった。

一方、文学の上ではケタ違いに先行していた横光との関係で言えば、この頃になってやっと立場に逆転のきざしさえ見え始めたのである。たしかに『旅愁』は評判になったが、敗戦を境に、若い評論家からは、横光はすでに神通力を失ったものと酷評されるようになる。その上、軽薄な左翼便乗派からは戦犯呼ばわりまでされるのである。筆者も少年の頃、横光の日記『夜の靴』を買って読んだが、島木健作の『扇谷日記』などに比べ、いま一つ横光の文章からは裸の声が聞こえなかった。また、実生活の上の横光は不器用で、疎開先では農家の六畳一間で、一家四人不自由を忍んで暮しており、食糧の調達もままならなかった。

その横光と中山の最後の別れは、先の白木屋の鎌倉文庫へ、昭和二十一年秋、羽織袴姿で草履ばきの顔色のさえない姿で中山を訪ねて来た時だった。その横光に、

「病気だと聞きましたが、その後いかがですか」と中山は声をかけた。

「うむ、大したことはない」と横光。

「食糧事情がひどいので、さぞお困りでしょう」

「全く、ひどいものだね。僕は甘い物に飢えているよ。山形に疎開中からそうなった。君は相変らず飲んでいるんだろう」

中山は、「五時すぎになれば闇料理屋が開くから、川端さんも一緒に三人で出かけましょう」と横光を誘う。

「遅くなると、家内が心配するから」と横光は中山の誘いを断って帰って行こうとする。地下鉄の入口まで送ったものの、中山は、

「これでよいのか、このまま横光を帰して、俺は後悔しないか」という感情に捕われていた。

「さいなら」……それが横光の言葉だった。

翌二十二年、中山は長男の結婚に来て貰おうと、長男を代りに使いにやると、断わりの手紙が返って来る。その後作品発表も軌道に乗り、中山は出版社をやめて再婚する。その妻と横光宅へ挨拶に訪れたと、のちに妻は言うが中山にとっては、あの地下鉄入口への、暗い階段を降りて行く頼りなげな横光の足取りの印象以外、別れの場面は思い浮かばないと『台上の月』で述懐している。

その暮、中山は横光の死を知る。……以後中山は、解き放たれた鷹のように、後期中山文学を開花させた二十年の作家生活を生き抜くのである。

中山は色んな時に横光のことを語っているが、昭和四十八年の「花園の思索者」ではこんな風に言っている。

《僕の前に現れた時氏の内部の結晶はすでに成つてゐたかと思はれた。廿一歳の青年がすでに一箇の思想人としての結晶を終つてゐたといふとは考へてみれば異常なことである。爾来三十年間僕は氏の動揺や崩壊の様を垣間見たことすらない。僕の前に立つてゐる氏は常に大人だつた。晩年にいたつて氏は漸く僕の側まで下りてきた。それは一種特別な親近感を僕にあへた。》

いい言葉だとは思うが、私はこれは、中山の横光への万感の思いのほんの一部を語ったものにすぎないと感じた。

（一九九八〔平成十〕年四月）

言っては悪いが、作家も生前の盛名に比べ、没後はどんどん忘れられてしまう人と、それなりに有名であり続ける人と、逆に輝きを増す人々に分けられる。石川達三などは最初の例かも知れない。昭和六年刊の『最近南米往徠記』『蒼氓』など初期作品以外は、その著書が市場に積み上げられても入札者はあまりない。過日も古書展で『流れゆく日々』全七冊（新潮社・昭46〜52カバー帯付初版本）が千五百円で売られていたが、私は素通りした。が、その日他に目ぼしい本も見当らず、私はその七冊本を買って、下の古書市へ降りた。

46『流れゆく日々』

実は「日記好き」の私も、その作家の無名時代のものはともかく、職業になって原稿料を取って書いた日記はあまり読まない。この日記も「新潮」に連載の頃、パラパラと拾い読みをしたことがあるくらいだ。ともあれ、大枚千五百円を払って買って来たからには読まなきゃ損と、毎夕食後、昼寝ならぬ夕寝の傍ら何ヶ月かかけて通読した。けっこう、正直さということで面白い箇所はあった。

《草野心平君が「わが賢治」という立派な本を送ってくれたので、それを読んで見る。ところがてんで面白くない。（略）賢治の詩「春と修羅」の中の長い詩が出ている。いくら読んでもてんで頭にはいって来ない。（略）私にとっては第四次元の世界だ。諦めるほかはない。》（昭45）

《スタンダールも読み切れないが、大江健三郎も私には読み切れない。「万延元年のフットボール」など、二度読みかけて二度とも投げ出した。何を書こうとしているのか、それすらも解らないのだ。私が悪いのか、大江が悪いのか。》（昭45）
《去る六月末ごろ保高徳蔵氏が亡くなった。（略）或る大きなパーティの席で、私は全く理不尽なからみ方をされて、途方に暮れたことがある。所詮私とは無縁の人であった。そういう人はほかにも居る。谷崎潤一郎、太宰治、志賀直哉。……》（昭46）
《志賀直哉氏死去。八十八歳。（略）名作と言われる「城の崎にて」を読んで見た。（略）私はやはり、ちっとも感心しなかった。》（昭46）
《武者小路という人は、真実とか正直とか、筆をとるごとに繰り返し書いている。（自分に正直でありたい、真実でありたい……）しかし同氏の書いている散文も詩も、すべて当らずさわらず、事なかれ主義で貫かれているみたいで、真実などはどこにあるのかわからない。本当に正直で真実で、心に偽るところ無からんとすれば、怒りも歎きもあるはずだ。》（昭47）
――こうして日記は石川の七十一歳時まで続くのだが、歯に衣着せぬ語り口はますます冴えてくる。難解な新人へもだが、古い作家への悪口は特に厳しいものだ。
（梅原龍三郎の絵の感想に続き）《私は何となく久保田万太郎のことを思い出した。生前は演劇界の大ボスであり作家であり俳人であり、文化勲章までももらっている。しかし彼の没後、何が残っているか。新派劇団の芝居が少々あるばかりで、何もありはしない。》（昭47）
《十一谷義三郎。この人の名が忘れられてから、もう久しい。「唐人お吉」を書いたあと、彼は大変な流行作家であった。いま伊豆下田はお吉の町として知られ、観光客を集めているが、そのきっかけになった十一谷氏はなぜか忘れられている。》（昭48）

また石川の芥川龍之介評価は低く『日本の短篇小説・明治大正篇』の「藪の中」に触れ、己の「神坂四郎の犯罪」を出し《「藪の中」のような思いつきのから、く、り、とは質が違う》と自賛、《五十年経ってみるともう芥川の作品には現代的価値はなくなったのではないか》とまで言う。では石川は、自分の文学をどう見ていたのだろうか？

昭和四十七年十一月十八日、国際会議開会式。《六時からは開会式招待者が集まり、更に混雑を増す。七時五分皇太子御夫妻到着。芹沢会長と私とで休憩室まで御案内。挨拶。七時二十分会場へ御案内。参会者約八百人と言う。ライシャワー氏、ソ連大使など知った顔が見える。皇太子の祝辞、なかなか内容のある立派なものであった。（略）／お帰りのとき再び御先導。皇太子は私の「望みなきに非ず」を読んだと言われ、妃殿下は「風にそよぐ葦」を読みましたというお話。》

……実は先に引用の十一谷の話のあと、石川は太宰治、織田作之助、武田麟太郎、横光利一、片岡鉄兵の名を挙げ、不当に忘れられたりもてはやされたりするのは時代の好みや風潮がそうさせているのでは、と書く。続けて日本の作家は性格的に、太宰のような何かしら悲劇的な輪郭を持った作品が好きなようだ。菊池寛があれほどの流行作家でありながら早く忘れられたのは、悲劇的要素が全くなかったからではないか、と言葉を重ねる。

しかし、と石川は己の文学については言う。《私には菊池寛に無い別のものがあるはずだ。それを読者がどう受け取ってくれるかは解らない。／いずれにせよ自分の生涯の仕事が印刷物になって残っているということは、普通の勤め人の仕事とくらべて、有難いようでもあり、また逆にそれだけ業が深いような気がする。》

石川はどの作家に対するよりも、自分にだけは甘かったようだ。

（一九九八〔平成十〕年一月）

緑あって、和田芳恵の縁者から和田の「巣箱」という作品原稿を分けて頂くことが出来た。かなり晩年のものらしかったが堂々たる筆蹟だった。しばらく振りで全集の「年譜」をひもとくと、何と死の昭和五十二年七月に「海」に載せたもので、和田は十月五日には十二指腸かいようの悪化で亡くなっている。私は漠然とは知っていたのに、この時和田はまだ七十一歳の若さだったことに驚いた。

47「巣箱」

一葉研究家としての名声、直木賞受賞作家としての地位はあったものの、和田は長く同人雑誌にもこだわるなどどちらかと言えば地味な作家だった。ブームは死の四年前、丸谷才一が朝日新聞〝文芸評論〟欄に「厄落とし」「接木の台」を取り上げて激賞したことから起きた。

私はまだ読んでいなかった「巣箱」を原稿で読んだ。その好ましい筆跡の勢いからも、すでに予感したであろう三、四ヶ月後に死なねばならない己れの口惜しい運命を思わないではいられなかった。和田はこの頃、初めての流行作家時代を迎えており、書くもの書くものが評判となり、それを待つように矢次ぎ早に単行本化された。

「巣箱」は千葉県市川市に材を取った私小説である。《私は戦時ちゅうから市川市八幡に住んでいた。この頃大久保康雄が市川市北方(ほっけ)におり、顔なじみだつたから行き来していたが、私は千葉市に住む上田広の房総文学会に属し、そこで金親清といつしよに、いわゆる銃後運動などしていた》という和田の「荷風先生寸感」の書き出しを私は思い出した。

……戦中、市川の松林の中に建つ〝市民館〟と呼ばれた建物が戦後は荒廃にまかせて催し物も出来ず、戦争未亡人の萱原のぶと中学生の息子とが留守番に雇われていた。そこへ、文化運動で知った市会議員の世話で、〝私〟は娘と二人、その舞台部分へ同居することが出来た。するとと〝私〟の所へは、文学仲間で十歳下の深川という男がころがり込んだのである。深川は小説家志望で、すでに賞の候補にもあげられていた。こうして小説を書く生活を始めた深川と五人、いつか仲良く食卓さえ囲むようになる。〝私〟は東京へ出て、終戦直後のまるで闇屋まがいの出版や編集の仕事に駈け回っており、深川には時々校正の仕事を回した。

やがて〝私〟も万更でなかったのぶと深川が、男女の関係になったのを知つた。〝私〟（和田は四十歳）は時に会館内での二人の行為まで見てしまい、江戸川べりの飲食店で働く〝千代〟に、「何とかならないか」と言葉をかけてしまう。《千代は「いいよ、いいよ」と私の頼みを聞いて、二枚の座布団をつなげた。私の膝の皮膚が破れ、血がにじんでいた。座布団がずれて、畳で肌が擦り切れたのだ》

私はこの個所を読んで、ああこういう時代が自分にもあったな、と思った。このあと千代がある方法で〝私〟の傷を治そうとするのだが引用はよす。すでに私はその自伝的長篇『暗い流れ』で、和田は一線を越えた性表現をしているのをそこに感じたのである。

さて「巣箱」に戻すが、こうして〝私〟は、千代を本八幡の駅に近いたばこ屋の二階へ住まわせ、月の半分以上市民館へ戻らなくなってしまった。こうしたある夜、〝私〟が市民館へ帰って来た時のことである。

娘の優子がパジャマを着て、舞台の上であぐらをかき、向うの映写室のある高台の方を見ていた。折からのぶの息子・彰は紙の三角帽子をかぶり、頬を丸く紅で染めてピエロのように扮装をして立っているのだった。彰は、「とざい、東西。これからご覧にいれます奇術は蝙蝠の夜遊びでございます。首尾よく相勤めましたらご喝采」と言いながら、手に持った鞭のようなものをびゅんびゅんと振りまわしていた。

少し説明すると、向うの映写室というのはめったに人が人らず、蝙蝠が巣くっているのを誰も追い払おうともしなくなってしまっていたのだった。彰がそこへ近づき、映写室の窓を打ち始めた。蝙蝠は次々と窓から飛び出して来た。その鞭による残酷なリズムに乗るように、彰と優子の表情が生きいきとしてきたのを〝私〟は見ていた。彰は口上を再開した。

「みなさん、さあてこの大きな巣箱に残つた蝙蝠は、どんな姿に化けているか。これからその怪物を引き出してお目にかけます」

このあとの引用で、この作品「巣箱」二十六枚は終っていた。

《彰は映写室のなかから、鞭を鳴らして深川とのぶを私の前へ引きだしてきた。ふたりは、這うようにして、やっと出てきたのだった。のぶの髪の毛が額に汗でこびりついていて、閉じた目で笑っている。殉教者の姿のような敬虔な手のひらで乳房を熟れた葡萄の房のように捧げ持っていた。／彰と優子の光のような速度の笑い声が、私の耳へ突きささってきた》……

（二〇一〇〔平成二十二〕年十一月）

48　佐多稲子覚え書

平成十年十月十二日に、九十四歳で亡くなった佐多稲子について書いてみる。私は少年の頃「キャラメル工場から」を読んだ。本は立石の岡島書店の店頭に二冊しばられて十円で売っていた片方で、表紙も取れ、タイトル頁から始まっており、「日本プロレタリア作家叢書第8編」とあった。昭和五年刊の戦旗社版で、著者名は窪川いね子。

ひろ子は父の病気や急な上京等の家の事情で、五年生で工場勤めを始める。キャラメルの包装作業に従事する少女の、一ト月余りの苦しい体験が清冽な描写で書かれている。間もなく「よせよせ、毎日電車賃を引いたら残りはしないんだろう」という父の言葉でそこをやめるのだが、ほっとする間もなくひろ子は「体が丈夫でないから気楽なところを」という父の言葉で、今度は盛り場の小さな支那そば屋へ住み込みで出される。するとそこへ、郷里の学校の先生から付箋がついて手紙が届く。ひろ子は封を破いて読みかけたが、それを掴んだまま便所へ入った。「誰かから何とか学費を出して貰い、大した額でもないのだから、小学校だけは卒業する方がいい」という手紙を読み返すが、暗くてはっきり読めない。結びは、

「暗い便所の中で用もたさずしやがみ腰になつて彼女は泣いた。」である。

この内容は貧家の出の私の父母の幼少年期を語るものとそっくりで、私はこれは作者の実体験に違いないと感じた。ちなみに、生年だけは佐多と同じだった私の父は、すでに三十一年前没した。

私は佐多の熱心な読者ではなかったが、その後店番の傍らなどで読んだ年譜の中の十二歳の項は全く小説と同じだった。ただ、この支那そば屋は数日でやめ、すぐ上野池の端の料亭に移り一年間小間使いをした、とある。相変らず父親に定職なく、貧窮は続き、大正六年十四歳の時には祖母と一緒にメリヤス工場で働く。祖母の苦労を見かねた佐多は、やっと兵庫県の播磨造船所に就職した父に、芸者になりたいと手紙を出す。やっと父が呼んでくれて、佐多はその地で文学書の乱読と少女小説や短歌を作り、「少女の友」や「女学世界」に投稿するようになった。

父親が再婚、佐多は十七歳で再上京、また上野の清凌亭に座敷女中として入る。佐多はここで龍之介、寛、久米などを知る。十八歳、日本橋丸善の洋品部店員となり、文学好きの社員の勧めで生田春月主宰の「詩と人生」の準同人となる。その間幾度も自殺を考えるが、大正十二年の大震災に逢って厭世観も吹き飛ぶ。翌年、資産家の息子と結婚、長女を生むも離婚。大正十五年(昭元)年、二十三歳時の三月、本郷動坂のカフェー・紅緑に勤める。四月、折から「驢馬」創刊の打合せに中野重治、堀辰雄、窪川鶴次郎等が、しばしば紅緑に立寄ったことから知り合う。六月、佐多は浅草のカフェー・聚楽に移り、勤めたまま室生犀星が名目上の仲人となって窪川と同棲。翌年芥川龍之介が自殺、中野や窪川の影響で、佐多はエンゲルス・レーニンの著作を読み思想的に開眼。昭和三年、處女作「キヤラメル工場から」を書く。

……さて、右までの記録で分かる如く、佐多は小学校五年生途中までしか行っていない。佐多にはピタリそのことを書いた「学歴なしの履歴書」（昭和34「人生手帖」）があり、「新聞社などで人名簿を作るとき、問い合わせの書類が送られてくる。出生地などの次に必ず学歴の欄があって、最終出身校を書き入れるようになっている。私の場合その出身校というものがない。出身校というからには、少なくともその学校を卒業していなくてはならないだろうが、私はついに一度も卒業ということをしたことがない。螢の光、窓の雪というあの歌をうたったことがないのである。」と書き出されている。

だから丸善の店員になる時一度だけ、小学卒と嘘を書いたと言う。ここではもっとも勤勉な店員となって十銭の昇給時、佐多だけ二十銭の昇給をした。が新しく女学校卒で入社した女店員は、同じ仕事で初めから、異例の昇給をした佐多と同額を貰うと知り、その矛盾が佐多を苦しめることになる。

佐多にはまた、作家になるまでを書いた「青春放浪」（昭36「読書新聞」に連載）がある。これによると、初め佐多は「驢馬」の仲間からは女優になれと勧められ、その稽古にも通い始める。そんなある日、窪川と同棲中の部屋に中野重治が来た。窪川は運動の仕事に出かけて留守で、中野は置手紙をして帰る。窪川が戻って言うには、機関誌「プロレタリア芸術」に佐多に何か随筆を書かせて見ろというものであった。佐多はその時のことを次のように書いている。

「私の十枚の随筆は、また中野のすすめで小説に書き直された。私は自分が小説を書くということにおどろきながら、窪川たちのはげましに助けられてそれを書いた。『キヤラメル工場から』という題は中野重治がつけた。これは昭和三年二月号の『プロ芸』に載った。この機会に私は俳優のけいこをやめた。」

なお、昭和二十年に佐多が窪川と離婚したことは周知だ。たった一つ年上だった窪川の死は昭和四十九年。その悲惨とも言えなくはない窪川の晩年は、佐多の川端康成文学賞を受賞した短篇連作の「その十一」に詳しく哀惜をこめて書かれている。

（一九九八〔平成十〕年十二月）

49 「文学の戦後史」展を見て

平成八年九月十六日、日本橋・丸善へ「群像創刊50周年記念」と銘打った表題の展覧会を見に行く。

主催は講談社と丸善で、翌十七日が最終日だった。会場は思ったより広く、壁面はこの五十年に関係した作家達の写真で埋まり、ガラスケースの方には代表作家約百人の名作とその原稿が展示されていた。この内パール・バック、ヘルマン・ヘッセ、トーマス・マン、アルベール・カミュ、ハンス・カロッサ等の資料も飾ってあるが、ほとんどはタイプにサインというものので、丁度半世紀遅れて日本にもワープロにサインの時代が来ているのは皮肉だ。要するにこれは、「群像」編集部が日本の戦後憲法・第九条を記し、にも拘らず極東では朝鮮戦争が勃発していることを憂い「その真っ只中に身を置く私共日本人の、心からなる平和への祈に対し特に貴下から激励の言葉をいただき」たいと言って出したメッセージへの返事だったのである。昭和二十六年一月号十四人、二月号四人中の十三人が飾られ、例えばヘルマン・ヘッセは、「貴国は丁度ドイツと等しい地位にあること、アジアの事態に恐ろしい脅威を感じているでしょうが、再軍備が貴国に幸福をもたらすことは信じられない。むしろ暴力を放棄したことによって次代は作られると思う」と回答している。ついでに言うとこの年からは三島由紀夫の『禁色』の連載が始まっているが、何故かこの展覧会に三島の原稿は見られず、彼は印刷済みの原稿は皆回収していたらしい。

さてガラスケースの中の配列順だが、有島生馬、飯田蛇笏、斎藤茂吉、正宗白鳥、水原秋桜子、吉井勇、高浜虚子という風に並んで戸惑わせるが、これは創刊号の目次がこうした旧人ばかりが並んでいるからである。詩も三篇載せられているが、「遺稿」扱いとは言えまだ死後十三年だった宮沢賢治の「眼にて言ふ」も載る。

一方、この二十一年十月創刊号を準備していた編集部は、すでにより若い作家にも原稿依頼はしていた。その一人は田村泰次郎で、十一月末に受取り翌二十二年三月号に掲載されたのが、あの「肉体の門」である。肖像だけは大きく大家達に続き壁面を飾っていた田村だが、残念ながらその原稿の陳列はなかった。しかし敗戦直後の闇市と世相風俗を舞台に、ほとんど同時進行でパンパンと復員兵を絡ませた作品の登場は、一躍「群像」の名を高めた。人々は戦争中の抑圧に代わるものをこの作品に求めたのである。本はベストセラーになり、それを上演した空気座は時代の寵児となる。以後、田村は「肉体の何々」的小説を量産し、文学からは永く脱落する。が、この「群像」への田村の功績を講談社は忘れず、ほとんどの文学全集に載らない田村を講談社版『日本現代文学全集』では、「北原武夫・井上友一郎・田村泰次郎集」として一冊を設け報いている。

ところで、私にこの展覧会中最も印象に残った原稿としては、中上健次と上林暁の筆跡があった。中上のものは「異族」の原稿で、一行が四十字もありそうな、まるで謄写版印刷のように美しい文字で書かれている。およそ傲岸不遜の風貌とは全く別の、緻密で孤独な文学作業がそこにあったのだという、意外性。もう一人の上林の筆跡は、これは正に衝撃的と言ってよいもの。これだけは、入った正面に広く間を取っての資料の広げ方で、陳列方法からして特別だった。私は一回りしたあとにそれを見た。「みみずののたうつ」と言う言葉があるがその表現以外に言い様のない。奇妙な原稿だった。私はすぐにそれと察した。

……昭和三十八年十一月、上林暁は二度目の脳溢血の発作に襲われる。普通ならそこで終わる作家生命だった。上林はそれからの十八年を、ただ文学への不屈の思いで生き抜くのだが、これはその最晩年のものと推察された。私はガラスに目を近づけて恐らく令妹・睦子さんのものであろう、傍らに添えられた「読み」を読んだ。そして私はもう一度驚かされたのである。「ともかく、日本文学史上これ以上鬼気迫る筆跡で文章を書いた文学者が、他にあったであろうか」と思いながら、私はそこを去った。

私はこの夜、大田区の関口洋子さんに電話した。展示場に飾られた上林の筆跡の中に、ご主人の山王書房主・関口良雄の名を見かけたからである。すると洋子さんの、いつもの明るい言葉が返った。「ああ、あれ。睦子さんのところへ『群像』で借りに来たんです。睦子さんに教えられて私もう見て来ましたよ。あれは昭和五十五年の『すばる』新年号に載った短文なんです。コピーをお送りしときましょう」。送られて来た文章は未見で、

「二、三年前の暮に、故関口良雄の未亡人が、見事な山帰来の枝を持つて来てくれた。美しく紅色に熟した実が一ぱいついてゐた。『山帰来！　山帰来！』と声をはげまして持つて来てくれた」――がその随筆「山帰来」の書き出し。次いでその交遊ぶりと関口の著書『昔日の客』

について書かれていた。「正宗白鳥訪問記」が集中の力作で、「狸ぢぢいを相手にするやりとりが面白い。『上林暁訪問記』これはぼくに取ってはなつかしい文章である」とあった。……この年八月、上林は七十七歳の生涯を終えている。

（一九九六〔平成八〕年十一月）

50　葉書つき「上林暁全集」

今年（二〇〇一）になっての明治古典会の市場で、変な出され方の品を見つけた。最古版のものらしい『上林暁全集』全十五冊が壁際に垂直にしばられ、その上部に使用滑みの葉書が一枚挟まっているではないか。いつか、どの版（確か現在筑摩から第三次目が刊行中）でもいいから一揃い買いたいと思って果たせないでいた私は、ビニールひもの途中に差し込まれていた入札封筒を手に取ったのである。封筒の表示は、

上林暁全集　　十五冊

で、左脇注意書きの枠内に「葉書一枚つき」とあった。「おやっ」と思って、私はその葉書を見たのである。それはまるで、小学生か体の不自由な人が、やっと書いたような筆遣いだった。表書きは、

千代田区有らく町　朝日新聞「週刊朝日」横山政男さま

と読めた。消印は73・9・21、——即ち昭和四十八年九月二十一日付。郵便番号の〝110〟の文字が枠外に飛び出していて痛ましい。文面は、

十月六日にお出で下さい、待っています、　九月廿一日　　上林暁

で、私はどちらも欲しかった。まず全集である。私は、ケタ違いに値の張る肉筆類には値を惜しまないが、資料に過ぎない全集などにはケチで、第二次が出て、この一次が二万円ほどで売られているのを見ても買う気になれないでいた。荷主の思惑は分からないが、この場合、〝お

供〟は全集の方であろう。封筒を透かして見ると、それまでの入札者はたった一人だった。私は

一〇一〇〇円　　一六一〇〇円　　二二一〇〇円

の札書きをして、記名して封筒に投じ、そこを去った。この日は外に気になる品が多く、それっきりこの品のことを忘れていた。

やがて開札が始まり、順に発声されて行く中に、

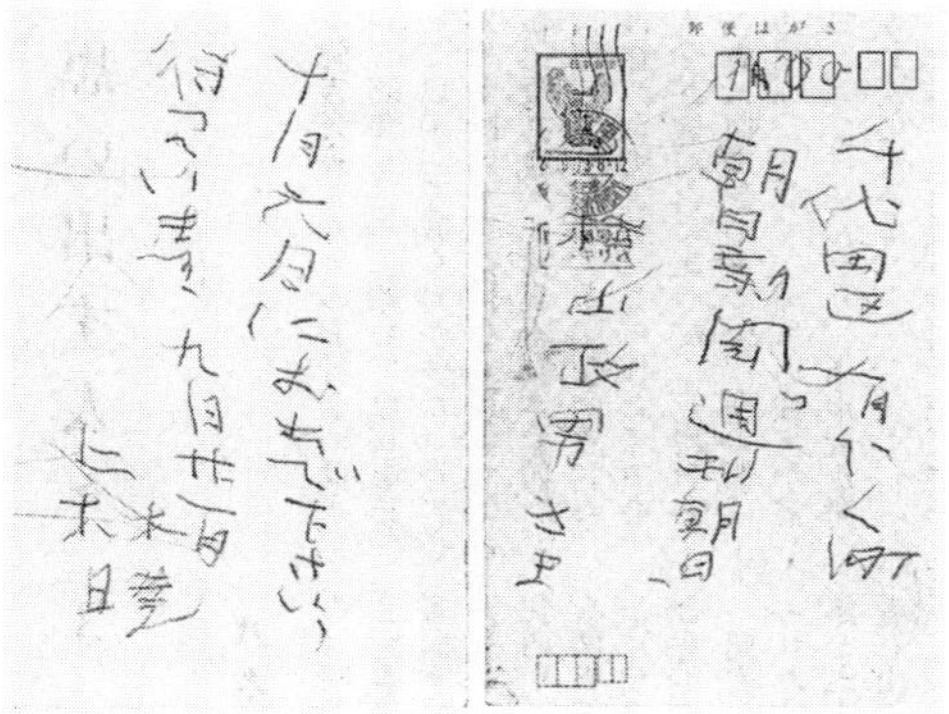

「上林暁全集十五冊、一万六千百円で青木さん」の声。私はその品を思い出し、「葉書一万円の、全集六千百円か」とつぶやいた。

帰って、早速最終巻に載る〝年譜〟で、昭和四十八年の項を見た。すると第一次の完結は昭和四十二年と思ったより古く、書棚の『昭和文学全集』の年譜に当たる。

《昭和四十八年（一九七三）六十九歳一月、（新潮）に「秋の終りの雨」。四月、（群像）に「ブロンズの首」。五月、『ばあやん』を講談社より刊行。この年二月に中村高校、十二月に下田ノ口小学校と、各母校に文学碑を建立》とあった。

そもそもが、上林は高血圧の体質だったらしく、昭和

二十七年五十歳の時に軽い発作を起こしている。その後十年して脳出血が再発、入院するが右半身不随となり、四カ月して退院。翌昭和三十八年八月、大患後口述筆記による最初の作品「白い屋形船」を「新潮」に発表、これが三十九年度の読売文学賞を受賞する。昭和四十年、上林は珍しく一月一ト月間の日記を書く。「群像」四月号に載った「寒日記」がそれで、読み進むと、「群像の渡辺君『寒日記』の進行状態を見に来る」とあり、一種の注文原稿だったことが分かる。そして「もっと病気のことをくわしく書いてくれ」と編集者に言われ、上林は、「朝五時頃目が覚める。失禁す」「今日は二度失禁す」などと、続篇（二月の一ト月を「早春日記」としたもの）には書いた。また前記「寒日記」には、

《古本屋関口君に独歩の「愛弟通信」を頼む》とあり、二十二日には《関口君から電話あり、尾崎一雄原作の「口の滑り」夜九時五十分からテレビ放送される由。関口君がモデルである。（略）／夜一寸起きる。「口の滑り」を見る。面白し。関口君が結婚の挨拶をするところ、奥さんが太っているところ等が特に面白し》などとある。

〝関口君〞がすでにこの二年前、『上林暁文学書目』を刊行している山王書房・関口良雄さんであることは言うまでもない。そしてこの日記中上林は、「母ハルエ」（群像）「父イタロウ」（群像）と作品を挙げ、「この二作は妹と共作のような感じ」、と書き、「手や口の不自由な私は、妹睦子の世話になって文筆生活を続けている」と書き次いでいる。

それでも上林は不屈の作家魂で、翌四十一年には左手で食事をするようにし、字を書く練習

をして、軽い随筆類は自筆で書き始めたと言う。あの「週刊朝日」宛の葉書は、この七年後の左手による筆跡だったのである。……と、ここまで書いて来て思い出したのは、昔同じ明治古典会で、前記関口良雄宛の、のたうつような筆跡の葉書を買ったこと。探し出して来たので写すと、

小説三つかきためました、
忙しかった。
又あそびにおいで下さい。
春雪の忽ち解ける赤庇
　三月十七日

と読める。私は不認識にも、これを脳出血の後遺症で書いたものと思っていたが、同じ昭和四十八年春の筆跡であり、左手で書いたものだったのであろう。

（二〇〇一〔平成十三〕年三月）

51　中野好夫を読む

過日私は、中野好夫（一九〇二～一九八五）が昭和二十九年七月二十二日から、西日本新聞に百回予定で連載、中公新書にした『私の消極哲学』（昭31）という本を地下の古書展で買った。値はわずかに百円だった。

私が中野の本で愛読したのは、『アラビアのロレンス』（昭18岩波新書）、『人間うらおもて』（昭和37）、『蘆花徳冨健次郎』（昭49共に筑摩書房）などであるが、この本は知らなかった。さすがに社会時評的なものは読み流したが、興味ある文章もあった。

《終戦後まもなく、片岡仁左衛門という歌舞伎役者の一家が、家の男衆の一人に殴殺された事件があった（「悲劇の条件」）》と始まる文章もその一つだ。ふだんの処遇もさることながら、直接的には役者の妻が下男の配給米を毎食少量ずつピンはねしたことへの、怨み骨髄からの凶行だったと言われる。

中野はこれを、シェイクスピアの「オセロ」の解釈と共に語っているのだが、私は夜学生だった少年時代のことを思い出していた。確か〃防犯博覧会〃とかの名で、浅草松屋で行われていた催しを、正直思春期的性の妄想もあって、学校をさぼって見に行ったのであった。……と、そこにリアルな等身大の倍位の人形で作られた「仁左衛門一家殺し」の現場が、家屋の内部共々ドギツイ原色で、精密にこしらえられていたのである。中野は殴殺と書いているが、実は下男がそこで振りかざしていたのは血みどろのマサカリであった。その夜から私はその光景が頭に浮かび、幾夜も幾夜も眠れぬ夜を送らねばならなかったのである。

「自然と人生」という文章では、中野は人間には〝自然型〟と〝人間型〟とでも言った分類が成り立つのでは――と、次のように書く。

《一番よく現れるのは、たとえば一緒に旅行でもしたときである。車窓から見る新しい風景、野山に生えた一木一草、さては朝夕の雲のたたずまい、風のいぶき、そうしたものだけでも、結構旅の楽しさを満喫して、尽きない興趣をおぼえているらしい人がいるかと思うと、そんなものは風馬牛で、ただ興味があるのは、そこに住んでいる人間の生態、社会的関係、物の考え方といった、どこまでも人間臭プンプンたる事柄でなければ、心を動かされぬという人間もいる》

中野はこのあと、己は完全に後者の人間型と言っているのだが、私もまた中野型の人間だったことを今度この本で改めて理解した。夫婦で花見に墨堤や上野公園へ出かけても、眼はいつの間にか桜の花を離れ、様々な人々の群れや今現在の世相、風俗に行ってしまう私の性格のことをである。中野は結びに、正宗白鳥などを挙げ、多分わが党の士であろう、と記している。

そしてこの本には、あの名文「悪人礼讃」の抄録もあった。中野は、自分が好きなのは悪人、偽善者、パリサイの徒。嫌いなのは純情、純真の感傷家である、――と言う。《どだい善人という奴は始末に困る代物である。彼等は自分自身善意である限り、それが他人や相手にどんな迷惑を与えようと、絶対不敗の言訳になるものと、頭から心得ているらしい。いってみれば錦の御旗である。こちらはどのような迷惑をこうむろうと、あれは善意、好意でやったにすぎないと言われれば、逆に私の方で恐縮して感謝しなければならぬ。ひどく間尺に合わない話である。（中略）／そこへ行くと悪人の方は始末がよい。悪人というほどのものなら、たいそう馬鹿者ではないに決っているから、計算もあれば策戦もある。言葉をかえていえば、悪人にはおのずから悪人の文法（グラマー）というものがある。したがって、こちらとしても彼等の文法さえ一応心得ていれば、まず決して迷惑をこうむることはない。向うが策でくれば、こちらも策で行くという手があるからである》

元々はこの文章、同題「悪人礼讃」で「新潮」昭和二十四年十月号に載せられた四百字八～九枚の随筆である。そこにはこんな一節もあった筈である。《近来のぼくは偽善者として悪名高いそうである。だが、もしさいわいにしてそれが真実ならば、ぼくは非常に嬉しいと思っている。ぼく年来の念願だった偽善修業も、ようやく齢（よわい）知命に近づいて、ほぼそこまで到達しえたかと思うと、いささかもって嬉しいのである》

タイトルともなった「私の消極哲学」では、自分はほとんど人に欺された覚えがない、と始める。それは別に善人ばかりとつき合ったためにそうだったのではなく、幸い自分が乗らなかっただけの話なのだ。それには、自分の生来の消極哲学が役立っているのかも知れない、と言い、《金儲け話にせよ、色恋沙汰にせよ、あんまり棚ボタ式のうまい話にぶつかると、とたんに私の消極哲学は、いったいそんな虫の好い話が世の中にあるものだろうかと、ほとんど本能的に働き出す。そしてこれはまず眉唾物に相違ないというので、思い止まるのである》と結ぶ。

こう読んで来て私は、わずか二百頁にも満たぬこの新書本が、いかに人生の知恵にあふれたものだったかを知った。中野は人間処世学の教師でもあったのである。

無論中野には、もう一方の英文学者、文芸批評家としての優れた業績もあったことは言うまでもない。そして中野の最後の仕事が、四巻までで終った（あとを子息が継いで完訳）ギボン『ローマ帝国衰亡史』の翻訳だったことは、中野の興味がいつも人間世界にあったことを象徴しているではないか。

（二〇〇五〔平成十七〕年五月）

52 中野好夫を読む・続

これも先日、古雑誌の山から、その幾冊かを引き出し目次を開いていたらその一冊は「新潮」昭和六十年四月号で、〝追悼・中野好夫〟とあり（同年二月二十日八十一歳で没）、「最後の言葉＝河盛好蔵」「中野先生のこと＝木下順二」「先生の笑顔＝小田島雄志」などの文章が並んでいた。河盛は一つ年上で、中野を「当代屈指の翻訳家だった」と評した。木下と小田島は大学での教え子で、小田島は自称〝最後の弟子〟だったと言い、

《「とうとうやったね」と言って先生はニヤリとされた。その眼鏡の奥の目があたたかい笑いをふくんでいたので、ぼくはうれしかった。『ハムレット』の「ツー・ビー・オア・ノット・ツー・ビー」をぼくが「このままでいいのか、いけないのか」と訳したことを、是認してくださったからである》という情景を書いている。

さて私の読書体験では、中野が六十六歳から六年間「展望」に連載した評伝『蘆花徳冨健次郎』を最上とする。中野はまず、昭和初めに出た『蘆花全集』の古書価の安さと、それを眺めての杜撰と誤りに驚いたことから書く。と言って好悪は別として明治以降蘆花ほど、鮮烈な人間性、個性的な存在はない、またこれほど矛盾、撞着、欠点だらけの人間も珍しい、と言い、《第一にまずおそるべき癇癪持ちで、女好きで、衝動的で嫉妬深く、まったくと言っていいほど抑制ということの利かぬ、そのくせ、他方ではまたひどい弱虫で、偏屈で、たえず劣等感と悔いに苛まれているのである》と続ける。

そして中野は、まだ間にあった生前の知人縁者を訪ね、現地調査をし、膨大な資料を渉猟しての、忠君愛国と社会主義にゆれ、兄蘇峰との表裏の組み合せでもあった蘆花を、明治大正の思想史にからめて執筆して行くのだ。

とは言え中野は、その後昭和六十年に刊行され始めて世に衝撃を与える『蘆花日記』を、すでに見ていたと思われるのに、これを全面採用することをしなかったフシがある。例えば印刷された日記には、《入浴後、布団を敷いて居るお琴の右手を把って、雨戸が開いて居るのであった。女中や預かりの小娘の中から一人、二人を選んで（略）想像的淫情をさえ逞しうする奥の五畳に連れ込み、脇から手を入れて……》などとあるのを、中野は《蘆花には奇妙な癖が性癖》と、〝注〟に書くくらいでやめてしまっているのだ。ともあれ私には、三十九歳の時に四月～八月までの百二十日をかけ、突然キリストの聖地巡礼とトルストイを訪問する旅に出る蘆花の、その内面をこれ以上ないまでに鋭く分析して見せる筆にもっとも驚嘆した。

話を中野自身に戻すと、中野はこれを書いている六十歳の後半、沖縄問題や都政刷新運動にまで手を染めている、繁忙の身だったのである。多くの雑文も残し、『芸妓通』の書評まである。《……著者花園歌子なる女性の博識ぶりには、いささか煙に巻かれそうである。（一九七五・三月）》

《近ごろは自家の日記を基にして、回想記を書く人が多い。いかにも正確で真実めいて見えるが、これも筆者は無条件には受取りかねる。そもそも日記とは、果して真の真実だけが書か

れるものなのであろうか。むしろ筆者は一種鬱憤ばらしの記録、それが日記だとさえ信じている。（一九七五・九月）》

《夜分などはもっぱらテレビ馬鹿になりさがっている。あのテレビなる存在、見ての法楽、出る阿呆というのが、ここ十数年来の信念なので、出ることこそしないが見る方は老妻さえあきれかえるほどである。（一九七八・一〇月）》

「荘子見レ之、棄二其余魚一」と題された文（一九七九・六月）では、子供の頃四国の城下町で救世軍の、バンドを組んでの禁酒運動を見たことを書く。その時救世軍が唄っていたのが、

　はじめは人が酒を飲み
　中ごろ酒が酒を飲み
　おわりは酒が人を飲む

というもので、子供の中野は面白くて唱和しながらついて行ったと言うのだ。それをこのところの、元首相などのロッキードに始まるニュースで思い出したのだと言う。中野は文中、昔の歌を次のように仕立て直す。

　はじめは人が金を食い
　中ごろ金が金を食い
　おわりは金が人を食う

中野はこのあと、《どうやら、主人公は人間ではなくて、背後で笑っているのは無気味なあ

の金という妖怪であるように思える。そう考えれば、田中も小佐野も海部も畢意あわれな操人形だったのかもしれぬ」と書いたが、己にも矛先を向ける。《もっともかくいうわたしも貧乏は大嫌い。清貧などは直平御免である。明日の食にも困るということが、いかにわびしく悲しいものかは、学校出の直後、昭和初年不況の失職体験でいやになるほど知っている。だからこそ悪銭は大いに稼いだ。／おかげで今日多少の余財は積んでいる事実は、はっきりここで申上げておく。但し、そこにはおのずから一線があった。つまり千両箱、決して冥土の土産にはならぬということ》

思うに中野は、英文学者からはみ出し、運動家としても満足出来ず、いつも何ものかにゆれ続けた一生を送った人だったのではないか。中野はすでにその著書『人間うらおもて』（昭37）の序で言ってしまっているのだ。《もともと私は、人間とはほとんど例外なく矛盾だらけ、撞着だらけの塊りだと信じている》と。

（二〇〇五〔平成十七〕年六月）

53 「大波小波」と田村泰次郎

昨年九月、私は初めての小説集「『悪い仲間』考」を古通から出して貰った。何とか完売出来そうとのことだが、これは各紙への紹介あってのことで、個人的には東京新聞の「大波小波」欄がうれしかった。

まず十月二十六日付で〝紙魚〟氏が「古本探偵の追跡」を書いてくれた。《古本市場で安岡章太郎資料を求めて三十年、若き日の「悪い仲間」の面々に取材、あるいはモデル達の文章から、入隊を迫られた戦時の実体を明らかにしたもので当時のねじれた青春心理が浮かび上る》と評してくれた。私がこの記事を人に教えられ読んだのは近くの図書館で、もう十数年この新聞を見ていなかった。すると私の、日毎めくれどめくれど文芸記事のなくなってしまった朝日新聞への不満が爆発した。私は十一月からの朝日から東京への講読替えを販売所へ通告した。すると十二月三日付夕刊の「大波小波」にはまたも別の、《安岡はある時期から「悪い仲間」を切り捨てるようになった。そして作家として大成した。》という厳しい言葉まで入る「『悪い仲間』の裏面」（刎頸の交わり）が載せられているではないか。そこには、《功なり名遂げた知人に対して、名もなく埋もれた側は得てしてこの種の屈折を抱くものだ。／生存者は安岡一人となった今、本書を世に出した青木にも、安岡や文壇への屈折があるはずだ。安岡はこれをどう読むだろうか。》とも。

が、新聞を替えた件では私はすぐに落胆した。記事は両紙変らず、「大波小波」さえ今は大半が時事批評で、改めて文学の没落を感じさせられたのである。日曜日の書評記事だけでもマシかと、私が元の朝日へ戻す電話をすると、「東京の夕刊はサービスに入れときましょう」と販売所の親父は言った。

……枕が長くなってしまったが、「大波小波」についてはこのところ田村泰次郎との関係で少し調べていたのである。この欄の誕生は昭和八年一月二十日号で、当時は都新聞と言った。「都新聞社報」には《新たに「大波小波」欄を催け、社中同人が痛烈骨を刺す時評をはじめました》とあり、執筆者としては青野季吉、尾崎士郎、大宅壮一、杉山平助、新居格、戸坂潤、高田保らを挙げている（『大波小波―匿名批評にみる昭和文学史』第一巻（昭54・東京新聞出版局）。

大波小波

現代防人の歌

敗残の兵士の詠草

昭和12年12月16日付の
田村の「大波小波」欄

ところで戦後の流行作家ぶりからは考えられないあの田村泰次郎も、戦前はこの欄の常連だったのである。昔私が田村の資料を明古で沢山買った話は前にもして来たが、資料中にはその記録もあった。己の原稿反故に、一回々々きちんとその切抜を貼り、掲載年月を記してあるもので、昭和十一年十二月から十四年二月までに〝唐獅子〟〝雷鳥〟名で三十八本の文章を残していることが分かる。

英雄の問題―蒋介石と日本浪曼派
エロチック取締―ナチスの批評禁集
佛蘭西と日本―文学賞を受ける作品
匿名批評の問題―文壇成立の一表現
義理人情の流行―「日本的」な一風景

と続くが、この五本目は《横光がヨオロッパから帰って来て、もつと義理人情の世界を書かねばならぬといつた言葉について、いろいろと喧しい論議が展開されてゐるやうである。河上徹太郎なんかはその言葉をとりあげて、いかにも尤もらしく哲学めいた解釈を下してゐるが横光自身の積りではそのやうな小むづかしい、廻りくどいことをいつてゐるのではあるまい。》と始められている。田村はこの辺りのことを（都新聞には井上友一郎がいて）、

「私がその日の生活にも困っていることを知って、友情からいつも原稿を持って行きさえすれば、無条件に採用してくれて、ひきかへに原稿料をくれた。一回分は二枚で、原稿料は三円であった。（略）かっちり八百字におさめるのは、一種の技術を必要とした。無論、私は熟練工とまでは行かなかったが、何度か手がけているうちに、その呼吸のようなものを呑みこんで、私の匿名の文章に、その反響の匿名の文章があらわれたりするようになった。」などと後年『わが文壇青春記』（昭38・新潮社）に書いている。

田村は昭和十四年に『大学』（東亜公論社）『少女』（赤塚書房）を出し前途洋々に見えた

が、十五年五月、三十歳で応召。以後七年間の軍隊生活を体験するのだ。田村の著書は好評だったようで、十一月『弱い男』（昭和書房）、昭和十六年にも『銃について』（高山書院）、『学生の情熱』（明石書房）が出される。この五冊、現在古書価はどれも戦後本とはケタ違いに高い。

一方、戦前は紙面の縮小で昭和十七年十二月八日付で打ち切られていた「大波小波」が戦後復活するのは二十四年八月二十五日号からである。さすがに戦後の執筆陣についてはまだ明かされていないようだが、実は肉筆専門業者なら誰でもその数人、十数人の名を知っていなくはない。この欄に使用された原稿類が流出して来るからで、私の手元にもその一部だった中村光夫、埴谷雄高、丸谷才一などの原稿が残っている。

そして恐らく、カストリ雑誌などに書きまくっていた田村が、今度は立場が逆転、この欄の俎上に何度も上っていたことは間違いないと思われるがどうだろう。

（二〇〇八〔平成二十〕年五月）

大村彦次郎著『文壇栄華物語』（'98／12・筑摩書房）を読んで、近頃になく面白かった。〝中間小説とその時代〟とサブタイトルがある索引共四三〇頁ある厚冊で、元「小説現代」「群像」編集長（一九三三年生）の目から眺めた戦後文壇史。〝有名無名の作家、編集者が織りなす、筆一本に賭けた哀歓の明け暮れ〟と帯文にある。読後感としては、伊藤整の『日本文壇史』戦後版と言ったところか。

と言っても書かれた時期は昭和三十年代初めまでで、逆に個々の作家で初期の活躍が戦前からの場合は、戦前にもさかのぼっている。丹羽文雄、林芙美子、太宰治クラスがそうで、例えば戦後作家と思われがちな田村泰次郎などでも、戦前の経歴に触れてから戦後の流行作家時代が描かれる。田村にはことの外興味を持つ私は、この本に書かれた早稲田の仏文科を昭和九年に卒業、その年の「新潮」四月号に、中学時代の剣道部の生活を題材にした「選手」という小説を書いた。そのあと「行動」や「人民文庫」「行動文学」にも作品を書く。――この辺りは知っていたものだが、左の記事は出典の知らないものだった。それは、

《まもなく田村が学生時代を過した戸塚界隈の下宿を引き払い、新宿太宗寺裏のアパートへ移ったのは、武田麟太郎や高見順が銀座や浅草の盛り場周辺に出没し、その土地を舞台に幾つもの風俗小説を書いた先例に倣ったからである。昭和に入って新宿は郊外電車のターミナルとして発展しはじめたが、そこに目をつけた田村は、昼夜を問わず街なかを歩き回って、小説の

54「桜」の会パンフレット

材料を探しもとめた。新宿武蔵野館でフランス映画の特集が上映され、興行主依頼で幕間に同人誌仲間の若手が入れ代り何か喋ることになったとき、田村が舞台に上がったら、観客の中から「おや、あいつは新宿の地回りじゃやなかったのか」という声が上がったほどだった。》の内の、武蔵野館での舞台上のお喋りのこと。

「田村らしいけれど、前にも同じような場合があったな」と、反射的に私が思い浮かべたのは、今も私の手元に残っている、昭和八年春に世に配布された一枚のパンフレットのことだった。現物は薄いピンクの用紙に、タテ20㎝、ヨコ38㎝に表裏に印刷、三ツ折にされており、表紙には、**文芸講演会と舞踊・映画の夕**

と大きくあり、添うように小さく〝五月十日（水）午後六時半於朝日講堂〟、その下〝会員券一円・主催桜の会〟は横書き。その横に、

《朧なる春の一夜を、今や颯爽と文壇に雄叫ぶ尖鋭なる新作家群の気魄と熱意に燃えあがる舌端は、日本舞踊界の最前線に花と舞ふ若き舞踊家と共に、ユナイテツトアーチスト社近来の快作「街の風景」並びに絢爛たるミツキイマウスとを以て溌剌と諸君に呼びかけんとす！　来つて新鮮豪華なる芸術の薫りに酔へ!!》という文章。

そして折の裏面は、上半分〝銀座ロンモ洋装店〟の広告、下半分は同人雑誌「桜」次号の案内。残るその面のあと一頁は、益田隆・他の舞踊家紹介。中を開くと、まず最初に〝1講演〟として、同人の、

闘ひの宣言………井上友一郎　　新しい作家精神……大島　敬司
文学の悪について…河田　誠一　　新しさの問題………坂口　安吾
新文学とモラル……田村泰次郎　　自意識の機制………菱山　修三
贅沢の話…………堀　　寿子　　真実のこころ………真杉　静枝
私の抱負…………矢田津世子

なる演目が記され、以下舞踊の順、アメリカ映画、極彩色短篇漫画の梗概と解説が写真入りでされている。——この日田村は、二十二歳でまだ学生の身だったが、その後書かれた文献（「桜」昭和9／1月号）の肖像漫画入りの戯文には、

《髪の毛をホウフツさせて、それが丁度波の様に。其処に意気サッソウたる所在。我々の力、と題して気焔を挙げる。実に堂々としたる面構へは、当夜の圧巻であつた。笑ふ奴あり。されど、彼氏豪としてユルガズ。人を喰つて、のたくり、壇を去る》とあった。

ちなみに、この日の演者の内のもう二人の演説ぶりも写すと、坂口安吾（27歳）は、

《空想の話をする様な、なんとフンワリしたアンゴ氏。ソツ〱と上手より手を挙げて、愉快に現はれたでス。余の傍でクーパーの様だと言つてました。野糞臭い闘牛士の様な彼に似た者よ。迷へる文壇の先駆たらレヨ。終に又一方の手を挙げて去る。アレはヒットラーですかネ》と表現されており、次いで今は安吾の恋人だったことで知られる女流の矢田津世子（26歳、最初の登壇）についても、

《藤原お天気博士、朝日講堂は土、日の使用料高し。先づ開会の言にウヰツト一番。デイトリツヒよりお先へサツクスーツで、仲々にシツクでした。声がチイセエつて言つた奴があつたが、浪花ブシと間違へてやがる、ゼスチユアも相当なもんや》と書かれていた。

――なおこのパンフレット、出所はいつか市場で買った久米正雄資料の中にあったもので、「桜」を出していた中西書店から久米正雄先生宛封書で出されていた。開封はされていたものの、中に招待券は残っており、久米はこの夜、上京しなかったようだ。文壇はまだ菊池、久米の二大看板の頃で、こんなチンピラ文士達の会に、出て行く気にはなれなかったのかも知れない。

（一九九九〔平成十一〕年五月）

55「もういない女」

田村泰次郎（一九一一〜一九八三）が脳血栓で倒れたのは、昭和四十二年七月、翌年『深い傷のなかで』（講談社）が出た。田村は杉並から世田谷区に転居、体も徐々に回復して、再び作家活動を始めた。しかし倒れる直前の「隠沼」「蝗」「失われた男」等の純文学に近い話題作はもう書くことがかなわず、単行本の話は絶えてしまう。そればかりか、昭和五十年代に入ると、作品数も減少して行く。そんな五十四年、泰流社という所から自費出版と思われる最後の本『昨日の花々』（函付・堂昌一装丁）が出される。

戦前風俗、軍隊生活、そして病後を記した「新宿日常」等私小説風の短篇七つが収められており、二番目にすえられているのが「もういない女」だ。……昭和九年頃の、紀伊国屋の宣伝小冊子「レツエンゾ」の或る号に、田村はモデルとして呼ばれる。編集人は戸蛙一で、何頁かにわたるショート・ストーリイを写真で構成したいと言うのである。場所は新宿武蔵野館と通り一つへだてた新宿ホテルで、自津梶男が執筆活動に使っていることで知られていた。

「別にむつかしいことじゃない。ベットに腰かけて、このひとを口説いているような恰好をしてくれたら、ええのや」と戸蛙は、すでに待機していた、眼の大きな、のびのびした肢体の美人を指して、田村に言った。

「飯田藍子さんと言って、新興キネマの女優さんだ」

田村は、飯田藍子と言えば、竹田連太郎が主宰し自分も入っていた「民衆文庫」の同人高目仁の別れた細君で、今は女優として売り出し中の女ではないか、と気づく。そこへ紀伊国屋社長の田辺藻一も駆けつけ、撮影は進められた。

飯田藍子はさっぱりした女で、その日は何事もなく別れる。が、再会はすぐにやって来た。雑誌「新日本」の主催で、新進作家と映画女優を撮影のため鎌倉海岸へ行く企画でドライブに出かけたのである。車が東京へ戻ったのはもう夕方で、田村達数人が誘われて飯田藍子の家に行った。

「さあ、そろそろ引き上げるとするか」と「新日本」の編集者が言い、男達も腰を浮かした。

「いや、この人は帰さないわよ」と飯田藍子は田村の腕を取って体を押しつける。

二十三歳だったがもう初心でない田村が、そのあと女の誘惑に乗ったことは言うまでもなく、田村が得意とする描写が三頁も続く。——が数日後、田村は尿道を異常な灼熱感が走るのを感じ淋菌におかされたことを知る。田村は友人の叔父が経営するその道の医院を紹介されて出かける。

後半へ行く前に、はっきりさせるべきは人名のことである。戸蛙一は十返肇、自津梶男は広津和郎、田辺藻一は田辺茂一、竹田連太郎は武田麟太郎、「民衆文庫」は「人民文庫」、高目仁は高見順、問題の

飯田藍子は石田愛子だった。そう、「高見順年譜」に、

昭和三年（一九二八）二十二歳（略）制作座はその頃催していた劇団。高見は演出を引き受け、（略）石田愛子と識る。「映画往来」への執筆はじまる。

昭和五年（一九三〇）二十四歳（略）この年、石田愛子と結婚。

昭和八年（一九三三）二十七歳（略）大森署で本庁から派遣された特高刑事に「お前も多喜二のようにしてやるぞ」と「徹底的な拷問を受けた」。長期留置で釈放された。妻愛子去る。

とある女で、そう言えば田村は、高見が武田にくどくどと彼女のことを、未練らしく涙を流して嗚咽しているのを見ていたと言う。

つまりこの出来事は、高見から逃げた女の一年後の話だったのである。そして引き続き高見の年譜を見て行くと、昭和十年（二十九歳）の項に、「水谷秋子と結婚。秋子は名古屋の人。時に二十五歳」という文字が見える。その披露宴には田村も呼ばれ、行くと飯田藍子も出席しており、司会者は女の祝辞を求めた。

「ええ、本日はおめでとうございます。新夫高目君は、かつて私と切っても切っても切れない関係にあった男性でありまして……」と話し始めたが、田村は、

《そのあとは新婦の亜希子夫人をほめあげ、型どおりの祝辞に終えて、着席したが、思いなしか（略）飯田藍子は、その時点においては、まちがいなく女の戦いに敗れ去った者であり、

亜希子夫人は、その戦いに勝ち誇った者であった》と書いている。
戦後田村が、最後に飯田藍子のパトロンとなった男から、彼女が脳溢血で倒れ、間もなく没したと聞くところで、小説「もういなくなった女」は終るのである。
……さて、田村が亡くなった直後、古本市場にその資料類が出品され、それを私が買った出来事については、何度か文章にして来た。先日もその反故類を整理していたら、あの時田村がモデルとなった「女一匹男一匹」と題された「レッエンゾ」の〝フォート・ストーリー〟切抜が出て来たのである。そこには、きちんと、
原作・楢崎勤／カメラ・仙波巌／キャスト・田村泰次郎（作家）／石田愛子（新興キネマ）
とあった（写真はその一場面）。
（二〇〇一〔平成十三〕年七月）

56　田村泰次郎と李香蘭

九月(平成四)は七日から五日間、朝九時〜十時、ＮＨＫのラジオ番組「ハロー・グッデイ」に、「下町古本屋人生」というタイトルで出た。ニュースなどを挟み、正味は毎回四十分。生放送で、ふだんの夜ふかしが六時半に起床するのだから、辛いことこの上なかった。

一日毎テーマが変り、四日目は「日記の話」。ほとんど無名人の日記について、その蒐集経路から整理文章化までを話したが、唯一有名人のものとしては田村泰次郎が戦地で記していた手記に触れた。沢口靖子主演で三年ほど前にテレビドラマ化された李香蘭の半生記にも兵士田村が登場する。

二人は昭和十四年夏「大陸開拓文芸懇話会」から伊藤整等と田村が満洲開拓見学に出かけた時に会って、すでに知り合いであった。田村はずっと中国戦線で兵隊ですごし、最後は古参軍曹。が、軍隊内では選ばれて宣撫班勤務もしている。私が手記と一緒に求めた中には、久米正雄他の慰問団の端に軍服の田村が写っているのもあり、内地にいた頃の新進作家としての名前が戦地でも役立ったことは想像に難くない。過日市場で大量に求めた久米正雄資料の中には、同じ時に久米が中国風寺院の中で李香蘭の背に手をやるようにして写る二人だけのスナップもあった。これは久米の帰国後、その地の将校から久米宛に来た書簡中に入っていたもので、無論久米を含め上層部には李香蘭が日本人ということは周知の事実だったのであろう。この資料中には、

満映明星　　李香蘭
歌舞曲　何日君再来
　　　　夜　来　曲

などの、李香蘭の写真の入る中国語のパンフレットまで数種混じっていた。見開くと右頁に歌詞、左は楽譜である。その歌詞に「ハオ　ホア　プチヤン　カイ」（好花不常開）という風に鉛筆でカナがふってあるが、これが久米の行為だとすると今は一寸悲しい。

ところで、つい最近テレビで山口淑子が上海を訪ね、その旧居を見つけに行くドキュメントを私は見た。老齢の中国人夫婦がこれらの歌を覚えていて、「私があの時の李香蘭よ。一緒に……」と山口まで唄い出したのには驚いた。上海は、民衆が「裏切者の李香蘭を死刑に！」と叫ぶ中、間一髪日本人と証明されて帰国出来た彼女の思い出の地でもあったのである。

……そう言えば、私はラジオ放送の二日目「なんてったって藤村」（ＮＨＫ側のキャッチフレーズ）の中で帰国直後の山口淑子について語っていたのであった。藤村資料の蒐集の中にはこんなものも、という話の材料の一つに新協劇団昭和二十三年の「破戒」上演パンプがあった。そこには若き宇野重吉が瀬川丑松を演じ、山口淑子がヒロインお志保に扮しているのだった。ちなみに、岡田英次、西村晃がここでは教師Ａ、百姓Ｂなどの端役に名を連ねている。滝沢修、森雅之、北林谷栄も出ている。
昭和二十五年、山口淑子は田村泰次郎原作の「暁の脱走」に主演、戦後の反戦反軍映画の代表作となった。この時期の田村を紹介したある文献の「プロフィル」には「李香蘭と艶聞あり」とあった。

（一九九二〔平成四〕年十一月）

57 小山清「離合」

生涯に一篇でもいいから、古本屋を材料にして読むに堪える小説が書けないものかと思って、私は未だに書けずにいる。文学の中にそれをさがしても、中々満足出来る作品にお目にかかれない。三島由紀夫の『永すぎた春』も、ヒロインの実家が本郷東大前の古本屋で、背景に店や業界の模様も描かれ、古書市場でヒロインが競りに参加する場面まである。しかし、簡単な取材で書かれた通俗小説で、当時の業界のことをよく知っている私には、外国映画に出て来る日本人程度にどこかおかしい。梶山季之の『せどり男爵数奇譚』に至っては荒唐無稽の話としか思えない。

週一回の神田の明治古典会に、私は約四、五十分かかる電車で行くことが多く、その往復には必ず何か読んでいる。先日来、若き日に読んだ筈の小山清『小さな町』（昭29）を「離合」というところまで来て、先を読み進めるのさえ惜しくなってしまった。私はここに、私が望んでいた業界を背景にした文学の見本を見たからである。約三百頁に十の短篇が収めちれているが、この作品だけで三分の一を占め、当時ここだけを読み飛ばしてしまったらしい。

「離合」は昭和二十二年、太宰治の紹介で「東北文学」に載せた私小説である。昭和十三年、二十八歳の小山は生地の下谷龍泉寺町で新聞配達をしていた。独身で販売所の三畳間に下宿し、唯一本屋通いをするくらいが道楽の日々であった。配達生活もすでに二年目で、界隈の古本屋はみな顔馴染みだ。付近での老舗格はA書店である。すると、同じ新聞販売店の一つが廃業、そこへ元新聞記者をしていたという杉本という年配者が古本屋を出す。小山はそこで、女の人が杉本から家庭のことなどきかれているのを目撃する。その翌日、小山は杉本夫人から年齢をきかれ、次に立ち寄ると杉本から先日の女の身の上が話された。杉本によると女は二十六歳、左翼運動のことで未決生活をして間もない身で、最近吉原土手に床店を見つけ、毎日通って来ている、と言う。家には父母と弟がいる。杉本に問い詰められる形で小山は、公金横領の罪で八ヶ月刑務所に入った過去まで話してしまう。杉本は女を店に呼び、二階で小山に会わせた。

小山は女の小さな古本屋を訪ねた。会話の中で、毎日多少は余りの出る朝刊を配ることを約束したりした。それから何ヶ月かの女との交際と、女に対する小山の愛憎がスリリングなまでに繊細な感受性で描かれ、別れの手紙を郵便で女に送るところでこの小説は終るのである。

小山はこの作品を書くのに、あの「ありのままに一分一厘もウソやイツワリなしに、さらけ出した」と作者自ら言っている滝井孝作の『無限抱擁』を手本にしたとか。支那事変下の下町の小さな古本屋の店先、建場廻りの模様、「〇〇倶楽部」の貸席で行なわれていた古本市場の点景を含め、古本屋が古本屋である前に人間であること、でありながらその職業特有のものを身につけてしまう哀しさまでが、この作品で小山によって確実にとらえられている、——と私には思えた。

（一九九一〔平成三〕年六月）

58「小山 清」ノート(上)

〝ちくま文庫〟『古本屋五十年』の編集の過程で、蔵前の筑摩書房に何度か用事で寄った。ドアが開くと、一流出版社にしては広くない接客コーナーがあり、そこで文庫の編集者が上階から降りて来るのを待つ。かたわらの棚に出版された本が沢山並べられてあり、ふとそこに『小山清全集』(全一冊)を見つけ、この少しだけ分厚くなった新装版を手に取った。が、内容は旧版と同じらしく、私はがっかりして本を棚に戻した。

その小山清という作家に、私はもう二十年来とりつかれている。丁度三年前には、その年の七夕大市会で、小山と関房子(のち小山夫人)の書簡一括を買ったことで、この欄に「小山清・関房子往復書簡集」なる文を書かせて貰った。すると次の年の大市では、小山の四〇〇字詰六十枚の原稿「ゴタ派」が出品され、これを買う。すでに二十年も前に買った「津軽人太宰治」に続いて、私はやっと小山の小説原稿を手に入れたことになる。すると今年(二〇〇四)七月のこと、明古の普通市に「後記」なる原稿十六枚が出品されていたのである。これが赤毛氈の最終開札にされてはいるものの、もう開札時間寸前というのに、入札者はたった一人という不人気(?)だった。それでも私は、油断なく入札用紙に、

306,000
226,000
166,000
106,000

の金額を入れ、遠くからその場を眺めていた。するとそこへ、自筆物の入札では最大のライバルのお一人、Mさんが近づき、丁寧に小山の原稿を見始めた。Mさんも入札者の少なさには首をかしげたが、真剣な面持ちで多分三人目だった札を入れた。これで私は、少なくも十万円台の落札はないいな、と思った。落札価はしかし、この不景気に一番テッペンの三十万六千円であった。原稿は、

《この本は、太宰治の戦後の作品の中から十二篇を選んで編集したものである》から始まる、太宰没後の作品集（未見）に寄せた解説文で、「日の出前」「嘘」「十五年間」「薄明」「チャンス」「親友交歓」「トカトカトン」「ヴイヨンの妻」「家庭の幸福」等を独自の眼で解説しており、小山は「ヴィヨンの妻」を太宰の代表作の一つとしている。

ともあれ、こうして私はやっと小山の三点目の原稿を蒐集出来たわけだが、話を『小山清全集』に戻したい。確かに小山は、没後四年した昭和四十四年にこの全集が筑摩から出され、古書価は定価の三、四倍にもなった幸せな作家だったが、〝研究資料〟としては不満だった。例えばこの全集には、末尾に略歴的紹介はあっても肝心の〝年譜〟がなかった。各種近代文学全集の中にも小山は小作家扱いの短篇集には選ばれるものの、やはり略歴しかつかない。数少ない〝小山清〟本の中では、

落穂拾い・雪の宿（昭50・旺文社文庫）

だけに評論家小坂部元秀の、七頁に亘る〝年譜〟がついている。ここにはこの文庫に載せら

れている、

落穂拾い、朴歯の下駄、安い頭、おじさんの話、離合、雪の宿、早春、西隣塾記、生い立ちの記、風貌

等の作品解説もあり、生前の著書、『落穂拾い』(昭28)、『小さな町』(昭29)、『犬の生活』(昭30)、『日々の麺麭』(昭33)の解題もついている。万一お読み頂いている中に小山清に興味を持たれる方がおられるなら、今は絶版となっているが、右の旺文社文庫を探されることをお勧めしたい。

ところでこの文庫にも収録されている「離合」だが、新聞配達をしている〝私〟と、非合法運動で捕えられて、今はささやかな古本屋で暮しを立てている〝彼女〟との淡い感情のもつれ合いを描いた作品である。小山はこの作品を書くのに、あの「ありのままに一分一厘もウソやイツワリなしにさらけ出した」という滝井孝作の『無限抱擁』を手本にしたと言われ、戦前下町の古本屋の情景を写して、業界史を志していた私にはこれ以上ない資料となったものだ。文学としても、同じ業界を背景にしている三島由紀夫の小説『永すぎた春』よりも、私には上と思われるが、どうであろう。ちなみに、私が二年前に求めた原稿「ゴタ派」も、内容は戦前小山が通った一古本屋が舞台となっており、

《その頃、私は場末のある古本屋の居候兼店番をしていた》と書き出されている。ここは浅草六区や吉原遊廓も近く、この店へ通って来ている映画会社の大部屋役者、貧乏画家、イカサ

マ麻雀師、自称コンミュニスト、三文文士、新劇の下つ端女優等々を称して〝ゴタ派〟と言っており、小山の眼でその人間模様を描いたものだ。小山は中で、
《古本屋仲間では、棚に並べてまともに商品としては扱えない代物のことを「ゴタ」という。ゴタは店の前にリンゴ箱を二つほど並べた上に戸板を横にしてその上にゴタゴタと置かれて、拾銭の札を立てられる。連中もこの店になんとなくゴタゴタと集まってくるわけなのだが、いつ誰が言いはじめたともなく、ゴタ派という名称のもとに自分達が一つのグループに属する者としてお互いを認識することになっていた》と、〝ゴタ〟のことを説明している。
そして小山を知る人なら知っている代表作と言えば何と言っても「落穂拾い」だ。ここには無類の古本好きだった作者と、店番の娘とのほのぼのとした交感が、これ以上ない繊細巧緻な筆で書かれて出世作となった。
――さてごく最近の市場で、私は戸石泰一という人の、「一時期―小山清君のこと」という二〇〇字詰原稿用紙一四四枚もの文献を手に入れたのである。次回はこの資料を元に、〝知られざる小山清像〟に迫れたらと思う。

（二〇〇四〔平成十六〕年十月）

「小山清」ノート(中)

ごく最近の市で私は、戸石泰一（一九一九～一九七八）の「一時期―小山清君のこと」なる

原稿を一万円の値で求めた。掲載誌の指示はなく、今のところどこに発表されたものか、または未発表かは分からない。ただ私は、戸石泰一の名は昔阿川弘之氏に、森田実蔵という人の件でお尋ねした折葉書を頂き、そこには、

《……森田は、戸石泰一・千谷道雄と共に東大国文科時代もっとも親しかった友人です》とあって知っていたのである。

この名はまた、『日本近代文学大事典』にも載っていたことを、私は今度知った。小説家、宮城県生。東大在学中より太宰治に師事。南方戦線に赴き、戦後八雲書店に入り『太宰治全集』の編集に従事、――とあり、この経歴なら小山清との接点があっても不思議はない。戸石の原稿の文章は、

《机の上に一枚の写真がある。／小山清の結婚式のときの写真である。》と書き出される。昭和二十七年のことで、新調の背広で改まった姿勢の小山に比し、新婦の房子はその正面を見つめる眼がどこか淋しげだったと、戸石は書く。媒酌人は亀井勝一郎、左に井伏鱒二夫妻、右に故太宰治夫人津島美知子。そして後列に阿川弘之、古川太郎などと共に戸石も写っている。

「戸石が小山を知ったのは戦後である。故郷仙台の河北新報社へ就職、そこから出していた「東北文学」へ載せる小山の原稿を、太宰に言われて運んだ時からと言う。それが「離合」で、戸石には何とも面白味のない作品としか思われなかった。小山と初めて会ったのは太宰が自殺した通夜の時で、小山の、膝に両手を置きぎこちなく皆に挨拶する姿があった。戸石はこの葬儀

を機に、八雲書店から誘われ『太宰治全集』の編集をするため上京、小山の方も北海道の炭鉱を切り上げ上京した。門下の田中英光が大活躍しており、まだ売れているとも言えない小山が、その田中に意外なほど敵愾心を見せるのに戸石は驚く。

「田中とは信じ合って行けよ」と、すでに太宰は言っていたのに、田中は小山を裏切る文章まで平気で書き散らしていたのだ。その田中も昭和二十四年十一月三日に自殺。その頃から、戸石は小山と頻繁に往き来するようになった。小山は下宿先の吉祥寺から戸石のいる三鷹まで歩いてやって来た。二人は玉川上水に沿って、太宰を語り文学を語って歩いた。こうして小山の友人関係も戸石が仲立ちし、阿川弘之、藤原審爾、真鍋呉夫、庄野潤三と広がる。戸石は小山の、中々に単純な面ばかりでない多面性を感じるようになる。将棋をさしても、一緒に水泳に行ってもそれは感じたが、映画を観に行けば行ったで、小山がきわめて垢抜けした映画通だったことを知らされるのだった。

小山の書くものもその通りだった。「自分の『たけくらべ』だよ」と言って書いた小山の「桜林」に戸石は、作りものを感じて反撥した。小山の結婚後も二人のつき合いは続いた。戸石の小説は、戸石が認めない小山のよりもっと評判にならず、戸石をいら立たせた。その上『太宰治全集』の八雲書店が左り前になり、井伏鱒二らの人々に不義理をしたまま、戸石は別の出版社に移った。

太宰の本を各社が競って出すようになったが、その作品解説の仕事は自然と小山に廻った。

戸石は酒に酔って、

「小山君は太宰神社の神主だものな」と陰口をきいたりした。二十八年十月、太宰の最初の文学碑が山梨県の御坂峠に建てられることになる。建碑式では、小山が弟子を代表して挨拶したが、戸石の役廻りは病欠した豊島与志雄の祝辞代読だった。すでに往路戸石が小山に、「代読も自分でやれよ」と悪態まで吐いており、二人の仲はそれ以来疎遠となってしまう。

戸石は夜学の高校教師となり、次第に文学ばかりが人生ではない、と思えるようになった。やがてお互いの家すら知らなくなった。桜桃忌の一切は小山の仕事となり、そのうち戸石は、筑摩書房の『太宰治全集』も小山の責任編集となったことを知った。

が、昭和三十三年秋、戸石は小山が脳血栓で倒れ、続いて失語症になったことを聞く。戸石はどういう表情で逢えばよいのか分からず、見舞いに行く気にもなれない。夫人が自殺した時もそうだった。小山は四十年三月六日、急性心不全で死んだ。戸石はこれには出席した。

昭和四十四年、『小山清全集（全一巻）』が筑摩書房から刊行され、戸石は改めて小山の作品を読んだ。戸石はこの時初めて、小山の文学について何一つ分かっていなかったのではないかと、気づく。特に戸石は、小山の葛西善蔵について触れた文章を見て眼を見張った。ある日、小山は太宰に「才能のある作家は、地味なんてことがあるわけがないですね」と言った。するとと太宰は即座に首肯し、「嘉村礒多は大派手だよ」と言ったと言うのだ。戸石はあの昔けなした「桜林」を思い出して言う。

《小山君の中には、傲慢さもあったが、同時に砕かれた心のつつましさもあった。図々しくもあったが、ユーモラスなところもあった。野暮であり、垢抜けていて、派手でもあった。そしてそれら全体をひっくるめて、小山君はやはり誠実であったのだ。（略）ものにとらわれるということは仕方のないものだ。》

私は戸石の〝ものにとらわれるということ〟の中に、己の〝東大出〟があったように思えてならない。戸石がこの文章を書いたのは内容から昭和四十六年と思われ、このあと七年して戸石も亡くなっている……。

（二〇〇四〔平成十六〕年十一月）

「小山清」ノート(下)

私は、戸石泰一の眼を通して小山を語ったわけだが、では私自身の正直な小山清観を述べてみたい。それは戸石と同じように、私もまた小山を見誤っていたのかも知れないからなのである。

小山が残した文学の世界は限られたものであった。それは幼少年期の生い立ちであり、青年期の新聞配達員時代の記録であり、好きだった古本と古本屋の思い出であり、夕張炭鉱で働いた記憶であった。その上小山の文学活動期間は、処女作と言ってよい「離合」発表の昭和二十二年（三十七歳の時）から、昭和三十三年（四十八歳）秋に脳血栓で倒れるまでと短い。

私はそのことを知って、不遜にも一時期（今も続けて）小山の文学生活に己のそれを重ねてみたのだった。

自分の十四歳からの日記癖は別として、公けに文章らしいものを書き始めたのは『古本屋三十年』を出した昭和五十七年から（正確には昭和五十二年の『昭和少年懐古』がある）である。その後平成八年・六十三歳の時、久鬼高治氏の同人誌「煉瓦」に入って小説も志した。無論、師匠と拝ぐ作家は島崎藤村で、それを私は公言してもいた。しかし手本とするには余りに大きすぎた。かねて何となく好きで、手本となりそうな作家が小山だった。何しろ寡作で、活躍期十一年というのは、まだ私でも生きられる年月ではないか。私は小山の三十七歳時に六十五歳を出発点として重ね、己の十一年間の未来年表を作ったのだった。

それから早くも八年が経つ。小山が十一年間に書いた創作（みな短篇）はわずかに四十ほどで、年間四篇に充たない。作品集は『落穂拾ひ』『小さな町』『犬の生活』『日々の麺麭』の四冊。私がこの八年で同人誌に書いた作品は十二篇で、創作集は一冊も作れなかったが、本は編著を入れると十冊を出した。小説の反響はどうだったか？　わずかに、石尾光之祐氏のことを記した「古本屋『江東文庫』伝」が、一ケ月後の「文学界」〝同人雑誌評〟、ベスト5に選ばれたのと、安岡章太郎、古山高麗雄達の交友関係を年代記風に記した「『悪い仲間』考」が平成十六年度『文藝年鑑』〝同人雑誌〟欄に取り上げられている程度。この後の三年で、小山に対比出来る作品の一つでも書けそうかと言えば、それはもう心もとない話だ。では、小山の非凡さはどこにあったのだろうか？

もともと小山は、太宰治に師事したとは言うものの、年齢は師の二つ下（田中英光はそのまた二つ下）でしかなかった。昭和十七年七月、太宰は小山の習作を見て、葉書を出している。《（略）こんどの作品も、いいものでした。ジャーナリズムは、どたばたいそがしい中で君の作品を静かに鑑賞できないのは無理もないと思ひますが、残念なことです。必ずいつかは正当に評価されると思ひます。（略）まあ、君も、太宰といふ読者をハッキリひとり得たのですから、それだけでも、ちひさな成功の一つと信じて下さい。》

こうして小山は、昭和二十年三月、龍泉寺町が空襲で罹災したあと、三鷹の太宰のもとに身を寄せ、太宰が疎開したあとの留守宅を預かっている。その留守番で太宰に化けて婦人記者に応待する経験を書いたのが「三鷹綺譚」（のち「メフィスト」と改題）であるが、処女作は二十二年の「離合」であることはすでに記した。ところで、そんな小山のことを太宰門下の堤重久は、小山が先に帰った太宰の言葉として、「だがね。正直のところ俺にはなんだか、小山がこわいんだよ。ここだけの話だがね。お前にはどんな風だった？」という話をしている、と小坂部元秀が〝旺文社文庫〟『落穂拾ひ・雪の宿』の解説で紹介している。

それは昭和十一年、小山が島崎藤村のペン倶楽部事務局で働いていた時の、公金使い込みという経歴のためなどでないことは確かだ。むしろその事件の時、本来は刑務所に入るほどでない事情だったのを、本人がかたくなに受刑を希望したということが象徴する、小山の性格の何かを太宰は恐れたのかも知れない。

またもっとさかのぼっては、十六歳の時の中里介山「西隣塾」での逸話も思い浮かぶ。ある時「大菩薩峠」の朗読会をすることになり、塾生がそれぞれの役をきめることになった。介山が、「小山君は与八がいいだろう」と言ったのに、小山は「僕はピグミーになりたい」と返したというのだ。ピグミーとは眼も鼻もなく、「胃袋は自尊と虚栄でパンクせんばかり」で、机龍之介に真つ二つに切られる醜怪な生き物のことだったのである。

このあと介山のもとを離れた十八歳の小山は、戸山教会の高倉徳太郎からキリスト教の洗礼を受ける。そして家出、神戸の貧民窟に賀川豊彦を訪ねたという話もある。この賀川、先の藤村は明治学院の出であり、小山の最終学歴が明治学院中等部ということは無縁ではなかったかも知れない。

こうして分かるのは、小山の人間関係の華麗さである。すでに記したようにこのあとも太宰に師事し、井伏鱒二、豊島与志雄、亀井勝一郎に目をかけられ、戸石の紹介で知った阿川弘之、庄野潤三、藤原審爾、真鍋呉夫と友人関係を持つ。小山に妻となる関房子を紹介したのは亀井夫人だし、媒酌をしたのは亀井夫妻、出席が井伏夫妻、太宰未亡人、阿川、戸石など。そして小山が倒れた時には阿川弘之、庄野潤三が発起人となって小山に見舞金を贈ろうということまで起きた。小山はどうやら、人が面倒を見たくなる人柄のようなものを持っていたのではないか。

（二〇〇四〔平成十六〕年十二月）

59　小山清・関房子往復書簡集

平成十三年七月八日(日)、東京古書会館における明治古典会七夕大市会が終了した。前後、株価の低迷が報じられる中でのもので、やはり全般に景気はいま一つであった。そんな中、私は一点だけ道楽買いをした。目録にある、

小山清・関房子往復書簡集

小山清七通、関房子八通　他に関連の友人知人書簡四通共

で、底値は七十万円。ここで〝底値〟について説明すると、出品者がこれ以下では売らないという意志を示した数字である。もっと言えば、この値で買えない方は入札しても無駄ですよ、と言っているわけだ。つい四、五年前は一律五万円が最低値だったから、人気商品には二十人も三十人もの札が入札封筒に満ち、その一々に書かれた数字を改めるだけでも大変だった。だから下見後の入札会も、二日間を要した。それが〝底値〟方式に改良（？）されてからは、扱う点数は同じでも入札会は一日で終えるようになった。

しかし陳列公開してお客様に下見して貰う方は未だに二日を取っている。さて、私がこの大市会に参加し始めたのは昭和四十年からだから、すでに三十六年が経っている。六十八歳の今も、前日の陳列作業からだから延べ四日間この大市会に詰めるので、やはり疲れる。その下見の場所で、疲れると唯一会場の隅に置かれた椅子に座るのだが、今回目の前のショーウインドウに並べられていたのが、小山清書簡だったのである。私は、まるで見るのを乞うているよう

なその一束を眺めた。

……昭和二十七年一月、仙台の女性関房子は、上京して小山と見合いをし、同十八日、彼女は帰仙して、「先日御多忙中を度々お邪魔になりまして、お心づかいのおもてなしを色々とありがとうございました」という書き出しの第一信を小山に出した。小山は、その時送られて来たお菓子の礼を述べ、末に、

「芥川賞はやはり堀田善衛氏が受賞しました。僕は天分薄く、またこれまで努力も足りなかつたのですが、これからも仕事をつゞけて行く命脈をなんとか保持してゆかれたらと思つてゐます」と書いた。

すでに小山は四十二歳になっていたが、女性は〝レディー洋装店内〟とあり、裁縫師だった。その関房子は昭和四年神戸市生れ、同十八年神戸市立成徳高女卒の、未だ二十三歳の娘だった。娘はそれから三月二十三日までに八通の手紙を書き、結婚を承諾、めんめんと娘心を記し、「私は貴男様を信じ切つて居ります……何事も貴男様のなさる事に私はついて行きます」と続けた。

ところで、私はこの品を入札会でもう一度見る(下見品は一度撤収され、時間を切って二〇〇~三〇〇点位ずつ入替えた置入にする)ことになるが、入札者はなかった。小山に全く人気がないのではなく、七十万という底値が業者を拒絶しているのだ。私は毎年のように一度はその一冊本の全集を開くほどに気になる小山のこの資料に、そっと底値での入札をした。

ところで、その全集にもある〝往復書簡〟の小山の手紙は五通、この度購入したのは七通である。まだ全集に印刷されてない二通の内の、消印二十七年三月十三日付の方を左に写してみよう。


四日付の手紙見ました。

便りおくれてすみません。

毎日誰かが訪ねて来て、気持が落着かず、そのまゝにしてゐました。

今日も人が来て、さきほど帰つたところです。

昨日「新潮」を別送で送りました。けふは久し振りでいゝ天気で、もうすつかり春の感じです。

仕事に励み、家庭を守る以外に生活はないと思ふ。僕はいろいろ駄目なのですが、あなたが来たら、確つかりします。

仕事がひとくぎりしたら、ゆつくり便りをします。いろいろ気をつけて下さい。

亀井先生にお便りをしてみたら。

走り書きでごめんなさい。

十二日　清
房子様
これは三月四日付で、房子が、「お仕事が忙しいでしようとは頭では分つて居りながら、私の感情がどうしても待ち切れず、つい貴方に便りの催促をして、悪い房子です」なる書き出しの手紙への、小山の返事であった。

この頃小山は、「小さな町」を「文学界」一月号に、「落穂拾ひ」を四月号の「新潮」に発表している。五月一日、二人は亀井勝一郎宅で挙式。武蔵野市吉祥寺二七五三〝新田方〟で新婚生活を出発させる。翌年には長女、昭和三十年には長男が誕生した。

が、結婚七年後の昭和三十三年十月三日、小山は脳血栓で倒れ、強度の失語症に陥る。不幸は重なり、三十七年夫人房子、ブロバリン嚥下により自殺。四十年三月六日、小山清は急性心不全のため、五十五歳で死去。

なお、今度購入の資料を調べて分かったのは、〝友人知人書簡〟中の亀井斐子名の一通は亀井勝一郎夫人のもの、津島美知子名の二通は太宰治未亡人のものである。津島の書簡は失語症になった小山を慰める切々たる文章で、中に、

シオンのむすめ語れかし／わがあいのきみに／野辺にてか／幕屋にてか／

あいまつらざりし

等の讃美歌の幾つかが、別紙に清書されて入っていた。

（二〇〇一〔平成十三〕年八月）

60 古山高麗雄氏と話したこと(上)

三月十五日付朝刊で作家・古山高麗雄先生の死を知り驚く。近々会って下さるという約束があり、それが伸びのびになってはいたが、私はお会い出来ることを疑ってはいなかったからである。享年八十一歳であった。

昨年十一月、私は思い立って、大分ごぶさた（と言っても電話でしかお話していない）していた古山先生に電話をかけた。その日、三度かけた夜八時頃に、ただ「はい」とだけ応答があった。

「四、五年前、石山晧一さんからご紹介されて、二度ほどお電話したことのある、青木と申します」「ああ、覚えてますよ」

「先生のことは、時々雑誌の作品の上で拝見しています。石山さんのご消息、分かりますか？」

「石山はね、死にましたよ」「は？」

「去年八月にね、自殺しました」「びっくりしました」

「理由は分かりませんがね」

「確かつるや旅館のオーナーだったとか？」

「そう、彼は北川の方のつるやでした。そこの女将と一緒になってたんですけど、女将が亡くなって、別の昔の初恋の女性と再婚して、保土ケ谷の方で暮してたんです」

「このところ、ＮＨＫのラジオ深夜便に、突然先生の声が聞こえて……（それはそれは、と先生）、いつぞやの、気楽に電話くらいかけていいんですよ、を思い出しかけてしまいました。本当にご活躍で」「いや、私はいつも自然体です。電話も、いやな時は切ります」

「いや恐れ入ります。すっかり偉くなられた安岡章太郎氏の顔が浮かぶもので……近年中に文化勲章も、って言う人もいます。先日テレビで文化功労者になったことが流れて、朝日新聞には、自称〝劣等生〟を国家が文化功労者に認定したのでは？の記者の質問に、『劣等生の方が賞をもらいやすい。優等生だと珍しさがないから。でも僕は、国家や文化にはあんまり貢献してないんじゃないかな』って言ってます。本気でしょうか？」

「僕には分かりません。でも安岡は偉くなりました。僕も、江藤淳が元気な頃よく、芸術院会員になるようにがんばれなんて、一生懸命けしかけられたこともありましたがね」

「この何年で、お二人とは因縁浅からぬ人達が次々亡くなりました。まず佐藤守雄さん、疋田寛吉さん、古山さんを世に出した江藤淳、そして安岡文学を否定的に論じ続けた川嶋至、石山皓一さんもどちらかと言うとアンチ安岡になってしまいましたね」

「確かに、身近な人間から見ると安岡の文学は人を傷つける面がありましたね。もっとも苦しんだ人は『幕が下りてから』のモデルにされた今井達夫さんでしょう」

「古山先生など『悪い仲間』の主人公とも言っていいし、『私説聊斎志異』にも重要な役所を与えられています」

「あれは、あくまで、安岡の見た古山です。僕のことは僕が一番よく知ってますよ。でも、人は『悪い仲間』の藤井高麗彦を僕と思っている……」

「さすがに『私説聊斎志異』以後は、古山先生が出なくなります」

「僕なんかも、安岡のことは書きにくいですね。知りつくしているところがある……」

「でも、お二人は戦死した倉田博光には、どうしてあんなにこだわるんでしょう。安岡氏は『悪い仲間』で先生に次いで多く書いたあと、『王様の耳』では〝豊田福光〟として、出ずっぱりにさせます。要するにこれは、〝僕と豊田〟が軍隊への志願手続きを取ろうと約束した朝、〝僕〟だけは約束を果たさず、出征した豊田が戦争中行方不明になったと、戦後聞いて『豊田が戦死したのだとすれば、豊田を殺したのは僕だということになるかもしれない』と告白しますね。しかし古山先生までがどうして倉田博光にこだわるんでしょう。何しろ、私の読んだだけでも『真吾の恋人』他、もう四、五篇で倉田のことを読んでいます。何故ですか？」

「うーん。慚愧の念と言うか……私と巡り合ったことで、引きづられて、あんな運命に合ってしまったのではないか、そういう思いですね。書いても書いても書き切れないのですよ。一つだけ直截に言うとね、倉田の童話を読んで、僕がほめたのです。そして仲間になった。彼は本当は日立製作所の重役の御曹子だった。それをねえ……」

「真吾というのはペンネームですね」

「そう、山田真吾が倉田のペンネームだったのでシンゴね。『悪い仲間』の他の四人、高山彪はヒョウ、安岡はタロウ、佐藤はモリオ、私はコマオと呼び合ってた。だましだまされ色々あって、結局〝徴兵猶予取消願〟を出して徴兵検査を受けたのは、倉田博光だけだったのね。これは思いが残りますよ」

「結局高山と倉田が戦死、そのあと全員が出征して無事でしたが古山先生は俘虜収容所にいたことで戦犯容疑者になります。安岡氏は出征前の戦時下の青春を書いて、先生は戦犯体験を書いて芥川賞作家になります。ところで、先程の『真吾の恋人』では当時の倉田の愛人が現われますね」「そう、私の小説を読んで出版社へ連絡して来たのが始まりです」

《互いに、すぐわかった。タミさんは、視線が合うと、笑顔で会釈をした。／「タミさんですね。あれから四十年ですね」／「ほんと、久しぶりですね。あなたも昔のままだ」》──四十数年後の再会の場面である。

「古山先生、済みません。石山さんのことも少し聞いていいですか?」

「ええ、どうぞ……」

（二〇〇二〔平成十四〕年五月）

古山高麗雄氏と話したこと(中)

「最初言いましたように石山皓一さんに紹介されて、六年前に先生に電話したのです」

「石山の紹介と聞いて、私もあなたのお話を聞く気になったのですよ」

「実は石山さんとも私、電話と文通しかありませんでした。無論安岡章太郎や佐藤守雄さんの文章で石山さんに興味を持っていました。すると一九八八年に石山さんの『死にゃあいいんだよ物語』が出て、佐藤さんが送ってくれたんです」

「牧羊社の、安岡の石山宛軍事郵便や、私と安岡、石山の三人を土門拳が撮った写真が載ってるやつでしょ。川嶋さんの跋文も入ってましたね」

「そうです。あの『恐らく君はいま船房亭にはゐまい。もう何処かで軍服を着、〝石山皓一、便所へいつて参りまス〟などと大きな声を出してゐるに違ひない。小堀も巖も、もう東京にはゐないだらう。青馬は遂ひに潤の云つたやうに南の第一線で勢ぞろいする訳じやないか。椰子の実を割つて酒を汲みかはす日も程遠からぬことと思ふ。先づそれまでは、互ひの身をば大切に、武運の長久を祈つて、君の出征を祝する次第……』などという安岡氏の関東州旅順第七九部隊川村隊付で出された葉書が写真版に載る本で、昭和二十年四月差出しです」

「いやあ、四十年もしてあんな本を書ける記憶力に驚かされたものです」

「あの本を読んで、石山さんがすでに詩集『私詩十六片』というのを出されてることを知り、手紙をしたためたのが始めでした」

「あれには僕が跋文を書かされてます」

「それを送って貰いました。何ともすがすがしい恋愛詩集でした。あそこによまれているのが嘉江さんですね」

「さっき言った通り、石山は前は熱海つるやホテルの娘福子さんと、伊豆北川で温泉旅館を経営してました。福子さんに先立たれて、昔の恋人だった嘉江さんと再婚したわけなのです」

「先生とは、戦前からのお友達ですか？」

「私は二十六年頃安岡に紹介されました。石山は戦前、薬研堀のコーヒー店に安岡に連れられて行き、私に会っていると言うが、私は憶えてないんです。でもその後は二人共安岡と疎遠になったのに、四十余年のつき合いになってしまった。近来はさすがに電話ばかりでしたが、五年位前一度青山の独房（仕事部屋）に寄ってくれたんです。あまり散らかってるので、『なるほど、これでは奥さんが寄りつかないのも無理はないな』って言って、私と妻との関係を心配してくれました。『いや、外で待ち合わせて食事したりはしてるんだ』って言ってやりましたがね」

「すると三、四年してやはり石山さんの『戦末派青春日記』を見つけたんです。これには〝古山高麗雄学兄〟として長文のあとがきが書かれていて、悪い仲間のことが全て分かります」

「意図はそんなものではないが、安岡章太郎研究には欠かせない日記ですね」

「印象に残る箇所としては？」「安岡が初期『オール読物』に載せた〝美人競争〟という小説がある。どっちかと言うと軽いものです。戦時下、十八年頃の銀座での話で、〝僕〟は大学での悪友四、五人に、街頭でヨーイドンで散り、いつもの〝ブチ猫〟に女を引っかけて連れて集まり、誰が美人を連れて来たかを競い、これには〝僕〟が賞金を出す、が、ビリは罰として全員の食事代を払うことにしよう、と計った。この時もっとも揶揄的に描かれるのが〝石山〟（名の方は京一にされている）で、この頃慶応の三美男子と評判だった青年も、からきし度胸がなく、女を連れて来ることも出来なかったというのです。ところが日記を見て驚いたんです。石山はこの挑戦を受け、小堀延二郎と二人、二人連れの女をつかまえて連れてってる。石山はそればかりか、日記でその女と何度も関係し、その後半年もつき合ってるんです」

「このことで石山さんに聞きましたか？」

「聞きました。『第一あの小説でも〝僕〟安岡は告白してるでしょ、〝僕〟はあらかじめある学友の女に話をつけ、一日借り出してこの競争に参加してたんだよ、その位のことを平気でやる奴だった』って言ってました。しかし石山には悪いが、あの辺りの日記が変に小説的なんだなあ、安岡に対抗して後日手を入れてるのかなあ、って、私も小説家だから少し疑ったりしましたね」

「そもそも安岡氏と石山さんはどうして仲違いするんですか？」

「元々慶応の予科からずっと仲良しだったのが、もう安保の頃から直接会うこともなくなった、って言ってました。安保は昭和三十五年ですよね」

「いや、思い出します。『たとえばぼくは〝海辺の光景〟を一つの姥捨物語として読んでしまう』という書き出しで、〝幕が下りてから〟については、『恩人の妻とみそかごとの物語、或いはそうした作品を公表することで名利を得、二重に苦悩を与える物語……』とまで昭和四十年代には石山さんは安岡文学を批判するようになりますね。川嶋至さんの論と似ていますが」

「そうですね。安岡の年譜も初めは、例の『ガラスの靴』を『昭和二十五年八月、石山皓一につれられて奥野信太郎邸に行き読んでいただく』とあったのが、最近のは、『石山皓一につれられて奥野信太郎に会いに行き、短篇を見せる』になってる筈です」

「でも先生、今後何十年か後にも安岡作品が残ると仮定すると、モデル問題は忘れられ、石山さんの批判も忘れられてしまのではないでしょうか?」

「うーん。そういうことになるのかなあ……」


（二〇〇二〔平成十四〕年六月）

古山高麗雄氏と話したこと(下)

「先生、お疲れでしょうが、もう少しだけお願いします。佐藤守雄さんの話をこちらで話しますので、聞いて下さい」

「いいですよ。福島の佐藤の所へは二度行ってます。」

「佐藤さんと安岡章太郎は十三歳からの日比谷中学で五年間一緒でしたね」

「そうらしいですね。安岡のもっとも古い友人でしょう」

「『曲がり角で』、これは〝若いころの安岡章太郎・古山高麗雄たちとの交友に触れて〟という長い副題のついた本でした。私がこれを見つけたのはもう十二、三年前です。私は驚くと同時に落胆したんです。簡単に経過を話しますと、安岡は講談社版の全集を出した時、かなりの資料を処分した。それが古本市に出て、文学青年的興味から私が買ったんです。そこに、今は文学史上有名（?）になっている安岡の幻の作品『衣裳と冒険』の全原稿があった。その他にもあったのが『駿河台ハウス』で、筆者名は佐藤杜夫ですが、その一部を使った『サアヴイス大隊要員』が安岡作品にあるので、その元稿と思ってたんです。しかし『曲がり角で』の内容と〝サトウモリオ〟名からも、『駿河台ハウス』は佐藤さんが書いたものと判断する他なかった。佐藤作品では値打ちゼロです」

「なるほどそれで落胆した」

「次の年の春、佐藤さんが上京して、私の家に寄ってくれました。そこでこの作品は佐藤さんの作品だったことが決定的になった」

「安岡には、聞かなかったんですか?」

「『古本商売蒐集三十年』を出した時、――あの安岡資料入手の顚末も書いてあるので、安岡氏には送本しました。でも葉書一通戻らず、ああ黙殺されたんだなと思い、それからは安岡文学を徹底的に研究してみようと思った。結果は、その才能と作品は認めないわけに行かなくなりました」

「なるほど……」

「ところで先生、この『駿河台ハウス』という作品、ご興味ありませんか?」

「佐藤からはその小説をあなたが持ってるってことと、あなたを訪ねたことは聞いてますよ」

「あの作品、思えばメンバーは変りますが、〃悪い仲間〃戦後篇と言っていいものです。何しろ昭和二十三年、兵隊帰りの学生達を中心とした話です。彼等が、今のお茶の水〃山の上ホテル〃辺りにあった、米軍将校のための接収ハウスの留守番をするわけです。そもそもこの仕事を見つけたのが佐藤さんで、安岡は紹介されて、同時進行で別なところで同じ仕事をしていた。このお茶の水の家屋は、佐藤さんともう一人のたくましい兵隊帰りが組んで勤務してるんですが、ここへ訪ねて来るのが安岡や石山皓一や戦後の友人達です。またガード対メードとして知り合う四、五人の娘達なんです。当然ここで、安岡は〃年譜〃通りに、鵠沼の住民でカリエス病みの青年として描かれます。何事に対しても、例えばそれが衣服のことでも、鶏のことでも、洋式トイレのことでも、大変な博識ぶりをひけらかす男として描かれます。注目すべきは、あの出世作『ガラスの靴』のモデルがこの小説に登場していることです。そして小説中で安岡にこんな言葉を吐かせている。『夕方、カナカナゼミが鳴き出したんだ。そしたら河合安江は、あれはこの位の鳥でしょうと言い、いくら僕がセミだと言っても、手で示して、この位の鳥よと言って聞かないんだ』と。その上『安江はミルクの匂いがするんだぜ』とも。これが『ガラスの靴』の元題『ひぐらし』の元となった出来事なんです」

「面白いですね」

「で、私は佐藤さんの来訪時に聞いたんです。では、どうしてこの原稿が安岡家から払い出されたんですか、ってね」

「どういうことだったんですか？」

「何か材料ないかって、忙しくなった頃に安岡がやって来て持って行ったものと言うんです。何しろ、戦後すぐには合作小説を書いたりもしていたらしい」

「安岡は返さなかったのでしょうか？」

「佐藤さんも、もう必要ないと思ってたらしい。それに安岡側とすれば『サアヴィス大隊要員』で利用したし、返しにくかったのかも知れません。……というわけで、この小説、お読みになりません？」

「是非読んで見たいと思います」

「何しろ、後半はワラ半紙のノートになってしまうので、全二百数十枚ありますから、拡大コピーし、この男が安岡、石山さんとキチンとモデル表も作って、渡します。お願いは、お届け方々、先生のお話を少し伺えないでしょうか」

「ええ、いいですよ」

「いつ頃に？」

「それがね、私は今本当に忙しいのです。文芸家協会の役も、日本競馬会の役も、やっと降ろさせて貰ったんですが、何だかだとまだ二、三役に加わってましてね。『新潮』にも『文学界』にも書く約束をしてますし、まあ、来月辺りでよければ会いましょう。実は東京へは月に二度位出て行きます。今でも青山の仕事部屋はそのままで、疲れるとそこで休んで帰るんです。近くには気のおけない喫茶店がありますから、そこでお話しましょう。で、あなたの方からは、取りあえず葉書でも出しといて下さい。必ずご連絡しますから……」

「いや、あの〝藤井高麗彦〟の本物に会えるなんて感激です。でも、お詫びしておかなくてはいけませんのは、私がもっとも興味を持っているのは、本当は安岡章太郎氏のことかも知れません。そのことはどうか……」

「そんなこと、初めての電話の時から分かっていることですよ」………


（二〇〇二〔平成十四〕年七月）

61　安岡章太郎の死

平成二十五年一月三十日の朝日新聞は、安岡章太郎（92歳）の死を報じ、「26日午前2時36分、老衰のため」とあった。二月四日の同・文化欄は菅野昭正の「差別目撃、作風に変化」を載せた。安岡の生涯にはいくつかの転機があり、一例は「カトリックの洗礼を受けたこと」そして被差別部落をめぐつての発言には「安岡のアメリカ滞在があった」と論じる。また同日の東京新聞夕刊には三浦朱門の「文学者の体臭」が載る。「彼こそは『第三の新人』の核心的存在であった、遺族が親しい文壇関係者にも知らせず葬儀を行なったのも、いかにも安岡らしい告別の仕方であろう」と書いた。

そして朝日三月三日の「ニュースの本棚」には富岡幸一郎が「第三の新人とは」をまとめている。「第一次戦後派」とは野間宏らが、「第二次戦後派」は安部公房らが、次いで「第三の新人」として安岡の他に阿川弘之、遠藤周作、小沼丹、近藤啓太郎、小島信夫、島尾敏雄、三浦朱門、吉行淳之介の多士済済がいた。中でも安岡の出世作「ガラスの靴」は、半世紀以上後に出た村上春樹の文体を彷彿とさせる、とある。そして小島の『別れた理由』と共に、安岡の『流離譚』を、「……三十余年を経て、まだ未知の文学として生き続けている」と、結んでいる。私は朝日とお共（サービス）の東京夕刊しか取っていないので他紙のことは分からないが、東京の「大波小波」欄には三度安岡の死につき書かれていた。また幾つかの文芸誌も追悼号を出した。

――さて、少し唐突だが、私が昭和四十六年に安岡の処分した生資料を市場で買った次第は、古通刊の『「悪い仲間」考』（平19）に書いた通りである。私はこの本を書くのに三十五年も要したが、ここからはその作業三十年目あたりに次々と私をうながすように出現した安岡の旧友の本三冊を紹介することにしたい。まるで著者二人に加うるに、孤独死が報じられた古山高麗雄もこの三冊を二人に書かせたように、その頃の私には思えたのだった。

(1)曲がり角で　佐藤守雄・昭58　自刊
(2)死にゃあいいんだよ物語　石山皓一・昭59　牧羊社
(3)戦末派青春交友日記　石山皓一・平4　小沢書店

(1)ある時、市で五六本の大山を買った。必要な十冊ほどを選び、あとは捨てようと縛り直し、たまたまこの本が上に来て表紙を見る形になった。「若いころの安岡章太郎・古山高麗雄たちとの交友に触れて」と、タイトル下に印刷されていて驚く。内容は自伝で、古山さんの紹介ですが卒論に安岡章太郎論を志している者です、との学生の質問の手紙が来たことを枕に文章は始まる。こうして佐藤の、安岡との回覧同人誌から始まる交友があり、やがて皆次々と兵役につきそれぞれの敗戦を迎える。誰彼は戦死、古山は捕虜収容所に、生き残りの佐藤、安岡は大学に戻った。

佐藤は職業安定所で珍らしいアルバイトを見つける。進駐軍の接収家屋の留守番役で、駿河台の今の山の上ホテル辺にあった。めったに主（あるじ）の来ないこの邸宅には、安岡など昔の仲間がよく集まった。安岡の文壇的処女作「ガラスの靴」はここへ遊びに来た女性の一人がモデル。佐藤は卒論と「駿台ハウス」という小説まで書き始める。これを知っていた安岡は、のちこの材料を借用、「ハウスガード」(時事文学賞)を発表した。一方佐藤は、このアルバイトが切れた時点で文学はあきらめ、地方教師の職を求め都落ちし、停年までを過ごした……これが内容で、配り本だったため現在もっとも希少だ。

次の(2)は『「悪い仲間」考』を書き始める寸前に古書展で見つける。帯に「安岡章太郎、古山高麗雄らの〝古い仲間〟の軍隊生活」とあり、更に別行「安岡章太郎から石山宛の軍事郵便収録」とのゴシック文字も見える。そして本文は半世紀後に書かれた、幹部候補生として召集され厳しくしごかれる体験記である。末尾に写真版にされているのが安岡の満洲派遣軍からの葉書三枚、逆に安岡の帰還と入れ違いに召集された石山宛に世田谷区発信の書簡で、これだけでも貴重だ。

(3)は、十七歳から二十一歳、出征直前までの石山の日記(昭18〜20年4月)。ここには安岡ら、富裕層の戦時下の青年たちが活写されている。何しろ日本橋の薬問屋の子息で慶応の予科に通学、恋人もいる。芸術を愛し読書が好きな一方映画や歌舞伎鑑賞、ムーラン・ルージュまで足を運ぶ。その石山と予科で知り合い、安岡はすぐ女郎買いまで指南される。その上安岡はもう一段上の猛者・古山高麗雄(小説上は「藤井」)とのつき合いが生じ、負けじと悪ぶるのだがある時、古山の退学処分の報に接し、恐怖に戦きその環境からの逃亡をはかるというのが、芥川賞「悪い仲間」の粗筋である。のち作家となった安岡がどの分野の注文原稿にも対応出来た素地は、天性のものと同時にこの辺にもあったのではと、私は見た。

ところで発行元の小沢書店は、文芸書を扱って知られていた。ただ石山の本は実質自費出版だったと聞く。どこかの古書目録には載っているかも知れない。

（二〇一三〔平成二十五〕年五月）

62 「悪い仲間」

疋田寛吉氏（ひきた・かんきち＝書道評論家、元「家庭画報」編集長）17日午後4時12分、肺がんのため横浜市磯子区田中2の18の9の自宅で死去、74歳。葬儀・告別式は近親者だけで行う。喪主は妻久美子（くみこ）さん。《朝日新聞、平成10年5月19日》

私はこの記事を見て、三人の人を思い出した。その一人、佐藤守雄氏のことは本誌・平成二年五月号で詳述したが、氏はすでに去年亡くなられている。

二人目は沢登みよじさん。日本出版美術家連盟に属する女流挿絵画家である。……昭和四十五年、私は駅前通りの店が区画整理になるのが近く、そこから一丁程離れた京成堀切菖蒲園駅ホームの土手下に、次の店を買った。私は駅前通りから急にここへ移った時の売上の減少を恐れ、一時そのボロ店を改造、支店を出すことにした。私は外廻りや週二日の古本市場勤務、一ト月おきの古書展、支部行事のデパート展と忙しい中、妻に任せた本店がいよいよ取り払われるまでのそれからの五年間、平均午後の四時頃から夜十時までこの店番をした。店は通りをへだて土手だが、電車が着く度に通勤客が大勢通るので、結構商売になった。そんな三十七歳の古本屋の親父の眼を楽しませてくれたのが、遅い時間に寄る長い髪を二つに編み、背に垂らしたり前にみぞおちくらいまで持って来たりの、美しいパンタロン服の娘だった。よく、雑誌判の手芸の本やスタイル雑誌、かと思うと美術雑誌などを買って行く。しかし、一わたり買ってしまうと在庫が切れてしまう。私は来てくれなくなるのが惜しくなって、「どんなものが入用なんですか?」と声をかけた。

娘は山梨から上京、この春女子美を出て今は高島屋専属のハンカチーフ会社にこの町の親戚の家から通っているのだと言う。それから親しく話すようになり、私は極力娘の必要な資料を市場で見つけて上げるようになる。娘は間もなく、自慢の長い髪を切り、こちらが恥ずかしくなるほどのミニスカートで現われた。妻に内証で車で水元公園に案内したりもしたが、やがて二、三年で娘は渋谷の方へ引っ越して行った。——それが二十一、二歳頃の沢登みよじさんで、その後ある大家に師事、確か中山千夏が司会したテレビに出たり、諸雑誌に紹介されたりし、「婦人公論」「現代詩手帖」や近藤富枝の文章に挿絵を描くようになり、その度に私に知らせてくれた。彼女はこちらがどんなに筆不精にしていても、必ず絵入りの年賀状をくれたが、そんな平成四年、『駄句流会(第一集)』なる函入本が届く。これはいわゆる川柳句集で、沢登さんの外、如月小春、伊東四朗等、文化人十三人の会。そこに私は、思わぬ人名を見つけたのである。疋田寛吉。「ああ、また『悪い仲間』の消息を一人見つけた」と私は思った。

勿論、疋田の死亡記事から思い出した三人目は安岡章太郎で、その芥川賞受賞作「悪い仲間」は、国民精神総動員の新体制が声高に叫ばれていた戦時下に、同人雑誌をやるなどの外仲間とささやかな「悪」を競うという物語だが、当時の二十歳前後の学友、遊び仲間がモデルである。古山高麗雄(戦時佛印で捕虜生活)、倉田博光(戦死)、佐藤守雄、石山皓一、小堀延二郎(戦死)、田中慶治（病没）、高山彪（戦死）、そして疋田寛吉。当時、仲間の中心人物は古山で、文学的には安岡に遅れること十七年して同じく芥川賞。またこの内、佐藤守雄氏には『曲り角で―若い頃の安岡章太郎・古山高麗雄達との交友に触れて』（昭58・非売）があり、石山皓一氏には『私詩十六片』（昭61・牧羊社）、『死にゃあいいんだよ物語』（昭63・牧羊社）、『戦末派青春交友日記』（平4・非売）がある。例えばこの「日記」の昭和十七年には、

《三笠楼に上る。／君太郎（安岡の相方）、晴美（小堀の相方）来たりて話込む。小花はお職になろうという意気込みの由。》

（八月十九日）

《後藤末雄氏の講義に出る。／安岡とともにシネマ・パレスでシュバリエの「流行児」を観る。徳田と遭遇、本町で夕食をともにす。／神田駅まで二人を送っての帰りみち、今川小学校わきの縁日に立寄る。／夜疋田来話。》

（八月二十二日）

《「青馬」第三巻（青木註・同人雑誌名で、結局未刊）に「疋田詩抄」の採否を問いしところ、安岡、小堀の反対にあう。》（八月二十四日）

などとある。私はすでに知り合っていた佐藤守雄氏の紹介で、一昨年この著者や古山高麗雄氏とも電話で親しくお話することが出来た。

一方、私が疋田に本があるのを知ったのは、去年『書人外書伝』（昭58・読売新聞社刊）を

古書展で見つけてからである。これは詩人の眼で会津八一、高村光太郎、北大路魯山人の書を沢山のグラビアを挿入、論じたもので、筆跡を扱う古本屋必読の一冊となっている。——ともあれ、今や文壇の重鎮となった安岡を含め、今となっては「悪い仲間」は結果的に「良い仲間」達だったとしか言いようのない存在となった。いや、安岡が本当に描きたかったのは、青年達が人間らしく生きられなかったその「悪い時代」の告発だったのかも知れない。

過日私は、久しぶりに沢登みよじさんに電話してみた。やはり疋田家の意向で、彼女は弔電を打つだけにしたと言われる。そのあとは例の明かるい声で、

「男の子が二人あります。私ももう五十がすぐなんですよ。でも古本屋のおじさんとばかり思っていたのに、青木さんも御活躍ですね」とお世辞を言ってくれた。

（一九九八〔平成十〕年七月）

63 「源氏物語」と瀬戸内寂聴師

平成二十一年正月三日、思い立って十時から深夜に及ぶ「源氏物語の男君たち」なる瀬戸内寂聴師が語るテレビ番組（ＮＨＫ教育）を見た。前に記したような理由で、「源氏物語」は原文から谷崎源氏、その後の現代語訳本、映像化作品に至るまで、見るのを避けて来た私だった。が、この千年紀ブームに影響されたのと、小間切れでない一括放送というので見てみたのだった。

「そうか、光源氏の生涯は色情だけで生きたのではなく、老いては妻も寝盗られ、権力欲にも走るようになってしまうのか」と、教えられた。そして源氏が出家入道して八年、続篇が書かれるのだが、こちらの主人公達・匂の宮と薫の間にゆれる浮舟の三角関係に、寂聴師は近代小説の萌芽を見ることも出来る、と言う。そこへは、出家前の己の半生を重ねている表情にさえ私には見えた。私は今年八十六歳となるその瀬戸内さんに、昔一度お会いしている。

……それは平成元年七月のことで、私は皇居が目の前に見えるパレスホテルに瀬戸内さんを訪ねたのだ。この年瀬戸内さんは、まだ文芸雑誌に近かった「新潮45」に、「わが性と生」なる自伝を連載しており、ある資料を届けたのである。当時同業の先輩・神田の高山本店が、司馬遼太郎などと共に瀬戸内さんの著作資料集めもされていたらしいが、その時のは内容が内容だけに編集者が私に相談して来たのだった。私はその話から、瀬戸内さんが求めている資料が何か、直感出来た。

その時、瀬戸内さんは取材に来ていた「婦人公論」の編集者とカレーライスを食べていたが、立って応接室に私を案内した。私は早速持参の資料を示した。

「そう、これよ、これ。これで徳島の少女の頃、前の薬屋の小父さんから見せられた本の記憶がつかめるわ」と、瀬戸内さんはその昭和初年の艶本秘密出版の広告用パンフ類を次々と函から取り出し、笑い、感嘆の言葉を上げ続けた。まるで気さくな人で、

「ところで青木さん。あなたヒゴズイキを使ったことは?」などと訊き、私をたじたじとさせたかと思うと、しばしその蘊蓄さえ語るのだった。最後に私は、ショルダーバックに忍ばせて来た瀬戸内さんの処女短篇集『白い手袋の記憶』(昭和32年・明文社)に染筆をお願いした。

「さすが古本屋さんね、こんな帯付で残ってるなんて……」と言って、瀬戸内さんは本の見返しを広げ、毛筆で大きく識語署名をしてくれた。

この時の模様を、瀬戸内さんの文章(これは寂聴←→晴美の往復書簡の形式で書かれている)で見よう。

《お申し越しの件、三日前果しました。気の利く編集者がその道の本屋さんを見つけてきてくれました。まさか衣姿の私がそういう店へは入り難かろうと、本屋の主人のTさんが寂庵へ来てくれたのです。Tさんはごく普通の、見るからに気の弱そうな、一見停年のサラリーマン風の感じの人でした。そういう本専門のお店らしいのです。ボール箱にあなたの欲しがった資料をいっぱいつめて来てくれたのです。注文した通り、昭和のはじめの会員制出版のカタログやチラシばかりです》

とあり、その時戦前本の『日本性語大辞典』『世界性欲学辞典』等々も持参してくれたと、瀬戸内さんは書いているが、さすがに二十年前のこと、『阿部定公判調書』のことは伏せられてあった。ともあれこの会見、何も自分がこのことそこまで出て行くこともなく、その時も同道した編集者に持たせるだけでもよかったのである。私とすれば五十半ばの文学老年の興味から、この有名女流作家を見てやろうという思いからのものであり、瀬戸内さん側とすれば、要するに欲しかったのは資料で、古本屋などに用がなかったことは、先に引用の「本屋」が私の面影など全くないほどに別人にされていることで明らかだった。

その後十余年して私は、東京堂出版から『近代作家自筆原稿集』を出版、そこに作家五十名の一人として瀬戸内さんを入れ、一冊を贈呈した。すると市場で同業の方が「寂聴さんが『週刊新潮』に書いているよ」と言うのでその連載文を眺めた。瀬戸内さんは四段組二頁に亘って右の本について割き、自らの筆跡が悪筆だと告白、「値段さえ折合うなら買い戻したい位だ」と瀬戸内さんは書いていた。そして末尾、

《何にしてもすべては身から出た錆、自業自得である。口惜しいから一つ青木さんの明らかな間違いを指摘しておく。私は徳島の人間なのに高知の少女の頃と誤っている》とあり、今度は私が恐縮した。

ともあれ瀬戸内さんのこの文章「かきおき草子」=「身から出た錆」が出たせいもあってか、本は間もなく重版となった。

（二〇〇九〔平成二十一〕年三月）

64 山口 瞳

今年（平成八）二月の、ある東京古書会館で開催の古書展で、私は「報国」という昭和十六、十七、十八年度の麻布中学校の校友会誌三冊を買った。値は八千円と安くはなかったが、私がこだわっている戦時資料としても面白く、またその一冊が別の意味で貴重だったからである。

……電車で四、五十分はかかる神田の古書市場の往復に、私は思い出したように週刊誌を買って読む。きまって「週刊新潮」を、である。十一年前、紀田順一郎氏の紹介で「新潮45」に文章を連載したことなどあって、新潮社には親しみがあるのだ。もっとも書き手としては落第だったらしくその後は御用済みで、やがて連載終了後二年ほどで雑誌も送られて来なくなったが。

私が「週刊新潮」創刊二〇〇〇号記念・四月六日号を買ったのは去年三月末。この二十二日はかのオウム真理教の諸施設に、総勢二千五百名の警察の強制捜査が入った日。ところでその号には「戦後五十年、21世紀まであと六年。歴史の回り舞台に立って、私たちはどう生きるか現在最高の作家諸氏が思索する……」とあり、各々四〇〇字二枚の文章がゆったりした組方で載せられている。山口瞳もその中に入り、「私の人生」の題で「文士は志賀直哉型と谷崎潤一郎型とがある。（略）自分は志賀直哉型だと思っている」というのが書き出し。要するに山口は、昭和十三年の改造社版全集完結で文士の看板を下ろすことにすると書いた志賀と、七十半ばに『瘋癲老人日記』を書くなど最後まで現役だった谷崎の違いを言ったのだ。そして自分も六十歳でもう書くこともなくなったので、小説家であることを放棄、あとは連載中の短文を書いて暮らしたい、と言うのである。

ちなみに、この時「現代日本最高の……」と言われて文章を寄せた名を記すと遠藤周作、北杜夫、平岩弓枝、藤本義一、河野多恵子、加賀乙彦、池宮彰一郎、黒岩重吾、三浦綾子、大岡信、三浦哲郎、阿川弘之、宮尾登美子、水上勉、森村誠一、中村眞一郎、宮城谷昌光、逢坂剛、笹沢左保、白洲正子、吉村昭、渡辺淳一、宇野千代、辻邦生、津本陽、曾野綾子、安岡章太郎、山田風太郎、神坂次郎、山崎豊子である。古本屋のコメントはよそう。

ところがその三週間した同誌の「男性自身」を読むと、山口が縦隔内淋巴腫瘍の検査をしたことが書かれ、「腫瘍とあるからには悪性のものであるに違いないと覚悟している。これからの私は逃げも隠れもせず、この腫瘍に対して真向から戦いを挑むつもりでいる。好々爺となって日向ぼっこをするが如くして晩年を終りたいという構想は破れてしまったが」とあった。そして八月三十日の、享年六十八歳での死のニュースだった。山口は毎週約七枚の原稿を昭和三十八年十二月二日号から、千六百十四回（八月三十一日号）まで一回の休載もなく続け、単純計算でもこのコラムに費やした枚数は一万一千余枚にも達した。周知の如く、その題材は洒、女、競馬、将棋、野球、相撲、世相、文学、行きつけの店、人生、そして病気のことと書かざるはなく、「書きたいことは書き尽くした」人だったのかも知れない。

その丁度同じ頃、珍しく「新潮45」から私に「古書業界の現状」を書くようにとの、原稿依頼があり、それからまた雑誌が送られて来た。その十月号には編集部構成の「山口瞳『最後の日記』から」と子息山口正介氏の「父はなぜホスピスで逝ったか」が十頁に亘り、特集されていた。「七月二十日（木）中二階の便所の扉の前で滑って転び額を切る。いつも座っている居間の椅子から直線距離にして四メートルぐらいのところに手洗がある。そこまで行くまで二分はかかる。まるで岩山に上るようなものだ」が、山口の日記の最後の文字だった。但し「男性自身」の原稿は三十一日まで書いた、と言う。

さて最後は、私が「報国」の中で見つけた、十七歳（今の高1）の山口少年の文章「野営日記」を紹介すべきだろう。昭和十七年六月十日、少年は学校教練の野営のため、朝九時半に京成電車で上野を発つ。「途中の景色は山手のお坊つちやんで治まつている我々にとつて刺激が強過ぎた。かういふところがあることを知つた方が好いといふよりも先に嫌な感じがした」が書き出しで、この線の場末っ子として育つた私には何ともきつい表現だった。恐らく、山口達は千葉県習志野辺りへ出かけたのだろう。午後には早くも最初の教練がある。そして夜は夜で夜行演習。帰ったあとの、山口少年の日記文。

「消灯後眠れぬままに色々のことを考へた。私は家の者からひねくれ者で薄情だと云はれ、友達からは君は割合にそそつかしいねと云はれる。確かに私はひねくれ者かも知れない。大体趣味でもベートーベンが嫌いで、夏目漱石が嫌いで双葉山が嫌いである。他人が好きなものが嫌いなら大概ひねくれ者と云はれるに決まつている。然し私の見方にも少しは真理を含んで居ると思ふ。この三人の共通点は少しも欠点がない、と云ふよりも元来の才が欠点を消して居る。だから人間味が感ぜられない。／ベートーベンの音楽を聴いてゐると、音楽の本質たる音の流れの美しさより、その苦闘生活が思ひ出されるから嫌であり、漱石の……」

もう紙数も尽きた。ともあれ、文章家としての素地は充分認められよう。

（一九九六〔平成八〕年五月）

昔・合計で十五本位の文章を書かせて貰った「新潮45」が、未だに贈られて来る。その他暮にはカレンダーも届くで、重宝しておりこの出版社の義理堅い社風には感心させられる。が内容的には、〝日記と伝記〟を謳っていたあの頃とはすっかり様変りし、世相の反映か、犯罪を追跡した記事などが主流になった。

前に私は青山光二のことに少し触れたが、その時思い出していたのは十数年前に「新潮45」に青山が書いていた文章のことである。久しぶりに私は、書庫や書斎に散らばっていた「新潮45」のバックナンバーを揃え、昭和六十三年二月号に載っていたその文章「直木賞怨念記」を見つけた。丁度十五年前のことだが、青山はすでに七十五歳だった。

《昭和四十一年一月、第五十四回直木賞の選考が行われた前後のことを思い出すと、いまだに、いても立ってもいられない、やりきれない気分になる。私も候補作家の一人だったからだが、実は、こういう気分になること自体をいいかげんに打ちきりにしようと思って、そのためにこの文章を書くのである》と書き始めている。

この時の候補作家は九名、その内では立原正秋と青山がマスコミの下馬評だった。選考の対象となる青山の作品は書き下し長篇の「修羅の人」。青山はしかし、それより十年前の昭和三十一年の第三十五回直木賞の候補になった「法の外へ」という中篇のことを思い起こし、いやな予感はした。というのは、今でもはるかに自信作だった「法の外へ」について、選考委員会の席上、

65「直木賞怨念記」

『法の外へ』はとに角直木賞のものではない。すぐに交りのことに及んだりするキタナイものので、（中略）僕は直木賞からは最初に除外する」という木々高太郎の一言で、さっさと対象から外されてしまったのだった。そして今度も、その木々が選考委員の一人である上、更に厄介なことはもう一人の委員小島政二郎が例外なしに木々に同調すること。あの二人がいるのでは今度もだめかな、とは思うものの、自宅に民放テレビが来たり、版元の担当が詰めかけたりするので、青山もひょっとすると、という気になる。

結局「残念ながら——」の文春からの電話で、テレビ局が器械をかたづけて引き上げるのに五分とかからなかった、と言う。そのあと青山宅には講談社の大村彦次郎が顔を見せ、単行本担当者と三人、不味い酒をのんだ。ふと大村が立って、やはり選に洩れた立原正秋に電話した。すでに立原が激昂しているのが分かるもので、

「……そんなこと言っちゃいけません、立原さん、それはまあ……」と大村は言っていたが、間もなく受話器を置いた大村が立原の言葉を青山に伝えた。

「ぼくはともかくとして、青山さんをさしおいて、どこの馬の骨とも知れぬ作家に授賞するなんて……」

確かにこの回の二人の受賞者が、新橋遊吉と千葉治平というのでは結果論的にも、青山と立原の怒り様が分かるというものである。一ト月後に出た「オール読物」で、青山は精細に選評を読んだ。委員は木々、小島の他大佛次郎、今日出海、海音寺潮五郎、村上元三、源氏鶏太、

病気欠席の中山義秀である。「八百長」を強く推したのが木々、小島、大佛。今、村上、源氏は「修羅の人」を押し、特に源氏の評はタイトルも「『修羅の人』を推す」だった。そして千葉治平「虜愁記」を積極的に推しているのは海音寺だけ。

ここで、自作に大がかりな喧嘩の場面がある青山は、今度の木々の発言「私は戦争が嫌いだ」に悪意を感じる。あくまで想像だがと断わりながらも、青山は書く。《もし間一髪の状況の時、私が落ちて無名の千葉治平氏が受賞ときまるのに木々さんの説得力が威力を発揮したのだとすれば——と考えると、私の内心は荒々しく猛りたつのだった》

青山はまた、「木々高太郎を殺す」と、「六本木心中」で賞を逸した笹沢左保の呻くような声を聞いたとも言う。その後青山は、昭和五十二年「竹生島心中」で第七十七回直木賞の候補にもなったが、これにも落選した。「直木賞怨念記」の末尾近くに、青山は書いている。《だいたい私は、生活態度としては、過去を振り返らない性向の持ち主だと思っているのだが、直木賞に関してだけ、どういうわけか、そうは行かない。直木賞が来れば、人生が変わるという。変わらない人も、私は現物を見ているがどうやら、巷間伝えるところのそんな事情にこだわるものが私のなかにあるのかもしれないのだ》が、最後に青山はこうも続けている。《直木賞は取れずじまいでも、考えてみれば、けっこう書きたいものや書きたいことを書いて生きてきたではないか。これからのことはわからないが、やはり、もっぱら自分流儀でのんびりと、時には急いで、残りの人生をせい一杯生きていこうと思う》

他人の生活をとやかく言えないけれど、青山がもし直木賞を得ていたら、その筆力からも超売れっ子になっていたに違いなく、これほどの長命はなかったのでは、とハタからは考えられる。すると、とても九十歳での川端康成文学賞の受賞までは辿りつけなかったかも知れない。

ところで、この「直木賞怨念記」の載った「新潮45」を見つけて、飯沢匡、土岐雄三、杉森久英、色川武大ら、故人となった名に混じって、私の「幻の『一葉歌集』奇談」もそこに並んでいるのを知った。

（二〇〇三〔平成十五〕年八月）

66「直木賞の取り方教えます」

古本屋を継いでいる息子が、お客から買って来た本を車から下しながら、同時に捨てる作業もしていた。その中には各種月刊雑誌もあり、「正論」（産経新聞社）が三十冊ほどあった。表紙の大きな見出しが面白く、それを見ながら重ね直していると、丁度一ト昔位前の一九九〇／一〇（月号）というのに興味ある表題を見つけた。「特集・アラブはなぜ戦うか」、「橋本龍太郎の大蔵大臣論」「大嘗祭と日本文化」の三本が大見出し。が、私が興味を持ったのは、表紙隅に小さく印刷された、

「直木賞の取り方教えます／胡桃沢耕史」の文字だった。

文章は三段組で八頁、四〇〇字では三、四十枚もあろうか。胡桃沢はまず、自分は二年間で四回の候補で取れたが、この年、十年間で六回候補に上げられやっと受賞した泡坂妻夫に、まずはお目出とうの言葉を書く。そして編集者は、泡妻のよう技巧のうまい作品より、文学性の高いものを選ぶ傾向がある。元々直木自身文学性に高い資質ではない。大衆に喜ばれる面白い小説こそこの賞に合っている。大体読者が全員インテリでないのに、粗読み（あら）する編集者が全員大学出ということとの欠点がそこに出てしまうのだ、と編集者の文学性重視に異議をとなえる。そして己自身も、面白く書けていた「天山を越えて」が落ちたあと、私小説を書きなさいと編集者に懇々と説得され、じゃあこれ一回だけと書いたのが受賞の「黒パン俘虜記」だった、と打ち明けている。胡桃沢は続けて、

《私小説というのは自分の周辺を書いて、それ一冊で終わる場合が多い。作品の中に〝私〟が入っているかどうかは、どうでもいいことだ。それより物語製作の技術が大切である。そこを評価しないから、日本の小説はいつまでたっても面白くならない。スケールの大きい小説が直木賞から出てこない。大衆文学の選考者が大衆文学にある種の嫌悪感を抱いているのは、考えてみればおかしな話である》となる。

それにしても、直木賞の価値はやたらに高くなったものだ、と言う。今では数ある賞の中では最大の騒がれ方だ。文化勲章だって、皇居で受章者が並んで記念写真に収まる位でこんなに大きく報道されない。とにかく直木賞受賞によって、昨日まで年収百万円の人が一挙に四、五千万円になる。少なくも半年間はその位稼げるばかりか、力のある人は収入が一億円になる。

そして胡桃沢は受賞で扱いの違う己の実体験を例で示す。まず、「あれは僕が直木賞を取る一年か二年前のことだった」と、始める。ある大手出版社に原稿を持参、受付から編集部に電話した時のこと、編集者は「何で来た、勝手に来ちゃ困る」と追い払われてしまう。この時ばかりはさすがの胡桃沢も電話口でポロッと涙を流した。すると二、三日あとのパーティで、友人の黒岩重吾と話しているところへ、先日の編集者が来て、黒岩には直立不動で話しかけたのだった。《ああ、これだけ違うのか、これはどうしても直木賞を取らんといけないと思った》

胡桃沢はすでに九歳の時、直木三十五の訃報をラジオ放送で聞き、自分もいつかラジオで放送されるような偉い人になろうと思ったとも書き、昭和五十七年には横浜市にある直木のお墓の隣に墓を予約してまで執念を燃やした。そんな胡桃沢だったが、若き日、本名の清水正二郎でエロ本作家を続けた前歴が崇り、書いても書いても候補にすら上らない二十年があった。《こんな作品が、と思うのが受賞する。僕からみたら、何ものを知らない無知な人が盛んに雑誌に登場している。オレたちはいくら面白いのを書いても使われない。ああ、賞を取らなきゃいけないと思い続けて来た》

胡桃沢は、どうしたら候補になるのかを徹底的に調べ上げる。

まず、本は四月と十月の双方に出すこと。何しろ三千本の作品から編集者が選び出し絞り込むのだから、新鮮に見えるためにはこの時期を逃さないこと。また本は、いくら印税がいいからと言って文庫ではダメ。胡桃沢はこれを、選ぶ方が根負けするまで続けた。そして編集者に嫌われないためには三つのことを守るべきだと言う。第一は、銀座のクラブを題材にしてはならないし、選考委員が行く店に、ハンサムな顔をさらしてはならない。選考委員のところにいた女の子が、この若い先生の方に来てしまっては、それだけで賞には上らないだろう。第二に、ゴルフのことを作品に入れないこと。こういう作家は遅かれ早かれ第一線から消える。第三は、世を叱り後進を指導するような言葉を吐かないこと。大衆作家には、世間の矛盾を怒り、道徳の退廃を嘆く等の能書きは不要である。

そして最後に、胡桃沢は直木賞を取る年齢についても触れる。

《直木賞は三十代から四十代までの間に取るのが一番いい。取ってから五年ほどで脂が乗ってきて、それから十五年ぐらい書ければいいということなしだ。直木賞を取りたいという人からたまに相談を受けるけど、四十を越した人には「よしなさい」といっている。（略）僕は五十八歳で取ったが、残念ながら遅すぎた。自分の寿命に照らし合せても、時間が足りないのだ。あと十五年位活躍して真っ直ぐ文化勲章なり文化功労者なりにいける余裕がない。あとがないから、いまやたらに書きまくっている》

胡桃沢の死は、わずかにこの四年後だった。

（二〇〇一〔平成十三〕年十月）

三島由紀夫との同性愛を扱った本が、販売差止めになったと言う。そんな時も時、私は「洋酒天国」という雑誌を見つけた。昭和四十六年一月二十日発行の第六号（編集人・綾路竜也）で、西麻布・株式会社「SPIN」から出ている。内容はこの号「MPの居る景色」特集で、当時流行のアングラ風な絵と詩と文章で構成されている。丁度、神田神保町界隈で見かける「本の街」にも似て、末尾には「だぶだぼのあるお店です」と、全国の喫茶店、一部書店名、各都市の大学生協など百ヵ所ほどの名称が印刷されている。

67「三島事件」への一言集

ところで、その特集の済んだ後半辺りの頁に、この二ヵ月前の昭和四十五年十一月二十五日の「三島事件」への、有名人全六十一名が語った言葉を「一言」にして特集しているのに目を奪われる。まず、

散るをいとふ　　世にも人にもさきがけて　　散るこそ花と吹く小夜嵐

なる、三島の「辞世」が大きく印刷されている。続いて、各名家の「一言」、「発言者名」、「年齢」、「出典」の順で並べられる。今眺める並べ方としては順不同という感じだが、多分これは発言の早い者順ででもあろうか。ここでは、まず物故者のみを紙数の関係で新聞、週刊誌名は略し、順に写して見よう。

○もったいない死に方だった（川端康成・71）

○絶対に発狂していない。正気の行動と思います。（林房雄・67）
○セクシャルな情死という印象を強く受けた。（山口瞳・44）
○一種の焼身自殺と見る。是認できない。（吉行淳之介・46）
○エロチズムの極致。（渋沢龍彦・42）
○現代日本文学への大きな警鐘。（立野信之・67）
○彼を好きなままでいたい。（武田泰淳・58）
○小説で表現しきれなかった美意識を行動によって造形。（有馬頼義・52）
○錯誤にみちた文学・政治の短絡。（野間宏・55）
○気違いざただ。（佐藤栄作・68）
○思想家が思い詰めた結果の行為。（田中角栄・51）
○自分のローマン主義に酔いつぶれてしまった。（平林たい子・65）
○生涯の最高のショック。（杉村春子・61）
○彼の右翼思想は古すぎたんだ。（武智鉄二・58）
○西洋的であってサムライの死ではない。（飯沢匡・61）
○思想追求はつらいもの。（会田雄次・54）
○〝花火の芸術〟を自演。（山本健吉・63）
○とことんまで自分の感情におぼれて自殺してしまった。（竹山道雄・67）

○夕立のさわやかさを感じる。（岡潔・69）
○キチガイはどこにもおるもんだよ。（大内兵衛・82）

以上はすでに故人となった人達。次いで、現在（一九九六）も活躍している人達の、二十八年前の「一言」を写そう。

○腹切る人は他にいる。（城山三郎・43）
○狂気としか思えない。（三好徹・39）
○三島ロマンチズムの自己崩壊。（真継伸彦・38）
○呆然とし、愕然としました。（北杜夫・43）
○お静かにお眠りください。（なだ・いなだ・41）
○なんて馬鹿なことをしたんだ。（阿川弘之・50）
○ただ喪に服するのみ。（野坂昭如・40）
○オカマのヒステリー。（青島幸男・38）
○自衛隊は被害者だ。（中曾根康弘・51）
○もたらされることの少ないことに、貴重な命を失った。（石原慎太郎・38）
○亡霊があの人を殺したのです。（丸山明宏・35）

○三島先生、あなたは太陽でした。（村松英子・30）
○いい気なものではないか。（佐藤愛子・47）
○食事の用意もしたくないし、何もしたくない。（倉橋由美子・35）
○何も話したくない。（篠山紀信・30）
○東映映画と同じだ。（ジョージ秋山・27）
○はてなあ、あの人いったいなにしたんやろうか。（桂三枝・27）
○生理的衰弱による死以外のなにものでもない。（山崎正和・37）
○狂気を準備し、みずから狂気の中にのめり込んでいった。（福田善之・39）
○世界的な文豪が、という、スキャンダルとしてのショック。（横尾忠則・35）
○彼に続く人はいない。（秋山駿・40）
○単なる文学者の自殺。（赤塚行雄・39）
○ついにやったナ。（藤原弘達45）
○分裂病の現われでは。（石川弘義・37）
○錯誤の愚行である。（山田宗睦・45）

以上、四十五人の「一言」を写した。ここに写さなかった十六人は、その後忘れられた政治家とタレントなどである。なお、この雑誌には、沢はじめという人が「ホモ・レズ正常論」を書いているのは偶然とは言え面白いことだ。
また、三十八歳の私が当日の日記に書いているこの事件への感想と、もっとも近いものは横尾忠則の「一言」だったことを告白しておく。

（一九九八〔平成十〕年六月）

68　阿川弘之自筆葉書二枚

この十月末、文化勲章受賞者の顔ぶれが発表され、小説部門は阿川弘之氏に贈られた。毎日新聞（平成11年10月26日夕刊）には、氏の喜びの声が載せられているが、

「僕たちの世代は、優秀な仕事をしたであろう友達を戦争で亡くしていますから。遠藤〈周作〉がよく言っていたように『あいつら生きとったら、おれたちみんな同人作家やで』という思いがありますね。自分の能力の範囲では、やってきたと思ってますが……」の言葉を、私は何とも好ましく感じた。それもこの言葉は「晴れがましいといえば晴れがましいが、不思議のような変な気持。うまく言えない」のあとに続いているのだ。

国は貧しく、文学などでは到底食えない頃に反比例して、文運だけは隆盛だった昔の作家ばかり扱って来た職業柄、どっちかと言うと今の作家に批判的な私だが、いかにも正直なこの談話で、私はますますこの作家が好きになった。いや、実は私の四十六年にもなろうという古本商売の明け暮れの中で手にした二枚の阿川弘之自筆葉書に、氏の人柄は充分感じてもいたのである。

……昭和四十二年、三十二歳で私は神田の近代文学の専門書市〝明治古典会〟に働きの場を求めた。出品受付・封筒書き、廻し入札の開札・発声などの仕事で、自分でも取引に参加することも出来た。自筆本蒐集の始まりは島崎藤村で、昭和十五年「改造」に連載した『巡礼』の原稿三十八枚、十八万円であった。ある日、ここで買った雑本の一冊から、阿川弘之差出名の

古い葉書一枚が出て来た。昭和二十五年九月十八日発信のもので、宛名は森田実蔵という人。

《此の間は失敬、日を間違へた話、千谷や戸石にし、皆大笑ひ、「年年歳歳」出たので一冊送る、手紙書くの億劫なら、「ツイタ」といふ受取のハガキだけ呉れ給へ、九月十七日》が文面で、大きく高揚した筆跡で書かれている。阿川は東大卒業後ただちに予備学生として海軍に入隊、二十年八月敗戦でポツダム大尉となり俘虜生活。二十一年復員、原子爆弾のため広島の恋人と家財一切が烏有に帰していたのを知る。上京して小説を書き始め、九月同題作品を志賀直哉らの推輓で「世界」に載せて五年、やっと最初の本が出た時のものだ。

「まあ、取っておくか」というのが、藤村を基準にした当時の私の文学評価からは、この葉書へのせいぜいの思いでしかなかった。

昭和五十七年、私は『古本屋三十年』なる自伝を上梓した。神田の、まだ徒弟制度的でさえあった〝経営員〟の仕事を九年、その後は〝明治古典会〟と称したその市会の会員として計十八年が経過、そこは夜間高校中退の〝私の大学〟ともなった。自伝は二年ほどかけて書いたのだが、末尾に、例えば志賀直哉の「山形」の原稿を市場で落札出来たのは、志賀文学におけるこの作品の重要さを考え、それを値に加味した結果だ、などという幾つかの読物も添えたのである。その上、付録としてこの間に蒐集した近代文学者のえり抜きの葉書文面二十枚を写真版にし、「小さな文学史」と題し解説をつけた。私は緑雨、藤村、荷風という順で並べた末に、阿川のあの葉書は並べるに、もう少しの躊躇もなかった。

本は千部の自費出版であった。これを市会の先輩で、新刊の卸も兼ねた八木書店に持ち込んだのだが、本はたちまちマスコミに取上げられて、数日毎に五十、百冊と出て行く。私は回収される金額の増刷まで印刷屋に頼んだ。さて、気がかりなのは断わりなく載せてしまった阿川弘之葉書のことだ。折悪しく、この頃テレビをつけると、「違いの分かる何々コーヒー」とかのコマーシャルの背景に、当の阿川が毎日のように出て来るのである。私は恐る恐る、短い手紙を入れて自著一冊を送付したのだった。

数日後、神田の市場から私が帰ると、店番の妻がにこにこしている。

「何がおかしい!」

「テレビでコーヒーを飲む人から、葉書が来てるわ」

「阿川弘之?」

「そう」

文面・左の如くであった。

《御著有難く拝見しました。古い金釘流のハガキがお手元にあるとは驚きましたが、記名の森田実蔵は文中の戸石(秦一)千谷(道雄)と共に東大国文科時代のもつとも親しかつた友人です。志賀先生の〝山形〟についても面白く拝見致しました。右お礼など申し上げます。(森田は今清泉女子大の先生をしてゐます。)》

筆跡の特長はほとんど変りなく、旧仮名を用いた個性的な達筆である。二枚の葉書を比べて、特に違うことと言えば料金二円が四十円になったことと、タテヨコ共一センチほど葉書が大きくなっていることで、これだけが三十余年の世の推移を感じさせるばかりだ。

あれから十七年になる。その後私は、阿川氏の葉書にある戸石泰一（故人）は、戦後八雲書店に入り『太宰治全集』の編集にも従事した作家として、千谷道雄氏は『秀十郎夜話』などの著書がある演劇評論家だったことを、古本屋生活の中で知った。

（一九九九（平成十一）年十二月）

69 庄野潤三・讃

これは平成十七年九月末に行われた「一新会大市会」で、庄野の原稿「ラムの『エリア随筆』」四枚を買ったことを契機とする、この作家についての古本屋としての思い出や幾つかの感想である。最初に説明しておくと、一新会というのは古書組合中最大の支部を形成する神田地区の市会で、毎週木曜日に普通市が立ち、年一回秋にはその大市会が開かれるならわしなのだ。私はすでに週一回の明治古典会にしか通ってないが、同じ一般書の中央市と共にその大市会にだけは必ず参加している。何故なら、明古とはまた別系統の仕入から作家原稿・書簡の類が出品されて来るからである。

一新会からは、巻頭に10頁の写真版もつく「ブックオン！本の力(パワー)を呼び起こせ！」と謳った『二〇〇五年大市会出品抄』なる、千点を越える立派な目録も届いた。写真版の巻頭は、

⑴島崎藤村自筆・人名簿　他自筆メモ2枚　名刺各1枚共3点

で、勿論見てみたい。「⑶後藤宙外宛・斎藤緑雨書簡」「⑹野口富士夫書簡・葉書4通20枚」も興味がある。当日、私は2・3・4Fの書物の並ぶ階を素通りし、和本類や明治古典会的な荷が集められた地下の会場へ下りた。私は「人名簿」「野口富士男」（誤植だった）他、二十点ほどに入札、帰宅した。翌日引取りに行くと、右の三点を含む十一点が落札しており、その中に庄野の原稿もあった。

実は昨日、庄野の原稿は「父」他計四種所蔵しておりそこを素通りしようとした。が内側に折られたのを広げ、タイトルと書き出しの「よく歩く。日に三回か四回、家を出て行き近くを

歩いて来る」というのを見て、急激に欲しくなった。庄野は散歩道で、下水のマンホールに出合うとその度そのふたをよけて通ると言い、「これはクセというほかない。用心深いというより、臆病なのである」とあった。

その度に庄野が思い出すのは『エリア随筆』中の、ラムの同僚だった出納係ティップのことだ。何しろこの人は崖の上から下を覗くどころか、露台の手すりにさえ寄りかからないという臆病さだったのだ。庄野とラム、――特に庄野に心酔していたわけでもない私でもその関係は知っていた。いや、庄野が昭和六十年脳出血に倒れたあとの文章で、その回復に至る過程を、やはり『チャールズ・ラム伝』の完成を目ざし病いを養っていた英文学者福原麟太郎に自らを重ねて書いた「夏の重荷」（文学界・昭61／7月）を読んでいたことを私は思い出した。と……私には、この時「もしや？」という一事がひらめく。それが落札していたのだ。

……昭和四十年代初め、業界は現代文学の初版本ブームに湧いた。三島由紀夫・安部公房、福永武彦に続いて何故か庄野が位していて、ブームの火つけ役の一人だった当時の文泉堂書店の販売目録には、

愛撫　カバー帯付	完全極美本	四万
プールサイド小景	完全極美本	五万
バングローバーの旅	完全極美本	三万五千
ガンビア滞在記	完全極美本	二万三千

などと値づけされていた。それは二、三年前発行されたばかりの『夕べの雲』でさえ一万二千円で、私もこのブームに乗るように下町の同業から貸本屋の棚まで初版本を探し歩いた。そんなある日、私は文芸雑誌でこんなエピソード記事を見た。確か、NHKテレビの朝の連続ドラマ「おはなはん」の次に、右の「夕べの雲」が企画に上り、一千万円という原作料まで提示して来たのだと言う。するとこれを、庄野は自分の作品が朝夕全国放送されては作家としてたまらないと断るのだが、文章はそういう純文学作家としての誇りと頑固さをホメて結ばれていた筈である。こんないきさつ、当然ご本人の年譜にはないが、この決断が正しかったことはここに出て来る家族構成が、名作『静物』からつながり、ここで庄野は父として家族の平穏な行く末を護ろうとする強い意志が表現されていた。そのことを思えば、TVドラマ化辞退は至極当然の対応だったのであろう。庄野はこの系列として更に「絵合わせ」「野鴨」と、この同じ家族の成長を見護って行くのであり、結果として、凡百の作家のように、「夕べの雲」を売ってしまっていたとしたら、その後の庄野文学はなかったかも知れない。

ところで私は雑誌「群像」を九月号、十一月号と珍しく買って読んだ。前者は私の所属する同人雑誌「煉瓦」に載った西村賢太君の作品「けがれなき酒のへど」が、どう書き直されて載せられているかを見たかったからであり、後者は九月号でも読んだ庄野の連載小説「星に願いを」が十一月号完結と広告にあったからである。

夕方、庄野の妻は庭に咲くブルームーンを一つ切って来て、ピアノの上の「ほとけさま」のコップに活けるのである。《ピアノの上には、父と母と百四歳まで長生きしたおばあちゃん（妻の母）の写真を立ててあり、ここがわが家の「ほとけさま」ということになっている。出版社から私の新しい本が届くと、先ずピアノの上に一冊おいて、「ほとけさま」にお供えし、報告することにしている》

ちなみに、右の「父」というのは、庄野もここの小学校を出ている帝塚山学院の校長だった。また、今度落札出来た「ラムの『エリア随筆』」原稿は、もしやと入札時感じた通り、庄野の病後執筆の原稿であった。庄野は作家としては幸運にも、左半身に病気が表われたので、筆跡はほとんど変化していなかったのである。

（二〇〇五〔平成十七〕年十二月）

「月の輪書林古書目録11・特集創刊号雑誌」が送られて来た。この書店の書誌的評判は高く、今

70 30年前の「週刊朝日」特集

号もユニークな編集ぶりである。「３３４月刊実話〝藤村に捨てられ愛欲に泣く女・他〟昭23／３月創刊号二、五〇〇」など、藤村の仕事をしていた一昨年ならすぐにも欲しかった資料だ。が、さすがに全頁を創刊号で埋めることは至難で（それでも５１４番まで創刊号）、途中、興味ある見出しを記しての「週刊誌」三百円ほどが羅列されている。——以上は「枕」である。

今回私が紹介したいのは、幸い右目録にはなかった一冊の「週刊朝日」（昭45／11・27日号）なのだ。そもそも週刊誌というのは、戦前の「サンデー毎日」「週刊朝日」辺りが始まりだった。昭和三十一年に「週刊新潮」が創刊される前後から、女性週刊誌も参入、乱立時代を迎える。が、まだまだこの頃は老舗の強味で、影響力は新聞社系のものにあったと思う。だからこそ、紹介したい号の巻頭特集に、

〇いま頼られている日本の〝ココロのボス〟10人

としたのであろう。誌面は、まず論じられるボス達の顔写真が並び、赤塚不二夫が身体を漫画で画く。そして活字を大きく、「哲学の再興だそうだ。礼儀作法、有職故実の復活だそうだ。ココロの時代だというのである。なるほど周囲を見まわすと、はたしてココロのリーダーがいっぱいなので、現代日本の〝ココロのボス〟を選んでみた」と、特集の趣旨が説明されている。何しろこの年、岩波が「講座・哲学」全十八冊を募集したところ、予約は五万セットあったと

言われる。そこでこの特集に、編集部は選考委員として赤塚行雄、尾崎秀樹、奥野健男、佐藤忠男、山口文憲の五人を選んだ。すでに編集部は数十人のリストを作成してあり、各十名連記でベストテンを投票させる。そこで選ばれた十人は、

池田大作、松下幸之助、寺山修司、三島由紀夫、小田実、吉本隆明、羽仁五郎、大江健三郎、司馬遼太郎、加藤諦三

であった。満票の五票を得たのは池田大作で、「現実の影響力からみると、ココロのボスのナンバーワンとして当然はいってくる人」（佐藤）という意見に一同賛成。「女性週刊誌に人生論を書きだしているし、創価学会というワクを越えて、求められている面もある」（赤塚）「これまで、いろいろあった新興宗教の中で、現実的にこれほど大きな影響力を持ったのは、明治以後の日本では初めてのことでしょう。思想的には生長の家の谷口雅春などのほうが面白いし、ちょっとでも知的レベルの高い人にアピールするかは疑問」（奥野）などと談話している。

次いで松下幸之助について、「大学で入試の面接試験をやると、尊敬する人物にシュバイツアー、ケネディと並んで松下幸之助が出て来たね」（赤塚）「現代出世物語として、こういう人の書いたものを読むと、あやかって自分も出世できるんじゃないかという、そういう神経は中学生からちゃんとある」（佐藤）と分析、しかし百四十万部出ている「ＰＨＰ」を、自分で買って読むより会社で買って読ませているんではないか（佐藤）、自衛隊員の読者が多いのでは（山口文憲）と、きちんと補足もしている。

――ここまでで特集が終わったのなら、筆者はこの紙面を伏せてしまったのだろうが、この品定めが済んだあと、まず奥野が、亡くなった山本周五郎、太宰治、坂口安吾も入れて欲しい、と言ったことから思わぬ後半の展開となる。

「ところで、池田大作、読みましたか」と奥野が尾崎に聞く。

「いやいろいろ買い込んだが、みんな途中で投げ出したくなっちゃって」と尾崎。「もう一度、われわれ好みの十人を選んでみよう」となる。

こうして再投票（十四人になってしまう）、余人に代え難いので十人にはしぼれないと、次の表（横書だが、ここでは縦に直す）を作ってしまう。

小田　実（作家・38歳）　大江健三郎（作家・35歳）　司馬遼太郎（作家・47歳）

寺山修司（劇作家・34歳）　井上　靖（作家・63歳）　吉本隆明（詩人・46歳）

大島　渚（映画作家・38歳）　永　六輔（放送作家・37歳）　つげ義春（漫画家・33歳）

三島由紀夫（作家・45歳）　唐　十郎（劇作家・29歳）　手塚治虫（漫画家・44歳）

島尾敏雄（作家・53歳）　北　杜夫（作家・43歳）

このあと各評論家のコメントが並ぶが、それを写す紙数はもうなくなってしまった。しかし今思えば、三十年前これだけの人物を選んだ評論家五人と言い、こういう特集を組んだ週刊誌と言い、世の中はまだまだ真面目な時代だったのであろう。

が、今そう筆者が言っている戦後社会を慨嘆、おそらくこの「週刊朝日」（11／27日号の発行は二十日頃）も末期の眼で見たであろう〝ココロのボス〟に選ばれた一人は、ある決意で着々と準備を重ねていたに違いない。――そう、四十五歳の作家・三島由紀夫は、この五日後の十一月二十五日午前、楯の会の学生・森田必勝外三名と共に、自衛隊市ヶ谷駐屯地に至り、自衛隊の決起をうながしたが果たさず、東部方面総監室で割腹自決するのだ。

（一九九九〔平成十一〕年三月）

71　二十三歳の大江健三郎

昭和三十三年六月、学燈社から出された雑誌「みどり」を、この度十数冊入手したので、〝若い知性と教養の手帖〟と誌名の下に謳っているその創刊号を紹介して見たい。

《なにかが欠け、なにかが過剰である。そのいびつな割目から狂騒音が聞こえてくる。いわくロカビリー、いわくフラビリー。／今日、若い社会にいちばん求められねばならぬものであって、いちばん欠けているのはロマンティズムではなかろうか（以下略）》の、主幹・保坂弘司の発刊の言葉がある。

グラビアには〝最高峰〟として谷崎潤一郎の肖像を掲げ、次頁見開を使って〝脚光を浴びる若い作家たち〟が若々しい写真と共に紹介されている。

曾野綾子二十七歳、大江健三郎二十三歳、原田康子三十歳、開高健二十八歳、有吉佐和子二十八歳、石原慎太郎二十六歳の順。

本文巻頭は色刷りで、各見開き二頁ずつを使って順に谷川俊太郎と江間章子の詩、石田波郷の俳句。そして寺山修司二十三歳の短歌が〝美耶より風彦へ〟のタイトルで、

風彦を呼ぶ火の山のふもとまで草は失くせし日とともに冷ゆ

汗ばみて牝鹿のごとく抱かれ醒む千の星たち眠りたる野に

以下八首が載せられている。このあと、武者小路実篤、佐古純一郎、高木卓の随筆、中里恒子の連載小説に続き五島美代子、村松定孝、新庄嘉章、塩田良平、暉峻康隆等の〝文学鑑賞〟

がある。また〝特別手記―想い出は釧路の海に〟は、例の小奴こと近江じんが啄木の思い出を直接語っていて、この時代啄木の存在もこんなに間近だったのである。何しろ、

きしきしと寒さに踏めば板軋むかへり廊下の不意のくちづけ

を提示され、「そんなこともあったでしょう。石川さんは二十三、私は十九、おたがいに若かったあの頃でした」と小奴は語るのである。

しかし実は、この雑誌中資料としてもっとも面白い頁は〝作家訪問―大江健三郎をたずねて〟かも知れない。正直と言うか何と言うか、ここにはのちの大江にはない生のままの発言を聞くことが出来るからである。

「京浜東北線王子駅から、早稲田行の都電に乗り滝ノ川一丁目の停留所に立った」と、訪問記者は記している。大江の住居は小さな庭付アパートで、記者は四畳半程の板の間へ招じ入れられ、早速大江の話を聞く。

「ボクはですね、作家でなくて、まだ学生ですからね。それにこの一年、小説の方に首を突込んでしまって、学校の勉強の方を怠っちゃって、卒業できなかったんです。ボクとしても今から学問の方をしっかりやりたいのです。ボクなんか全然たいしたやつじゃないのに、雑誌社とか放送関係の方たちがやってきて、何か書けと言うのですが、そういうわけで、今のところあまり書きたくないんです。」と少し吃って言う。記者の、いつ頃から小説を書いたかの質問に、続けて言った。「全然最近なんですよ。なにね、本当は授業料がなかったんですよ。その頃ね、

ちょうど東大新聞で小説を募集していた。それで一つ出してやれということで……ところが当選しちゃった……ハッハッハッ」

大江はこの日、よく笑った。「方々で書くでしょ。そうすると学校の先生が怒るんです。そんなひまがあるならラテン語の勉強しろ。ボクが雑誌とか新聞に書いたりすることを、あまりうれしく思っていないんです。田舎は愛媛県ですけれどね、おふくろなんかのところへ近所の人が、雑誌なんか持って、これあなたのところの息子さんでしょう、と言ってよくくるらしいんですが、そんなとき、おふくろ機嫌が悪いんですよ。息子は学者になる、息子は学者になる、とね」

次に記者は、大江の芥川賞候補作で、惜しくも開高健に敗れた「死者の奢り」の巻頭を引用、その奇抜な構想がどこから生まれるのかを質問した。

「そうですね、ボクは音楽が好きでね、よく音楽ききながら構想をねるんです。えッ、ああ、クラシックも好きですよ。ロカビリーというのもね。あれ、きいていると、すごいですね。あんな刺戟の強いのも好きですよ。有吉佐和子さんなんかも好きだそうですよ。それから、石原慎太郎さんのものなんか興味ありますね。太陽族——これもう古いですかね。でもね、こういう人たちをあつかった作品を書いてみたいと思いますよ」

ところで、最初にも言っているが、これらの大江の発言の何という初々しさであることか。

「ボクはですね、作家でなくて、まだ学生ですからね」「ボクなんか全然たいしたやつじゃないのに」などとは、その後は絶対に吐くことのない言葉だった。

『日本近代文学大事典』の大江の項によると、この辺を《(昭和) 三十三年三月、短篇集『死者の奢り』(文芸春秋新社) 上梓。同年『飼育』(「文学界」昭三三・一) により第三九回芥川賞受賞》とある。これによると、何故「みどり」の記者は芥川賞のことを話題にのせなかったのかといぶかってしまう。

しかし、これらは後年の年譜を見ることによってはっきりした。《七月、「飼育」により芥川賞を受賞》となるからで、多分取材のあった三、四月頃、受賞の下馬評くらいは伝えられていたろうし、前年の失敗もあり、大江も人の子、そのゆれ動く気分がこれらの談話となってしまったのではなかったろうか。


(二〇〇三〔平成十五〕年十二月)

72 〝古本屋になろうと思った〟開高健

前回で学燈社の雑誌「みどり」を紹介し、二十三歳の大江健三郎の言葉などを写した。実は「みどり」は十五冊ほど一緒に入手しており、創刊から九冊目の昭和三十四年二月号には、この年二十九歳の〝開高健氏を訪ねて〟が掲載されている。

〝本誌記者〟は、辺り一面荒地の黄色い土地が広がる、東京の西北、西武鉄道の井荻駅に降り立つ。見ると、荒れた土地の後方に二、三十軒の住宅が群がっていて、地図を広げるとどうやらあの辺りに開高の家があるようだ。

記者は玄関の外燈横の壁に、高くペンキで、KAIKO、MAKIと書かれた文字を見た。MAKIの方は夫人で詩人の牧羊子のことで、二人は学生時代の結婚らしい。ベルを押すと、「どなたァ」と子供の声。「ああ、今開けますから」と夫人の声。そしてドアが開くと、さっきの、六つになった娘がおじおじと下から記者を見つめている。

記者が招じ入れられた応接間の窓からは、歩いて来た途中の荒地が見えた。「盛んに土地が掘り返されてますね」

「ええ。ここは静かでいいと思ったんですが、アパートを建てるらしいんです」と開高。

ゴーっと響きを立てて、遠くを黄色い電車が走って行くのが見える。玩具のように見え、開高がタバコを取ろうとする腕がそれをさえぎる。まさに「巨人と玩具！」と記者は叫んだ。

……二つの大製薬会社があった。その両社の宣伝部の話で、ライバル達はアイデアをしぼり販売競争を展開する。その一方の若い宣伝部員が主人公で、この青年は川口浩ですでに前年映画化されたのを、記者は思い出したのだ。その青年が街で拾いトレード・キャラクターに育てる、虫歯だらけの小娘が野添ひとみ、宣伝課長の高松英郎と共に、狂騒的ジャーナリズムを相手に販売実績を伸ばす。が、すっかりスターになった小娘は、もうかつての小娘ではなく、やがて彼等にはどうすることも出来ない巨人となってしまい、課長は倒れ、青年も現代社会のロボットに化して行く自分を発見するという筋で、監督は増村保造であった。ちなみに、この開高の「巨人と玩具」の原稿は、いつか筆者が購入してあったもので、粗筋はよく覚えている。

「今、先生は寿屋へお勤めですが、トリスウィスキー、お飲みになりますか」と記者。

「よく飲みます。ぼくは〝洋酒天国〟というPR雑誌を編集してますが、会社へは一週間に二度出ます。疲れてますが、仕事についていることは、ジャーナリズムに追いまわされて、書きたくないものを書かなくてすみますからね」

記者はここで、三十三年度上半期の芥川賞を、大江健三郎に勝って「裸の王様」で取った時の、「ジャーナリズムにおどらされないように、少なくてもいいからいい作品を書きたい」と言った開高の言葉を、今更のように思い出した。記者に開高は言った。

「今ある雑誌に連載小説を書いてるんですが、これはちょっと自信があるんですよ。泥棒と乞食の話です」

《泥棒と乞食の話。これは面白そうだ。氏はよくとんでもないところに、いや鋭いところに眼をつける。思えば、不思議な恐ろしい現代である。眼鏡の奥の氏の瞳は、その暗黒をえぐり出す》と記者は感心して書いているが、これは「日本三文オペラ」のことであろう。

さて、記者はこの日、これらの話題の外にも「**大阪ずくめ**」「**開高氏とネコ**」等の見出しをつけて開高の話を活字にしているのだが、本欄のタイトルにもした「**古本屋になろうと思った**」の項を記者が記したまま左に写してみたい。

《ピアノが聞こえはじめた。美しい旋律である。お嬢さんのおけいこ。空はいつの間にか曇っていた。

　かなしみのごってりつまった　さびしさのスルスルとまきつく——そんな感じの空だった（筆者注・牧羊子の詩か？）

ネコはじっと眼をとじていた。またゴーッと電車が走って行った。静かな空気を深めるように……。

「ぼくらの高校時代は、いやな思い出ばかりでした。運動場なんか全部畠になるし、お米の代りにキューバ糖ばかりが配給される。これとお米をうまく交換すればいいんですが、ぼくらみたいな要領のわるい者は、毎日キューバ糖ばかり食べていました。戦後は相当苦労しましたが、貧乏って一番苦しかったですね」と先生は言われた。

「話はかわりますが、少年時代、何になろうと思っていらっしゃいましたか」

「そうですね。古本屋になりたかった。なんかね、あんなに沢山の本にかこまれて毎日読ん

ではかりおられるということは、非常にうらやましかったですね」》
……こうして開高は、このあと三十年間活躍して平成元年に食道癌で没した。その病いの中、死力を尽して綴った魂の自伝とも言うべき「珠玉」は「文学界」翌新年号を飾り、単行本にもなった。その最終〝一滴の光〟の章では、かねて探求していた本が手に入ったと知らせて来た、新潟の古本屋のことが大きく小説の筋を左右している。そのちょっと偏屈なところのある古本店主は「送りたくない、欲しければ直接見に来い」と言う。開高はすぐ、「手放さないように」と手紙で念を押し、愛人（実在か幻かは不明）を誘い、出かけて行き、その文献を確保する。
その後の展開に興味を持たれた方は、どうかこの小説に当たって頂きたい。

（二〇〇四〔平成十六〕年五月）

もう一回だけ雑誌「みどり」を利用させて頂く。昭和三十四年六月号には「特集・新進作家の学生時代」として、「真面目一本な学生・**大江健三郎**……渡辺一夫（筆）」「病弱ながら一番主義・**曽野綾子**……萩原瑩子」「強情っ張りな優等生・**谷川俊太郎**……田中春弥」「明かるく悧口な演出家・**有吉佐和子**……塩谷泰子」「ほとばしる才気男・**石原慎太郎**……斎藤栄」の五人が選ばれ、恩師、旧友が思い出を書いている。とは言っても、五人の年齢たるや順に24、28、28、28、27歳の若者達だ。「みどり」の人選の確かさは四十五年後のこの五人（一人有吉を失ったものの）の活躍ぶりで分かる。

73 石原慎太郎と湘南高校

……さて話は私事にふれるが、三年前(平成13年）の山中恒氏の『新聞は戦争を美化せよ！』出版記念会で、私は「あなたの本をほとんど読んでます」と言って近づかれた中沢英昭氏と知り合ったのである。私と同じ昭和八年生まれ、東大を出て、慶応大学で数学を教えていた人というが、こちらがタジタジになるほどの読書家(特に乱歩及び海外の探偵小説)で、文通もするようになった。たまたま旧制中からの同期(年によっては同級)生に石原慎太郎がいたことなども話題になった。高校生活と言っても、夜学の都立上野高に二年半ばまでしか通っていないので、当時日比谷、九段高辺りと並んで氏の学んだ神奈川県立湘南高校がかなりのエリート高だったのを、私は全く知らなかった。

話を「みどり」に戻すと、思い出を執筆している五人の中では、筆者が〝横浜市役所勤務〟

とある斎藤なる石原慎太郎の旧友の文章に興味を持ったのである。思い出には湘南高校時代の同人誌が写真版で載っており、

反旗が昇った、到頭反旗が
鼓膜は千切ってすてた　次は目ん玉だ、そして唇にメスが
時計は逆さに十七年をキザミ尽した　一体、これは単純に陰惨なのか

俺は骨だけを残そう、骨だけを　這ひ廻る紅血（クレチ）や臓腑の色
道化だ、道化だ、全くの道化色
骨だけで唯これだけで俺は立とう

という石原の十七歳の詩が二連だけ引用されている。そして斎藤は、石原が三年前に「太陽の季節」で芥川賞を受けたと聞いた時、最初に思い出したのがこの「反旗は昇った」という詩だったと言う。続けて斎藤は、

《確かに反旗は昇った。コドモがオトナの世界に手袋を投げた。そして彼は最初のポイントを挙げたのだ。ぼくらにしてみれば、石原が受賞したということ唯それだけで素晴しい出来事なのだ。受賞当時、世間では「太陽の季節」が凡作であるとか、背徳的だとか、何か不明朗な感じがするとかいって騒いだ。沈滞気味の文壇はこれを契機として、賭博性は芸術の本質であるとかないとか、今更のように持ち出す。しかしぼくにしてみれば第一に起きた感情は「畜生

め、とうとうやりやがったな」である。「湘南文芸」の創刊号には、ぼくは不弔というペンネームで書いたし、石原のほかにも個性豊かな友人達が筆を執っているが、その中でぼくの最も注目し、或る意味では「おそれ」もしたのが石原慎太郎だった。》とも書いている。
また石原は第二号には、モーパッサンの「モワロン事件」を翻訳、掲載し、課外授業として初級ドイツ語のレッスンがあった最初の時間、遅刻して入室して来た石原が、黒板に書かれたABC（アーベーゼー）を一目見るなり、「ああ、ABCからですか。それならぼくは失礼します」と席にも着かずそのまま教室を出て行ってしまったというエピソードなどを記した。
《一見して坊ちゃん育ちといった感じで、人と喋る時にしばしば神経質なまばたきをする議論好きなアイディアリスト然としていた学生時代の石原は、高校時代〝チンタ〟のニックネームで呼ばれることに甘んじながらも、崩すことのない強い個性を長身の体躯に育てつつあったわけだ。／その頃、彼が絵画部や社会科研究部（略して「社研」と呼ばれた）でリーダー格と目されていたのも、そうした個性を誰よりも早く友人達が評価したからなのである。》
高校時代すでに小説を書いていたという斎藤は、文芸部発足の頃は石原を〝素人〟として考えていたと言う。が、石原がのちに書いた「パレッtte」と題するエッセイを読むに至り、石原の並々ならぬ文学的才能に驚かされたとか。その上その頁の背景となったガリ版二色刷のカットは石原の手になるもので、それも写真版にしてあるので分かるが左手首までを描いた何ともダイナミックなものだ。

さて旧友として右のように書いている斎藤栄という人物、湘南高校から東大に合格、昭和三十年に横浜市役所に入ってエリートの道を歩んで四年目だったわけだが、かたわらの作家志望もやみがたかったようだ。昭和三十五年「宝石・面白倶楽部」主催のコント募集に『星の上の殺人』が佳作入選、四十一年、三十三歳の時『殺人の棋譜』により第十二回江戸川乱歩賞を受賞する。以後も四十七年までは公務員生活との二足のわらじだったが、作家として独立してからの推理小説の量産は目覚ましいものがあった。

先日、先の中沢英昭氏に電話でお聞きしたところによると、その数日前に東京でのある将棋関係の会で斎藤と一緒（二人は旧制中からの同級生）となり、帰りの電車が一緒だったと言い、今年すでに四百十七冊目の単行本を出したところと言っていたとか。

なお、湘南高校にはその前後江藤淳、阿部昭、前田愛などもいたと言われる。

（二〇〇四〔平成十六〕年六月）

74　没後51年英光忌

平成十二年の秋の日、たまたま図書新聞を見ていたら〝催し物〟として、無頼文学会主催で表題についての日時・場所等の案内が出ていた。

私は戦後「野狐（やこ）」というのを読んで田中英光に拒絶反応を起こし、未だ名作「オリンポスの果実」すら読んでいない。なのに、開催日の三日前に思い立つように連絡先に電話したのは、第一に明治古典会市場が文化の日で休みだったこと、第二にはちょっとした気まぐれのようなものからであった。電話先は高校の国語教師・松田信弘さんで、「集まるのは十人ほどでしょう。もしかして青木正美さんじゃないですか」と、私の問い合わせに答えてくれた。

十一月三日午後三時、集合場所は銀座線・表参道A5出口。昔は地下鉄もこれ一本だったが、今はめったに乗らないので遅刻を心配した。上野で乗り換え、駅員に尋ねると二十三分で着くと言う。――所定の場所に四、五人のそれらしい人達がいて、松田さんが声をかけてくれた。あと、代表者の方を待っているらしい。すると中の、もっとも年配の方が話しかけて来た。

「古書通信の文章読んでますよ。内容から、もう少し若い人と思ってました。お幾つですか？私は終戦の時五年生でした」

「私は六年生です。学童疎開に行って、途中で東京へ帰って来たところでした」

「英光がお好きなんですか？」

「いえ、同じ太宰門下でも小山清が好きですね。今日は衝動的な参加なんです。まともに読んだのは『野狐』くらいです。英光を研究されておられるんですか?」

「いや、英光の一読者です。とくに『オリンポスの果実』が好きで。私も戦後のものは余り好きではないですね」

それからその方は、去年の土佐での五十周年忌に参加された話をした。話の中で、その方が英光と同じ早稲田だったので……などと言われたが、私は名前を伺うことも忘れていた。

定刻が過ぎ、多分向こうで会うでしょうと、すでに十名近くになった人々が表の繁華街へと出て行く。狭い歩道の混雑の中を、青山墓地に向かって歩き、五、六分で〝立山地区・桐生花店〟に着いた。まず古い六畳ほどの部屋に、テーブルを囲む形で十七、八名の人々が座った。

開会に、英光の長男英一郎氏が紹介された。「野狐」で、英光によって〝四人の子供〟の〝一番上の十二の子〟と表現されている、昭和十二年生まれの方である。その隣に座る青年が、今は南紀に住む作家で英光の二男光二氏の息子。続いて、こちらで待っておられた「無頼文学会」代表の矢島道弘氏に、会員の原卓史氏が「英光とオリンピック」「英光の思想遍歴」「英光と太宰治」という風に解説、質問する時間になった。私に感じるものがあったのは「昭和二十二年の愛人山崎敬子とのデカダン生活」についての矢島氏の応答。

「この時期が、英光にとって一番苦しかったでしょうね。実は今、我々は英光を無頼派として捉えているわけですが、本当は無頼なんてものではなく、純情、純朴の人が英光だったのではないかと考えます。例えばこれが、愛人が何人もいてそれを自由にあやつるとでもいうなら別ですが、妻子の他にたった一人の愛人を作った位でおたおたするようでは、これはもう〝無頼〟なんてものじゃあないでしょう」――さすがにここでは、一同大笑いとなってしまった。

私はしかし、すぐに頭の中に異論が湧いた。矢島氏がいとも簡単に右のように言ってしまうのは、要するにあれから半世紀、英光程度の無頼では遊び下手な純情男にしか見えなくなってしまうほどに、私達日本人の感覚が変ってしまったと言うことなのではないのか、と。

このあと、皆で墓参をする。まだ四時過ぎと言うのに、雨上りの曇り空はもう薄く闇が覆いそうだった。「田中家之墓」は歩いて二、三十メートル先だった。そのごくありきたりの清楚なお墓に、私達は用意の榊の枝を持って代るがわる詣でた。墓前での記念撮影後、一行はもう一度駅付近に向かってゾロゾロと戻って行った。私はたまたま並んでしまった、光二氏の長男という青年に、「英光のお孫さんは、現在何人おられるのですか」と訊いた。青年は凡帳面にも、先を行く英一郎氏に確かめ、

「十一人です。もう曾孫も二人います」と答えた。

地下鉄への昇降口のある交差点の人混みで、英一郎氏と青年は丁寧な挨拶を残し別れて行った。一行は更に、四時半予定の懇親会が行なわれる〝そば処・増田〟に入った。

正面には矢島氏と塚越和夫氏。今は絶版の『無頼文学辞典』(昭55・東京堂)の編集者と執筆者である。その左脇から私と、集合場所で私に話しかけてくれた人。この四人が六十歳半ばで、あとは女性も混じる少壮の会員の人達だった。矢島氏の、『田中英光事典』が進んでいる

という挨拶のあと、私も指名されて、

「今日はみなさんに英光の『お洒落狂女』他の原稿三種を鑑賞して貰いたくて参加しました。これから廻しますが、どうか最後はここに戻されるようお願いします」と言ったが、皆、「どうか最後はここに」のところで笑った。

次に指名されたのが左隣の「深井さん」で、私はこの方が本誌に「最近の書誌図書関係文献」を連載しておられる深井人詩さんだったことを、この時初めて知った。


（二〇〇〇〔平成十二〕年十二月）

75　川村晃の死のことなど

十六〜十八歳の少年時の日記『青春さまよい日記』（東京堂出版）を出して一ト月余りになる。何しろ、どんなに恥ずべき部分も一字一句削るまい、という覚悟で本にしたもので、私はやがて最悪「天下の奇書」扱いでもされるならそれでも本望、と思っていた。

平成九年五月三十日、明治古典会で二、三の人から「昨日の東京新聞夕刊の〝大波小波〟欄で紹介されていたよ」と言われた。翌日、郵便物の中に、右の日記にも出て来る夜学の友人からの封書があり、その〝大波小波〟の切抜が入っていた。恐る恐る読むと、やはり中程に「映画館の暗闇での痴漢行為」のことが書かれ、私は羞恥心で頭にかっかと血が昇って行くのを感じた。が、末尾は《こうした悪徳への自責と嫌悪から禁欲を志すが長続きしない。両極を激しく振れる思春期特有の葛藤が生々しく、読み出したら止まらない。少年の身もだえや魂の叫びが時空を越えてストレートに届く、すぐれた日記文学になっている》とあった。

やっと胸をなで下したのだが、思えばこの〝大波小波〟欄には、丁度十年前の昭和六十三年五月にも、私は今をときめく直木賞作家・出久根達郎氏と共に「みんな物書き」の見出しで取上げられていた。

《青木は商売柄、収集した日記をもとにして市井人の哀歓を紹介した。出久根は現在岩波書店の『図書』に「雑書法楽」という題で、だれも顧みない雑本から面白い話題を発掘している》が、こんな物書きが店番してる店はお客がお説教でもされそうだ。店は左前にならないか、とあり締めくくりは、《いや心配することはないか。物書きなら野垂れ死にも覚悟のはずだもの》という皮肉で終っていたのだ。

　こうして、久しぶりに「みんな物書き」のことを思い出したのに連れ、私の胸に来たのは昭和三十七年に『美談の出発』で芥川賞作家となった川村晃の死だった。何しろ昨年一月四日の死が、訃報として新聞にベタ記事が載るのは四ケ月近いあとだったからだ。いかにもそれが、私に「物書き」の「野垂れ死に」を連想させたのである。私は今になって川村のことを調べて見る気になった。

　書庫にある川村晃の著書は『美談の出発』（昭37・文芸春秋）、『ルン・プロ』（昭38・角川）、『太陽と愛と』（昭39・冬樹社）、『若い廃墟』（昭39・学研）、『維新の兵学校』（昭43・人物往来社）の五冊である。——芥川賞以前の川村の職業はガリ版屋の下請けで、挫折した左翼時代のビラ書きから得た技術だった。受賞の四年前に同人雑誌「文学四季」に参加、家庭を持つ。年上の四人の連れ子がいる女性との結婚で、ひどい貧乏生活だった。二年たって「文学四季」は解散、今度は美馬志朗の「文学街」に入った。受賞前年の「文学街」昭和三十六年十二月号が川村の著書と一緒に棚にあったのは、川村の「編集後記」が載っているからで、それがすこぶる面白く、私が保存しておいたものらしい。全文引用は無理なので前半を要約すると、《赤字と言われる純文学商業誌を支えているのは、同じ出版社の中間小説や読物雑誌の利潤で穴埋めされているからである》という説。中段で川村は、《もう純文学の経済的独立など不可能》と言う。そして後半を、《人間は水のように低いところに向かって流れたがる。その象徴としてはテレビの洪水がある。やがて新聞の存在さえテレビのプログラムを見るためのものになりかねない。文学人口はすでに減少し始めているのではないか》と、この時点でその後の文壇の歩みと己の受賞後の生涯まで、すでに予見しているように思える

——この七ケ月後、川村は田久保英夫、吉村昭、河野多恵子などを押さえて受賞、駒込の路地裏は、ごった返す報道陣とヤジ馬に、他で起こった親子心中事件の現場と間違えて警察官が駆けつけたりのにぎやかさとなった。そして小説そのままの、親子六人が暮らす四畳半が受賞会見の舞台となる。

川村には、初めからこの受賞は思いがけないものと感じられたと、後年自らを顧みて言っている。川村は受賞直後は翌年十二月までに、「二十歳」(「文学界」九月号)他書下し長篇を含め十一篇の小説を書いた。が、そのあとは作品の評判も今一つで、次第にスランプに陥って行く。

昭和四十年半ば頃からは、川村は本業以外のメディアに活躍の場を求める。毎日新聞家庭面の「人生相談」の回答者に登場したり、日本テレビのワイドショーのコメンテーターの仕事もこなす。昭和五十年頃には「週刊新潮」の事件実話もの「黒い報告書」の仕事まで受けた。あとにも先にもこのシリーズに登場した芥川賞作家は川村一人でそれさえしばしば担当者によって書き直されたと言う。

晩年は酒量が増え、肝臓と胃を壊し入退院をくり返すようになる。一戸建の借家からアパート住まいに追いつめられて半年、川村は精一杯生きた生涯を、昨年一月四日、病院に運ばれた直後に終えた。

――さて、十年前の〝大波小波〟で皮肉られた古本屋の「物書き」のことだ。過日もあるご縁で石神井書林・内堀弘氏の文章が載る雑誌「ユリイカ」＝「古書の博物誌」が送られて来た。他にも、えびな書店・蝦名則氏、古通の樽見博さんの文章も掲載され、それぞれ古書を現物で知る実証的表現で読ませる。この他、昨今は各所で同業の文章を見かけるが、みな商売の方も研究熱心な方々ばかりで、もう「野垂れ死にも覚悟のはず」などと書かれることもあるまい。

（一九九七〔平成九〕年七月）

76 庄司肇氏追悼

療養中のことで、4F屋根裏部屋の日記所蔵棚まで行けないのではっきりした年月を言えないが、私は七、八年前庄司肇氏宅を訪問、小半日をすごしたことがある。

同人雑誌「煉瓦」に、私が古本屋生活をテーマに文章を書いていたことから、ある日庄司氏の電話を受けたのである。雑本がたまってしまったので処分したい、と言われる。無論私はこの作家名は知っており、特に小山清等の私小説作家を論じた『新戯作者論』は愛読書だった。私は商売っ気もあったが、氏がどんな資料から書いたのかという興味もあり、日を約束して木更津市へ出かけた。すでに駅前のそごうもつぶれ、普通のスーパーになっているのなど、そこはさびれた街に見えた。

住いは大きな医院の裏側のようなところで、玄関を上るとすぐ応接室であった。現在医院は別棟でご子息が継いでいると言われる。お茶のあと、早速氏は今は本の置き場になっているという3Fを案内してくれる。

そこは廃墟のように薄暗く、広い階段端に沢山の本が積まれてあった。それはおびただしい自費出版本であろう氏の著作残本の山と分かった。そして蔵書部屋へ。が、それらは私が手を伸ばすまでもない白っぽい雑本類で、すでに同業の手が入ったものとしか思えないものであった。

「元はこの階には看護婦を寝起きさせてたんです」などと氏が言う。ここは沢山の部屋があるビルだったのである。

「もう一部屋あるが……」と案内されたのは、全て大形の美術全集、画集、書画骨董全集、「文学全集」の類で、もっとも市場で冷遇されるものばかりであった。

「分かりました」と私は言って、氏についてビルを一廻りしたあと応接室へ降りた。私はすぐ、「ちょっと私の店では大量すぎて扱わせて頂くことは出来ません」と見た本について言った。

「じゃあ、どこか市内での処分を考えましょう」と庄司氏。そして氏が奥に声をかけると、昼食のてんや物が用意されており、一緒にご馳走になった。

それから文学の話になった。話ははずんだ。まず表の仕事だが、苦学して二十七歳で医師国家試験に合格。千葉大眼科医局を経て三十歳でこの地に開業と言う。文学歴は古く、二十六歳の時、病臥中カストリ雑誌の懸賞小説の習作をしたのが始まりで、療養仲間から「文芸首都」を教えられ会員となる。その後三十二歳頃からしばしば上京、「文芸首都」の編集委員となる。北杜夫、佐藤愛子、なだ・いなだ、などと知り合う。自らも「日本きやらばん」を創刊、四十歳で処女小説集『夜のスケッチ』を刊行。その一篇には、

《彼が小説めいたものに筆をそめるようになって十四年ほどになる。それは妻との生活より、確実に数年ながい。また長いだけの重みを、内部に沈めている。／こういう比較は、他人にはおかしいに違いない。しかし彼は、ぬきさしならない地点にいる。くされ縁とでも呼ぶべきものかも知れない。しかし、自分を賭けたということで、これに匹敵するものは、ないのだ。妻

にしろ、子供たちにしろ、自分を賭けたというものではない。》

その出発はカストリ雑誌への寄稿だったにしろ、ここにある文学への覚悟は並々ならぬものがあったわけだ。《つたない作品の出版をお世話いただいた方々や、過分の言葉の花束を添えて下さった方々に対しては、ありふれた感謝の辞句など記しつけるのもはずかしい。ただ眼をとじるのみである。》が、あとがきの末尾だ。解説は、その後大成する評論家・磯田光一が書いている。

奥付は昭和四十年八月十日付の「南北社」刊。「南北社新鋭創作叢書10」の文字が見え、奥付裏には左の九冊の書名が並んでいる。

伊藤桂一　ナルシスの鏡　大森光章　名門　吉村　昭　少女架刑
杉本苑子　二条の后　村松　喬　椿の女　林　青梧　誰のための大地
萩原葉子　木馬館　福岡　徹　未来喪失　田畑麦彦　小鳥が歌をうたっている

現在中々に、手に入らない本達である。

その後の庄司氏の交遊は華麗で、日沼倫太郎、宗谷真爾、秋山駿、小川国夫、森敦、駒田信二、中田耕治、小沢信夫と多彩だ。また私が学んだ久鬼高治氏にはよく「煉瓦」の出る度に、全員への批評文を寄せてくれた。が、同人雑誌間では知らぬ者ない作家とはなったものの、中々に一流雑誌に作品が載るような扱いはされなくなってしまう。それでも一方、続々と書かれる「坂口安吾論」他の作家論はユニークで、私も愛読していたことはすでに記した。

今年（平成二十三）二月三日の東京新聞で、私は庄司氏の死を知った。末尾、《眼科医の傍ら、文芸同人誌「日本きやらばん」を主宰し、地域文学の振興に努めた。著書に「庄司肇作品集」など。》とあった。

（二〇一一〔平成二十三〕年四月）

77 「子供部屋」原稿に添えて

昨年（平成十二）秋のことである。私の自筆本蒐集のことを知っている下町の同業に呼ばれ、阿部昭の「子供部屋」の原稿を分けて貰うことが出来た。枚数は四百字詰用紙で八十九枚。私は初め値を言うのに窮した。いや阿部のみへの値付けなら、私なりの価値体系からもそう難しいことではなかった。外にオマケがついていたからである。

元々この原稿の掲載誌というのは文藝春秋新社時代の「文学界」昭和三十七年十一月号。当時〝文学界新人賞〟というのが設けられていて、この号はその第十五回目の発表号だった。編集者の〝選考経過〟によると、六月までに応募された小説数は千五十三篇に達し、その中から残ったのがこの作品を含む四篇。他の作者名だけを記すと、神野洋三、中川裕朗、黒部亨である。そして選考委員の文章が「順不同」として印刷されている。顔触れは、

風景描写のうまさ　吉行淳之介　丁寧な書き方　遠藤周作　無難な作品　井上　靖

小説としての魅力　武田泰淳　手腕を買う　平野　謙

という豪華さだった。ところで、オマケというのはこの五作家の原稿だったのである。そしてもう一点、阿部の〝受賞の言葉〟、

〈ここにこうしてお目にかけるものに、はたしてその資格があるものかと私は心配です。過分のとりなしだと思われてなりません。／自分の書いたものが活字になって大勢の人に読まれることは、もとより私の願いではありましたが、その日はまだまだ先のことだろうと考えてお

りました。私の未熟にはなお多くの苦しみこそ．ふさわしく、その気持ちはつい昨日までと少しも変りはありません。／それにしても、あのまま反古の中に消えてしまったかも知れない子供部屋の人物達といままたこの場所でめぐり合えるのは、ほんとうに嬉しいことです。／最後まで附き合って下さったかたがたに、彼等に代って心からお礼を申し上げます〉

という、四百字詰一枚までも。結局しかし、私はこの場合は〝オマケ〟はオマケとして値踏みすべきだと心に決め、同業に値を告げたのである。

「子供部屋」は、精神病院に兄を見舞いに行った時の弟の感想、と言ったらいいだろうか。とにかく、錚々たる五作家の意見の一致を見て選ばれ、その後期待にたがわぬ活躍で生涯を終えた阿部だったが、しかし「子供部屋」は不思議な運命を辿る。まず最初の単行本『未成年』(昭43・文藝春秋）に入れる時の徹底的な書き直し（主人公名まで変更）がある。その上後年、阿部は最初の福武書店版「全作品」八巻〝年譜〟中、この受賞時にふれ、

「選考委員らのおざなりな物言いには憮然とする」とまで諸家を批判するのである。「子供部屋」が、今度私が得た原稿通りの初出に戻されるのは、没後の平成四年の岩波版全集『阿部昭集』まで待たなくてはならなかった。

〈いずれにしても、「子供部屋」は、病める兄と母とが格闘する病棟のような空間として象徴的な意味を持ち、空白となっている「父親」の存在を含めて、一組の家族の物語を告げる重要な作品であった。〉(栗坪良樹)と、今は位置づけられるようになったのだけれど……。ともあれ、

右の如くこの自作に対する阿部の屈折した扱いと後年の五大作家への不満はあるにしろ、阿部のその後を思えば、五大作家の眼は充分正しかったと言うべきではないだろうか。

ところで、今私が残念に思っているのは、この原稿がこの二月初めに東京堂出版から出ている、保昌正夫先生の監修名を頂いた私の本、**『近代作家自筆原稿集』**に入れられなかったこと。もう校正ゲラが出てしまっていて、間に合わなかったのである。

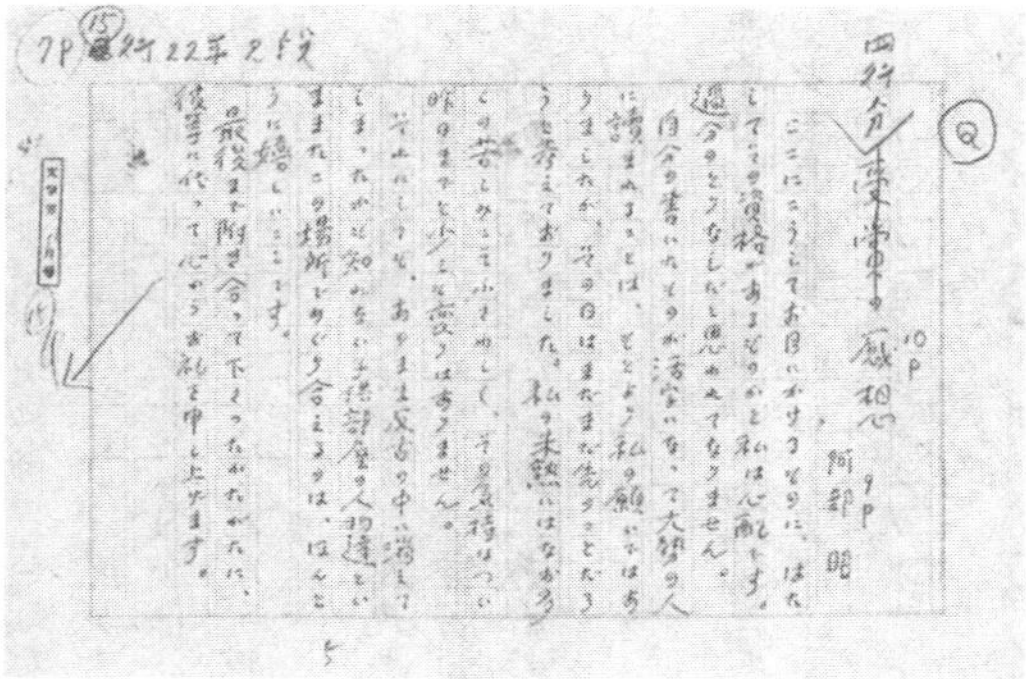

思えば、二十歳で文学に挫折、古本屋になった私であったが、蔵書と共に持ち込まれ、市場の隅に捨てられる運命だった人様の日記を拾い集めるようになったのも、基本は筆跡への興味からであった。それが、街の古本屋十年を経たあと、神田の近代文学専門書市場に働きの場を求めて、そこの出品物の中にかねて文学全集の口絵などでしか見られなかった文豪達の原稿類を見た時の驚き。藤村が、荷風が、直哉が、龍之介が心血を注いだ紛れもない自筆本が、金さえ出せば買えるらしい事実に私は眼を見張ったのである。

私はまっしぐらに蒐集に精を出し、購入の資金作りに戦後初版本、マンガ、児童読物、映画資料、絵葉書等々、私はその時々の流行の商品の擬似専門書店になりすまし、商品にして来た。無論その間の四十年が全て順調だったわけではなく、その幾つもの危機を救ってくれたのも蒐集した自筆本類で、その一部を泣く泣く商売用にしてしまったことも度々だった。ともあれ蒐集というものに終わりはないのだが、今や七十歳間近の年齢がその収束をうながすようになったのである。

今度の本は、そんな私の近代の作家原稿五百種ほどの中から森鷗外から大江健三郎までの五十点を選び、書き初め一枚を実物大で写真版とし、解説を加えたものである。同時に、自筆本を巡るささやかな自叙伝をも意図したものだ。

（二〇〇一〔平成十三〕年二月）

商売としてはずい分扱っても来たし、金儲けもさせて貰ったが、個人としては余り漫画は好きではない。手塚治虫もその戦後社会に与えた影響やら業績はみとめるにしても、彼が活躍し始めた頃には私はもう漫画年齢ではなかったから、まともに読んだこともない。敢えていえば、宮尾しげを、田河水泡、島田啓三あたりが懐かしい。

78「つげ漫画」とつげ義春さん

昭和三十年代末、「ガロ」とかいう奇妙な名の漫画雑誌があらわれた。それを商売用に扱っていた昭和四十年代初め、この雑誌をパラパラとめくっていて、私の目はある作品に吸い寄せられた。「つげ漫画」との出会いである。『紅い花』『ねじ式』……私はこの文学にもない表現に魅せられ、ある戦慄さえ感じた。『紅い花』の、少女の初潮におどろく苛めっ子の心理描写の鋭さ、そして『ねじ式』の同世代の誰もが一度は見ている夢の世界を、漫画形式の中に刻みつけた鮮やかさ……。

すでに三十代初めの中年になっていた私は、すっかり「つげ漫画」の虜になってしまった。これは手塚治虫が開拓した方面とは別の可能性を漫画というジャンルの中に示す極限に立つものではないか、とさえ考えて見るようになり、ひそかに日記につげ論を記したりした。その後の「つげ漫画」の評価は高まるばかりで、今年春の大市会ではその「全集」が×万円以上もしていた。

私が本を書き始めて、その送り先につげ義春の名が浮かんだのも純粋にファン心理からだった。以来、つげさんは必ずその読後感を寄せて下さるようになった。それは、全く忘れかけた頃にポツンとポストに入って来る葉書か封書であり、まだお会いしたことはない。たまには著書なども送って下さり、きまって、

「ご返信ご無用です」と結ばれた手紙が入っていた。

つげさんが私の文章でもっとも興味を示されたものは「古本屋」第七号（昭63／10月）の私の二十歳の日記『若き古本屋の恋』で、すぐ『夏の思ひで―つげ義春作品集』（昭63／11月・中央公論社刊）を送って下さる。中に感想が書かれてあったのだが、つげさんには古本屋の娘と貧しい学生の一冊の本を巡る交歓をほのぼのと描いた『古本と少女』という名作があり、この作品集の中にも入っていた。ちなみに、この九百余頁の選集には巻末に年譜（つげ義春自分史）がついていて、「一九七八年・41歳」の項に「将来古本屋を開業するつもりで古本マンガを収集する」とある。

つい先日は、幼少年期の思い出を書いた私の新著『昭和の子ども　遊びと暮らし』をお送りしたところ、

「私は四ツ木の新聞店で働いていて、堀切の方へも集金に行ったことがあり昔を思い出すと感慨ひとしほです」というお便りを下さった。つげさんが、私の育った同じ葛飾区のほとんど隣り町とも言ってよい立石で育ったことは今ではよく知られている。また、それがあたっているかどうか分からないが、傑作『ねじ式』についてこの地区に住んだ経験でだけ言えることが

一つだけある。この作品の中に、まるで軒が寄せ合う露地のような中を汽車が走り込んで来る場面が一頁大に描かれて強烈な印象を残す。これは私達が当時たまに乗る押上線や金町線での京成電車が走る情景なのである。思えば私も幾度ああいうドキドキするような場面を夢の中に見て育って来たのであろうか…。

（一九九〇〔平成二〕年七月）

79 つげ義春さんと会う(上)

葛飾から調布までは一時間十五分。教えられた駅前喫茶店は二階にあり、広々とした店内は昼が終ったあとで半分ほどの入りだった。「お待ちの方がおいでになってから注文なさいますか?」とウエイトレスは言った。

客の出入りは激しかった。しかし広いので立ち塞がらない。(でも、果たして、つげさんと分かるだろうか?)私は、昨夜から探して見つからなかった、十年も前の朝日新聞の記事と氏の写真を思い出した。あれは、どこか土手の上の寂しい風景だった。まるで小便でもするように、ズボンの前に右手を持って来て、くわえタバコで痩身の体を屈み込むようにさせているポーズ。髪はふさふさとし、そのサンダル履きの風体は、まるで若者だった。(これで五十二歳とは!)と、その時感嘆したのを私は思い出した。……この一月二十九日の約束で、調布に知人を訪ねることになったのは三日前、それが昨夜私はとんでもないことを思い立った。もう三十年以上も昔の「ガロ」時代から憧れの人となったつげさんに、恐る恐る面会を求める電話をしたのだ。すでに一方的に贈本したり、感想を頂いたり、何冊かは私も本を頂いたりの間柄ではあったが、あんなに心易く「いいですよ」と言って貰えるとは!

すると一時半ぴったりに、入口のドアが開き、あの新聞で見た人が現われた。つげさんは思ったよりも長身で、瞬時に店内を見渡し、思わず立ち上がる私の方に近づいてきた。二人して、どうもどうもと挨拶。細面の、ジャンパー姿にドタ靴の若々しい動作の人だった。こちらは上

がりっぱなしで、

「図々しく、急のお願いをして本当に済みませんでした。思い出したら矢も楯もたまらず、失礼を顧みず……」などとしゃべり続ける私を、氏は笑って受け流した。私は氏の最終の葉書に、奥さん（藤原マキ、女優・絵本作家）の病気のことが書かれてあったのを思い出して訪ねた。「失礼ですが、奥さんのお加減はいかがですか？」

「家内は昨年の秋に亡くなったんです。二年間、つき切りで看病したんですが、とうとういけませんでした」

「そうでしたか。知りませんで……。大変でしたね」

「まだ、こちらもその後遺症から抜け出せません。私も前はもう少し肉があったんですが」と、氏は胸の辺りを手で辿って見せた。私はさすがに氏の心情を思って、一時的にも話題を替えようとバックを開げ、

「会いに行く方は深大寺のそばにお住まいのこの人なんです」と持参の本を見せた。「一応三時の約束をしてありますが」

氏がゆったりとコーヒーを飲みながらなのに、こちらはまだブラックのままだった。

「つげさんには、確か二十五歳位の息子さんがおられましたね」

「ええ、二十四歳です。……ずっと三人暮らしでしたが、今は私が炊事等みなやらなくてはなりません」と、氏は、言いよどんだり憚ったりということのない答えを私に戻した。

「実は、同人雑誌に『古本屋〝江東文庫〟伝』というのを書いたんですが、立石の人で故人です。石尾って言いますが、これを書いたことで弟さんが暮に訪ねて来てくれました。その方がつげさんの少年時代を知っている、って言うんです」

「そうですか？　多分級長だった人かな。何しろ、立石は出ちゃってからほとんど行ってないんです。いい思い出は全くないんです。駅の改札口のキャンデー売りとかね。あれが一番辛かった。でも、よくあんなこと駅が許してくれてましたね」

「そう言えば、例のラーメン屋さんのことも石尾さんは言ってました。大江さん、ですか？」

「本当は大江君とも、あれ以来会っていないですよ。あのメッキ工場もなかったって、昔を調べて言ってた人がありました。母が青戸で暮らしてたんで、去年まで京成線には乗ってました。堀切を通過中は、ここに青木さんがいるんだなあ、なんて……でも立石へはねえ」

「去年まで、とおっしゃると？」

「春に母も亡くなったんです」

私はこの時、一人の才能が世に出た場合の土地のこと、回りにいた人々のことを考えさせられた。その人が愛着をもってその育った地域を作品化していると錯覚してしまうが、それは違うのかも知れない。それでも人々は、その世に出た人とその出生地を語りたがるのだ。

「ところで、つげさんは立石付近の古本屋はよく歩いたんですか？」例えば、何々堂なんか……の問いに、氏は意外なほど土地の古本屋を知らなかった。そして、氏は、

「ネオ書房とか、貸本屋さんへの出入りがほとんどでしたから」と言って、

「ところで、青木さんの本に出て来る本田大踏切（ほんでん）の処のライバルだった方は、今お元気ですか」と聞く。

「あ、熊一さん、あの頃彼がいたんで私もあんなに働けたんです。元気ですよ」

「青木さんは、結構マンガ本では昔は最先端でしたよね」

「ええ、中野書店とかまんだらけさんが出る前の話ですけど。つげさんが親しくされている古本屋はどなたでしょう」

「まんだらけさんはアシスタントされてる頃を知ってますしね。野頭さんとか、天堂さん、ラマ舎さんなんかですね」

「何か御自身も古本屋をやろうとされたとか？」

「考えてましたね。あまり蔵書とかにこだわらず、売っちゃう方なんです」

「そのことは向いてるでしょう。でもつげさんのように、もう十年もマンガを画いてない怠け者ではつとまらない商売ですよ」

この私の言葉に、つげさんは大きく笑い出した。


（二〇〇〇〔平成十二〕年四月）

つげ義春さんと会う(下)

「いいえ、十年どころかもう十二年何も発表してないんですよ。何とか食いつないでいますが、言われたように大体が怠け者なんです。ここ二年は妻につきっきりでしたし、今気功というのをやったりしていくらか元気を取り戻して来つつありますけれど」

「展覧会とか講演の依頼なんかもあるのでしょう」

「そういう話もあります。でも全く私にはダメです。元々ひどい赤面恐怖症でしたからね。人前で話せません、展覧会も人の来るのを待つわけでしょう。人と会うのさえ嫌なんです」私が思わず苦笑していると、氏は続けた。「団地でも、隣近所はほとんどつげ義春なんて知りません。今度の家でもそうです。マスコミの人もそうは来ないし、来てもこういう所でしか会いません」氏は出版記念会もやったことがないと言う。

「先年の筑摩の全集が完結した時もですか」

「やってません」

ウエイトレスが器を下げようとするので、二人はもう一度コーヒーを頼んだ。

青木正美様
葛飾を懐しんで…
平成十五年一月二十九日
つげ義春

「でも、つげさんくらいのお仕事をされると、著名な方の接触も多いのではないですか？例えば作家なんかは？」

「会っていません。いや、島尾敏雄さんとだけ会いました。何か、ファンとかで会いに来て下さったのと、中央公論の『海』で一度対談をしました。こっちは黙ってましたが」

「評論家なんかは？」

「ほとんど会いませんね。……断わったって言えば、藤沢清造の『根津権現裏』って本がありますね。その復刻版の装幀を頼むって話がありました。装幀は一度もやったことがありませんし、こんな状態でしたのでお断わりしました」

ここで私は、そうっと下の方で腕をまくりチラっと時計を見やった。何ともう三時さえ過ぎてしまっていた。一向に氏が嫌な顔、素振りを見せないので、私は構わず話を続けた。いや、もう一つの約束などどうでもよくなってしまった。藤沢清造の話から、いわゆる全集でも計三巻くらいに収まってしまう、夭折作家の生前不幸、死後に顧みられるようになった文学者の幸せを私は語った。しばらく、今度重版までされた小山清の話を二人でした。

「つげさんも、あの『ガロ』の仕事があって後世に残る人になったわけですが、例えば『ねじ式』は、夢が題材と思っていいのですか」

「ほとんど夢そのままです。汽車の場面だけは作りましたが」

「みんな、あれで衝撃を受けるんですが、どうして貸本マンガを画いていたつげさんがあの時変貌出来たのでしょう」

「動機も何も、自分でもそこは分からないんです。自分でも幾らか変わったなって作品は『噂の武士』からでした。注文されて他人の画風まで真似て画かされてることに、いつも落ち込んでいました。その度に死ぬほど悩んでいたんです」

「そんな時に、長井勝一の話があるわけですね。『沼』辺りですか」

「長井さんは自由に描けって言ってくれましたが、本当は結構注文を出すんですよ。何しろ営業で手形に追われますしね。その頃××新聞から来た、高野慎三という人が編集に入って、描かせてくれましたね。あの頃幾人もの人材も育てましたよ。ええ、私よりも年下の人でした」

「ところで、今日お聞きしたいなって思っていたことの一つは、あの『ねじ式』前後、『紅い花』等の原画ですが、あれは何処にあるんですか」

「みんな、私の所にあるんですよ」

「それは本当によかった。将来もし記念館でも出来たら、必要ですから」

「それは絶対にないですよ。ただ原画のことも、別にあの頃残そうと思って残ったのではないんです。印刷済みの原画など、その頃までは処分されたり売っちゃったりしてたんです。ところが『ガロ』が始まって、白土三平さんが原画の返却を強く言い出したんです。それで長井さんも自動的に返すようになりました」

「例の『古本と少女』などは、どうですか」

「あれは事情で二回描きまして、あとの方が残ってます」

「すっかり、つげさんの絵が高くなってしまいました。お聞きでしょうけど」

「ええ。青木さん方の『明治古典会』に『必殺するめ固め』が出品されたって聞いています」

「あれは四、五年前の七夕大市会で、私も参加しましたが負けました。さて、今日こうしてつげさんとお話させて頂いたわけですが、今目の前にしているつげさんと、熱狂的なファンに支えられて一人歩きしている巨人『つげ義春』という名前と、ものすごく乖離していると私には思えるのですが、その辺りのお考えはいかがですか」

「私は本来、マンガ家とか画家とか思われたくないんです。好きな画家も、強いて言えばレオナルド・ダビンチ、もしくはそれ以前の名のない絵の職人さんなんかなんです。私はやがては、ホームレスにでもなって消えてしまえたら、それこそ本望なんです。それは手塚治虫さんくらいの天才なら、ああいう風に扱われても仕方ないですけど、赤塚不二夫さん見たいにテレビで顔を売ってるのはね？　あれでは電車にも乗れません……」

最後につげさんに握手を求めると、氏はジャンパーで手を拭くようにしてさし出す。力強い、大きな手であった。外へ出て別れ際に背丈を聞くと、「百七十五あります、昔はこれも劣等感の一つでした」と言った。


（二〇〇〇〔平成十二〕年五月）

80 司馬遼太郎と反町茂雄

ちくま文庫『古本屋群雄伝』（平20）に、私は京都の「岡本有文堂・岡本源一郎」を入れた。全古書連・平成三年版名簿まで載っていた人でその廃業時の整理品か、自家目録への諸名家の注文葉書一束を、ある日市場で買った。そこから浮かび上った店主の人間像を文章にしたものだった。今回の一文はこの書店が司馬遼太郎と反町茂雄にどうかかわるのかの話である。

司馬の単行本シリーズ「街道をゆく36」＝『本所深川散歩／神田界隈』の末尾近くに「反町さん」の章がある。そこに、司馬が岡本と反町のことを書いている。まず反町が『一古書肆の思い出③古典籍の奔流横溢』の「3弘文荘復興の烽火」には、昭和二十三年の、「待賈古書目第十六号」を発行したことが書かれる。これは古書目の戦後復刊号で、総売上げは百三十五万円という思いがけない成功を見たと言う。

「弘文荘復興の基礎は、やっとここで一応固まりました」と回想した反町はこの年、古書業者としてはもっとも働き盛りと言ってよい四十七歳。文字通り八面六臂、東奔西走の活躍。いわゆる〝セドリ〟行脚もスケールが違った。八月、京都へ寄る。反町の文章。

《……そちこちと歩きまわっている内に、拾いものに当たりました。岡本有文堂さんという（略）この人は、以前は確か丸太町通りの古本屋さん街に居たと思います。通りがかりに一寸立ち寄りますと、笑顔で迎えて、時々は奥から、とっときの珍本を取り出して、分けてくれる人でした。（略）私の顔を見ますと、ニコニコして、「ああ、そりまちさん」というなりに、すぐ奥に入って、一山の古典籍を持ち出しました。

「これ見ておくれやす」

一番上に（略）古い箱がありました。ふたを明けて見ると、余り厚くない本が二冊。（略）袋綴じの大型の冊子で、表紙はとれて無いが、用紙も書体も思いの外に古い。第一枚目の初行には、大字行書で「新学少者　竊(ひそかに)相談云」云々の文字で始まっているが、書名はどこにも書いてない。二枚めくると、三枚目から本文らしい。

（六行を略す―青木）

一部十巻三十一品（章）の仏教経典……の中の難語の辞書に違いない。……本文は1枚半で完結、その裏に堂々たる奥書がありました。

（四行を略す）

ヤッ、これには驚きました。承暦三年（一〇七九）、即ち平安期時代古写の辞書なのです。（略）裏ページには五音即ちイロハ四十八文字が、二様に書いてありました。中に古体仮名が沢山見えます。これはどうやら国宝ものらしいぞ！》

二冊目はもっと厚冊、……著者仲甚の自筆の原本として極めて貴重。

「で、これはいくらですか」と反町。

「珍本でしょう?」と得意そうに岡本。「高いかも知れないが二冊で五千円でどうです」

どうもこうもない「ウイ、ウイ」と反町。

他にも五点、三千円ほどを、仕入れて書店をあとにする反町。

この『金光明最勝王経音義』は後に重要文化財に指定されている。

……実は前出「反町さん」は司馬独得の表現で文章化しているのだが、元は『一古書肆の思い出』からである。神保町の古い同業ならみな知っていることだが、永く司馬が古書資料を購入し続けたのは神田神保町の高山本店からで、「反町さん」の中にも、

《店主の高山富三男（ふみお）さんのことは、さきにもふれた。私は三十年未、この人の厄介になっている。》と書き、こんなことも言う。《ついでながら、本というのは大学図書館や公共図書館におさまってしまえば、人が墓石の下に入ったようなもので、世間を生きてうごかない。》と。

この言葉は難しい問題をはらんでいるのは私蔵も又死蔵だと思う人もあるからである。

ともあれ司馬は、この項の執筆をしながら高山に、

「反町さんは相変らずお元気ですか」と電話をしている。

「お元気ですとも。ただ、このところ加療なさっていますが」と応えた高山だった。

（ということだったが、このあと一九九一年九月四日逝去された。行年九十歳）と、司馬は奥付一九九二年のこの本には加筆している。

では反町と司馬の接触はあったのだろうか。司馬はそのことについてもふれている。

《私は反町さんについては、この著書や雑誌に寄稿された文章を通して知るだけで、お会いしたことがない。／また古書籍についても、反町さんの場合は国宝や重要文化財級の古写本や

古版本をあつかっていて、私には無縁である。私はざんねんながら愛書家、収集家、骨董好きのたぐいの人間ではない。》

そして、戦後日本の〝自国憎悪〟〝価値一変〟の中、時代にさからうようにして多くの貴重書を、家作を売ってまでの資金で買い集めた反町の行為を著書で知り、司馬はこの文章を敬愛を込めて書いたのである。

私は『一古書肆の思い出』の年譜まで作成しながら、岡本有文堂と反町の関係は司馬の文章を見るまで気づかなかった。

（二〇一五〔平成二十七〕年一月）

81　高尾彦四郎と海野十三

昭和二十四年三月一日付で、戦前も出ていた「愛書趣味」の復刊第三号が大阪から出た。
と言っても週刊誌大わずか四頁のものである。がこの号巻頭には、斎藤昌三の「石川巌翁の追憶」も載っており、末尾にある石川の著書を調べた「編著目録」は、現在でも貴重な文献である。
そしてこの号の四分の一、即ち四頁目は「古書販売目録」になっている。そこに、大阪市北区桜橋の〝書林・高尾彦四郎〟が〝カズオ書店〟〝津田書店〟と並んで浮世絵関係の本三十数点の販売目録を掲載した。
これを見た東京の海野十三という名の客から、高尾彦四郎（一八九六〜一九八三）に、
雑誌「錦絵」一〜三四号揃　三帙入　千八百円
の注文があった。この年高尾は五十四歳、この時で海野の注文はすでに三度目だったが海野が何者なのかを知らなかった。と言うのは高尾の専門は和本や絶版書で、文学書やましてや探偵小説の類ではなかったのである。前二度の送金はあったが、まだお馴染みというほどではない上、今度のはいかにも金額も張り、送りにくい。ただこの客には、一点だけ高尾に気になることがあった。それは注文の度に添えられていた文章である。
毎日々々仕事にかまけて忙しく日を送っている五十男の古本屋にとって、心のこもった丁寧というだけでない暖かさを感じさせる内容なのだ。例えばそこには、

「私には大阪がいつも懐かしい。いつか所用で大阪行の際、朝日ビルへ行ったのだが、たしかお店の前を通ったことを思い出す、がお店がどこにあったのか一寸思い出せない。神戸に池長孟という非常に本好きの人が居るが、あの人は私の先輩で、私をよく知っていますよ」などと書いてあった。

高尾はそれでも少しためらったが、「ええ、ままよ」とこの品の荷造りをして、海野へ送付した。

ところが、四日、一週間、十日と経っても海野からの送金がない。こうしてもう二ヶ月三ヶ月もした頃に、見知らぬ横溝正史という人の封書が高尾の許に届いた。

「私は海野の友人であるが、海野はこのほど死亡したのです。そこで未亡人が来て言うには、大阪の高尾という店から雑誌・錦絵を送って貰ったが、注文主が死んでしまっては不用だ、送り返して貰えぬかとお頼みである。もし廉価のものなら自分が引取ってもいいが、値段が分からぬので聞かせて下さい」と書いてあった。

読んで高尾は、海野からの送金がなかった理由が分かった。そして横溝の手紙から、海野が戦前戦中、そして戦後も亡くなるまで、探偵小説、科学空想小説家として著名な人なのだと、高尾にも分かって来た。高尾は折返し、横溝に返事を書いた。

「実は、私は海野さんの注文に添え書きされた手紙に感じるものがあって送ってしまったもので、御注文の品をお送りした控も何も取りませんでした。値はそんなわけで明確には分かりませんが、現品の第一冊に書いてありますからお調べになれば判りましょう。今となっては、せっかく御注文された本を御覧になって亡くなられたのかが、唯一の私の気がかりです。唯今となって海野さんの死去を知った私は、あの三通のお手紙からのうれしい印象に、深い哀惜の情に堪えませぬ。もしあなたがあの品をお引取り下さるなら、その代金は、誠に不躾ながら海野様の御霊前にお供え下さいませ」……と。

この夜、高尾彦四郎は作家というものの、並々ならぬ市井の人間の心を動かすペンの力に感じいったと言う。高尾はこのことをどうしてもその息子達に語らないではいられなかったと言う。

続いて高尾は、またも二通の手紙を受けとることになる。一つは横溝正史からのもので、自分があの品を引き取ることにした、代金千八百円は貴意に従って故・海野十三氏の佛前に供えました、というもの。もう一通は海野の令息からのもので、御厚志まことに有難うございます、云々という挨拶状だった。

——さて、ここまでを、同じく「愛書趣味」十一号に掲載の、最後にカッコして〝一九四九・一一・三〇文責記者〟とある「故海野十三氏」と題された、ほとんど棒書きに組まれた高尾の談話を敷衍、私流に紹介したわけだが、最終の〝オチ〟だけは高尾の肉声で聞いて見たい。

《……これで話は結末にして良いのだが、実はまだお添え物がある。ナアーンだ、惜しい事をしたねェ、僕に呉れれやァよかったのに！　と長大息される方々には誠にお気の毒なというのは、このあと間もなく江戸川乱歩さんからも私に宛て、「来たる……日、故海野十三君の……忌に当り、追悼会を営むべく候に付き、是非貴下の御臨席を賜わり度、此段御案内申上候」という御招待状が来たのであったが、いつもの私の気性故、それも既に屑籠へ棄てた後であった。愛書趣味というささやかな雑誌を通じて、探偵小説という同じ畑の故・海野十三、横溝正史、江戸川乱歩の三大作家を知ったことと、作家達の厚い友情と情宜を私は痛感させられたのです。》

なお、高尾彦四郎については、反町茂雄著『蒐書家・業界・業界人』(昭59・八木書店)に「高尾彦四郎さんの個性」という追悼文が収められている。

(二〇〇〇〔平成十二〕年七月)

82 『白痴の夢』と『新貸本開業の手引』

平成八年九月二十日、私が日本古書通信社を訪れると、編集部の樽見博さんが、「第二回五反田遊古会・古書即売目録」中の「月の輪書林」の頁を示した。するとそこにゴシック体の「世界詩人　第2号　ドン・ザッキー（都崎友雄）編発行　大14　美本二十万」という一行が眼についた。これは大正十四年十一月一日付で、「十、十一月号」として定価三十五銭で出されたA5判六十頁の雑誌である。確かに想像外の値ではあったが「では、お前実物を目の前に出せるか」と言われても、近い将来それが手に入る当ては全くないのだ。何しろこの雑誌、『日本近代文学大事典』には二号まで出たとされ、三号まで確認されたのは平成二年になってからである。

さてこの同じ日、私は市場で石神井書林の内堀弘さんから、お願いしてあったドン・ザッキーの唯一の詩集『白痴の夢』の複刻を分けて貰う。実はこの複刻本を五年前に作ったのはドンの長男の方。しかし諸般の事情で、この本は兄弟にも渡らず、この度そのお一人に頼まれての私の入手だった。……私が昭和五年生まれのドンの次男・覚明氏から電話を受けたのは、その一月前。「父の昔の詩稿類をお見せしたいので、川越までお越し願えないか」というのだ。私は八月二十五日の日曜日午後に、川越市を訪れた。

駅前に、一度ドンの葬儀でお会いした覚明氏が車で迎えに来てくれた。家は車で七、八分の、高台の外れの所にあった。庭もある斬新な感じの家で、あとで分かったが氏は定年まで「建築文化」の編集長を努めていたとか。奥さんに挨拶、早速資料を拝見した。種類別にファイルに入れて分けられた原稿を見て行く。驚いたことに、あの詩史にも記録される『白痴の夢』の詩稿が全て残っていたことだ。それも詩集を編むために選ぶ前のほぼ二冊分の量がそこにあった。その他、纏まった原稿としては「石川啄木論」というのもあった。覚明氏は、父のために老後何かまとめたいと言われる。私は、詩集に漏れている原稿を整理して、遺稿集を出されては……と勧めた。すると覚明氏は、この詩稿もやがてコピーして送ります、と言われる。私も、何かの時は協力しますから、と言った。

原稿類を見たあと、ドンの若き日の、肩まで髪を伸ばしたもの、紳士風の眼鏡の中年頃のものとの、自画像二点を見せてくれた。私は、私も覚明氏の姉・須郷道子さんから、ほとんど真っ黒に汚れたドンの自画像を頂いて持っていたので、それを言った。すると覚明氏は、「ああ、あれが青木さんのところに。あれは父が最も暗い時代のもので、汚れているのではなく、あれでいいのです」と言った。

「そうそう」と言って、続いて覚明氏は古い写真の袋を私に見せた。中にはセピア色に変色した、青年時代のも一枚あった。また中の一枚は終戦直後のデパート展のもので、無事の終了を祝って撮ったものか、参加書店主達のスナップだった。私はそこに業界の大先輩・井上喜多郎、山田朝一、一誠堂・小梛精以知氏等に混じって古本屋時代の最盛期のドン・都崎友雄の姿もあり、そのお手伝いをされたと言う十七、八歳の覚明氏も写っていた。

「これは目録などです」と出された一束は、古書組合名で発行の謄写刷り「相場特報」第一号などであった。これは昭和二十七年の七月刊のもので、三十円の定価もついている。全連理事長・村口四郎、組合理事長・松村龍一、機関誌部長・都崎友雄名で「創刊の辞」も載る。『大百科事典』元版揃いが一万二千円もし、『土』初版はわずか二百円の時代だったことが分かる。そんな資料をめくっている一番下から、昭和二十九年刊の、都崎友雄著『新貸本開業の手引』が出て来たのには、思わず私は「あっ」と声を上げた。案の定、頁をめくった目に、私がこの発行の時点で組合の古本市を指導に回った都崎から求め（頒布価五十円）、当日都崎の話を聞きながら自分がメモした文字が映ったのである。いきさつは昭和五十七年の『古本屋三十年』に書いたが、簡単に言えば、もうこの本が著者の手元にないということで、私が都崎に贈ったもので、まさかこれが出て来ようとは！

元々保証金を取っての貸本屋は下町にあったが、昭和二十八年頃、関西方面から「ネオ書房」と称する「保証金ナシ」を謳った新方式の貸本屋が勃興、東京にも進出を始めた。すると、業界の大多数だった娯楽本主体の「町の古本屋」に警鐘を鳴らし、「新方式」には「新方式」で対抗せよと、「手引」まで書いて組合員を啓蒙し始めたのが都崎だったのである。結局組合員向けと新規開業貸本業者へ販売しただけの、わずか六十頁のこの本は、私が古本屋の傍ら並行して貸本屋を七年やった時に利用したあと、持ち前の保存癖から取っておいたのだった。私はこの本を永い古本屋生活の中でも、他に見たことはない。

こうして、私は資料を見終わったあとも一時間ほど、主にドン・ザッキー時代を主点に話を伺い、覚明氏に送って貰って帰途についた。その帰り際、覚明氏は、

「よかったら、これ、元々青木さんのものですから」と『新貸本開業の手引』ともう一冊「相場特報」第一号を、お土産に下さる。

……今は連絡不能になっている長兄から複製本を求めてあった石神井書林さんの『白痴の夢』を、私が市の翌日、覚明氏にお送りしたことは言うまでもない。因みに、今は確実に稀覯本と言える『白痴の夢』原本を、七年前長兄にお譲りしたのは私である。

（一九九六〔平成八〕年十二月）

83「現代詩」雑感

椅子／その針の上の／虹
濡れてゐる牡牛／のなか／の寝台
五月は／憂愁の眼に／緑を裂く
風／雲／木の葉

——私は右の詩がよく理解出来ない。現代詩の多くが分からないのは私だけなのか。この詩が選ばれているのは昭和五十一年完結の『日本現代詩大系』(河出書房)、この詩人頁の巻頭、「黒い火」前半である。『文士の筆跡』(詩人篇)では「詩とは何だかわからないなにか」との筆跡が載るくらいだから、本人にさえ「わからないなにか」だったのだろうか?「大系」の「13巻＝月報」を見ていたら戦後の代表詩人の一人・入沢康夫の「『詩はほろんだ』か」の文章が、次のように書き始められていた。

《ときおり、自分の書いているものも、戦後の詩も、戦前の詩も含めて、いったいこうしたものが、本当の詩なのだろうか、われわれはみな、とんでもない勘違いをしているのではなかろうかという、はなはだ「壊滅的」な気分にとらえられることがある。このような気分の中に思念をただよわせることは、勿論、かなり危険なことにちがいないが、しかしまた、このような気分の中にある時こそ、じつは創造性の根源から来る火照りをよりいっそう身に感じている瞬間であり、「詩」への夢が、とりわけ熾烈になっている時でもある、ということを、私は、ようやく、体験的にわきまえるに至っている》

私はこの文を、現代詩の難解さを突く論が始まるのかと、一生懸命その先を辿った。途中入沢は、谷川雁が『鮎川信夫全詩集』の書評をした文章、

《詩がほろんだことを知らぬ人が多い。いま書かれている作品のすべては、詩がほろんだことのおどろきと安心、詩がうまれないことへの失望と居直りを、詩のかたちに表現したものという袋のなかに入れてしまうことができる》……を援軍（?）として使ってもいる。が結局入沢は、末尾を、

《この全十三巻の「大系」に封じ込められているものは、まさしく「ありうべき詩」をめざして試みられた投企（ママ）の、壮大な（そしてささやかな）廃墟であり、これが詩であるかを徹底的に懐疑し、問いただすことを通してこそ、われらの詩は正当に「維持」されるであろう》と収束させてしまう。

私自身はもっぱら光太郎、元麿、実篤あたりから、近くは耕治人、大木実などを好み、例えば大木の詩集などは、昨日も手に取って眺めた。その引用をするいとまはないが、要するに素直に頭に入って来るのである。

私は七十九歳、病んでなお退化の進んだ頭をさらけ出してしまうが、その一つがこの「現代

詩雑感」となろうか。それでも数年前までは、三省堂刊の『日本現代詩大事典』なども購入、商売柄、勉強もしていた。しかし分かったのは、西脇順三郎以下、私の頭にはスムーズに入って来ない、私だけが言うのかもしれない難解派ほど、大詩人、重要詩人の扱いだということ。その上その詩とその解釈法まで競って載せているのだ。反対に、今言った大木実などの扱いは簡単な略歴だけで、当然手引不要の引用詩などはない。

……さて、この先は太平洋戦争開戦一年目に、雑誌「青年＝女子版」昭和十七年十一月号掲載の詩の話に移す。勤労女性二人が並ぶ口絵入一頁に、真珠湾攻撃で死んだ兄を妹が歌う「ふるさと」で、まずそれを写そう。

落葉の村へゆく道は　　やつぱり落葉が溜つてゐた
朝の六時に踏んでゆく　　落葉の甘いそのかほり
友の肩にも散つてくる
かるい黄金の一片に　　ふる里の高い銀杏を思ひ出す
お寺の庭の大銀杏　　真珠湾頭の海戦に
名誉の戦死をした兄の　　お墓もそこに出来たといふ
兄にかはつて一心に　　働く窓に散つてくる

銀杏落葉(おちば)の一片(ひとひら)が　あゝ　海鷲(うみわし)を思はせて

ところでこの作者を誰と想像されるだろうか？　詩史を多少読まれた方からは、「何だ、これは青少年向きの、よくある戦争協力詩じゃないか」と言われそうである。が詩人名は、この回最初に引用の詩人と同じ北園克衛。生涯《「意味によって詩を作らないという基本理念は終生変らず、抽象非具象の構想を詩で実験した》（『朝日人物事典』）北園も、この国の存亡時、こんな素直な詩も書いていたのか。書いてしまったのだろうか？が、何としみじみとした詩であったことか。

（二〇一三〔平成二十五〕年三月）

84 大木実全詩集

最近はもう、長いものを読み終える根気がなくなって来た。逆に、箴言集や一部詩人の詩集はよく眺める。聖書の好きな章、「藤村詩集」、犀星詩、そして手元には全冊置けないので『大木実全詩集』。重いのが難点だが、まるで『小山清全集』を思わせ、これで生涯が分かることで似ている。小山は没後も人気を持続させ、〝全集〟が出たのだが、大木のは丁度よいくらいの晩年にこれが出された幸せな生涯（一九一三〜一九九六年）だった。

古本屋の知識としても、ずい分難解な「現代詩」集も勉強したが、コレクターとして始めから蒐集したのは大木の詩集だ。それが十数年前、ある七夕大市会に「大木実詩集ほぼ全冊」なるタイトルの、一括二十冊ほどが出品されていた。底値二十万円とあった。

蒐集済みのものが多く、私にはこれに興味はわかなかった。ただ、こんなに揃って大木のものを見ることはなかったので、必ずどこかの店に注文は入るのだろうとは思った。

ふと気が向いたのは、最終下見日の片づけをしている時で、入札者なしだったのだ。私は出品の一つに予想外に注文者が重なっているのを見、あの儲けで買えそうな大木の底値だけ、その時入札しておいたのである。それきり忘れていたが、入札会の日、私にあっさりと落札されて来た。生原稿二枚入の家蔵限定本まで含まれ、予想外によい品だった。

大木実は初め作家志望で、処女詩集には尾崎一雄が序文を寄せている。全詩集は、活字も大きく、愛読している。「後記一」にはその後の人生を、大正のはじめ／東京本所の／場末の町で／生まれ／父は電気工夫／母は農家の娘／路地で遊び／貧しく育ち／学び／働き／文学へあこがれ／恋愛し／結婚し／戦争へゆき／生きて還って／埼玉に住み／市役所へ勤め／病気し／貧乏し／詩を書いて五十年／特記事項／無し

と、詩の形でまとめている。そして「後記二」は、「全詩集刊行のことなど死後のことと考えていたが、八木憲爾さんの手で実現をみることができたのを幸せに思う。第一詩集『場末の子』から近年の『蝉』まで、詩集十一冊、詩の数六百篇、この他に活字にしたが詩集に入れなかったものが百篇くらいあろうか」と始まっている。そして末尾は、……「潮流社出版部の皆様にお世話になった。深謝申しあげる。／著者」である。ちなみに、奥付は、

第一刷　発刊一九八四年一月二十五日　定価一万三千円

とあった。背皮で全冊署名入だから、そう沢山の部数ではなかったろう。

さて、私の三年前の著書『場末の子』だ。この本は大木の影響を受けており、まるまる題名は第一詩集を意識した。そして第一章も同じタイトル、序詞も大木の詩から「少年の日」の前半を使わせて貰った。

いつもかじかんだ手をして／浮かぬ顔をして沈んでいた／その子のこころには／少年らしいゆめも少年らしい暮らしもなかった／冷たい境遇のなかで／いじけて頑なになってしまい（以下略）

……と始まるもので、私の少年時代を象徴させたつもりだ。では、大木のどんな詩が好きなのか？

生きるということ
生活というもの
いつも
寂しいとおもう
虚しいとおもう
わたしは熱いなみだを
胸ふかくたたんで耐えることをいつか覚えていた

（「少年の日」末尾）

大木には、古本に材を取った詩がいくつもある。

また来ましたね
老人は無言で
私にそう云っているのだ
ふろしき包みを私は渡す
老人は　ほどいて
目をおとす

おいくら
——千円／老人は奥へはいる（「老人」）仕方ないのだ
こうするより仕方なかったのだ
私は足もとに目をおとす（「老人」）

これは古本屋の店頭風景ではなく、戦後の質屋でのことを題材にしている。私は「古本屋群雄伝」に入れた水道橋通りの波木井書店主の話を思い出す。氏は一時、店売用の古本の不足を、自動車で質屋廻りをすることでおぎなっていたのだ。

最後に、私が何度読んでも感嘆する大木の一詩を、そのままの形で引用しよう。

おもいがとおったそのあと　　かえって寂しい
ほしい本を買ったあと　　女と情事のあと
手のなかに　　確かにあるのに　　本の重み
女のからだのぬくみ（「そのあと」）

ここには、詩人の人生への告白、深い洞察、祈りの気持さえが読み取れるのである。

（二〇一二〔平成二十四〕年九月）

付・古書市場が私の大学だった

私が古本屋を始めようと思い立ったのは、昭和二十八年、二十歳の時である。

家は、父が葛飾区堀切で自転車の修理業をしていた。京成電鉄の堀切菖蒲園駅近くで、場所は悪くなかった。新制中学を出ると、私は夜学の高校へ通うかたわら家業の手伝いをしていたが、機械いじりが性に合わなかった。本が好きで、金とひまがあれば古本屋へ出かけた。父が、突然当時はやり始めた小さなパチンコ屋を始め、そして一年ばかりでつぶれ、借金だけが残った。

父は恥も外聞もなく自転車修理業にもどり、私も夜学を中退、初めて外へ働きに出る。その年一月から六月までのこと、輸出用の玩具工場の工員で、日給百五十円。

父の自転車店は間口三間、奥行二間ほどのものだったが、販売用の自転車など仕入れられず、修理で預かってある自転車が何台か置いてあるくらい。店内はただだだっぴろかった。私はその三分の一の間口一間分を父から借り、古本屋を始める決心をして工場をやめた。資金は父がなけなしの三万円を貸してくれた。

まず、間口三間の店を二間と一間に仕切らなくてはならない。材木を買って来て柱を立てヌキを渡し、ベニヤ板を張って仕切りにした。本棚も荒くけずったままのもので作った。一番下を手前に出して雑誌を並べる台とし、中台などない狭く細長い穴蔵のような店であった。父から借りた三万円のうち、材木代に三千五百円使ったからあとは仕入資金として二万六千五百円しか残らない。

それ以前の二、三年、いわゆる文学青年だった私は、かれこれ五、六百冊くらいの駄本を持っていた。もちろん開業するにはそれだけでは足りない。京成高砂駅近くにあった知り合いの古本屋に相談に出かけた。この人は五十歳くらいでTさんといい、元は堀切で古本屋をしていた。今の高砂の店は新本ばかりだが、それを奥さんと三男坊の息子にまかせて、自分は地方の蔵書家などへ古書、古典籍などの買出しに出かけ、仕入れてきたものを神田の市場に出荷するなどしていた。Tさんは、

「一週間くらい待てば四、五百冊の本が入荷する予定だ。それを廻そう」と言ってくれた。

思えばこのTさんにはいろいろと思い出があった。少年時代、私が育った堀切では唯一軒の古本屋であったが、町にはふさわしくない何やら難しい本ばかりが棚に並び、お店の中はいつも薄暗かった。中台の前の方には本以外の仏像など骨董品の類が並んでいたりした。たまには「少年倶楽部」の古本でもないかと、二、三人の子供達で入り込むと、「子供の本はないぞ」と奥の方からTさんの怖い声がとんできたものである。

私の幼な友達の母親というのが、早くに主人をなくし近所でおでん屋をしていた。

この幼な友達とは戦時中の学童疎開も一緒だったが、疎開先の新潟へ幼な友達の慰問に母親と共にこのTさんがやってきた時の奇異な感じを忘れることができない。――つまり、後家さんであった幼な友達の母親と、女房持ちの古本屋の小父さんとが仲よくなっていたというわけなのだが、子供心にはそれがすんなり理解できなかったのである……。

やがてTさんから知らせがきて、私は自転車店のお得意さんからリヤカーを借り、自転車のうしろに連結して高砂へ出かけた。Tさんの店へつくと本は店頭のドブ板の上に積み上げられてあった。

「青木君、まあ上がんなさい」とTさん。「リヤカーできたんか、大変だったろう。とにかくお茶でも飲め」

お茶をいただいている私にTさんは、

「君のことは息子から聞いているが、文学が好きなんだってな」と言う。

「ええ、まあ」と私。

「好きな作家は誰かね」

「島崎藤村です」

「どうして藤村が好きなんかね」

「……」私は返事につまってしまう。

ああ、自分のようなものでも、どうかして生きたい。——『春』の結びにあるこの一言を読んで、とはそうやすやすと言えなかったのである。

「よし、いいものを見せてあげよう」と言って、Tさんは二階への階段を上がって行く。私もついて行く。天井の低い二階で、二間ある。一方は本や骨董品などで埋まっていた。Tさんはその中から一冊の本をとり出し、私に見せた。それは藤村の『破戒』で、緑色の例の有名な緑陰叢書第一冊で、どこかで書影は見ていたが手にとるのは初めてであった。『破戒』読了時の感激の思い出と一緒に、藤村がこれの自費出版に至るまでの苦心を思い、ああ、これが……という感慨が私の胸にあふれた。

「初版本だ。よければ千円にしとく、買っておけ」とTさん。

私は、はいと言えなかった。これからの古本屋をやって行く資金は、二万六千五百円しかないのだから、私は黙ってTさんに『破戒』をもどした。Tさんはほかにもいろいろの本を見せてくれた。

藤村の詩集『一葉集』、『なつくさ』、『落梅集』。『若菜集』はないようであった。田山花袋、柳田国男他の共著『抒情詩』、『ふところ日記』、『悲しき玩具』、『吾輩は猫である』（上中下揃）、などがあり、みな初版本ということであった。

啄木、光太郎、犀星の葉書、長塚節、伊藤左千夫、森鷗外などの封書があった。それから漱石の絵と、牧水の歌の自筆の掛軸もあった。珍しいのは竹久夢二の、外国旅行でふところにしていたというスケッチ帳のようなもの。私はただただ感心するばかりであった。いつの日にか、このような発行時そのままの書物や、文学者達の肉筆などを自分の手にする余裕ができるのであろうかという思いが頭の中をよぎった。

「少しは文学でも分かるやつがいると俺も張り合いがあるんだがな。——なあ青木君、君くらい文学が分かればなあ」とTさんはわが子（と言っても奥さんの連れ子）三人を私にひきくらべて嘆いた。

Tさんが店の前に積み上げて、私を待っていたホコリだらけの本は五百冊余りあり値は三百五十冊が一冊二十円、あとは一冊七円でいいと言う。私は七千四百五十円をTさんに払った。私は本をリヤカーに乗せて自転車でひいて帰り、さっそく本一冊々々のホコリを払った。値をつけるのだけれど、説かれている事柄がみんな戦争中の忠君愛国的な修養書や時局関係の本ばかりで、こんな本が売れるのだろうか、と私はちょっぴりTさんをうらんだ。後で思えば、俗に言う〝ツブシ本〟をつかまされたのであった。しかし棚は空いた段の方が多いのだし、他に仕入れる手段を私は知らないのだ。そして仕入資金の残りはあとわずかに二万円足らずである。

私の家の隣は乳母車屋で、裏はその製造所だった　そこの子息が開店準備中の店へやってきて、向島に乳母車屋と古本屋を半分ずつやっている人を知っていると言う。自転車で行ってみると岡本という人で、さっそく古書組合の地区支部長のところへ私を連れて行ってくれた。古物商許可書のことを聞かれ、すでに父が自転車でとっているので、一ト月前に古書籍の品目を追加申請をしているところです、と言った。それならと、組合加入の手続きをとってくれ、この辺りの地区・第十支部の経営になる向島市場への出入りを許された。私はそこで、下町向きの娯楽雑誌を沢山仕入れて帰った。

　間口一間しかないところから名付けられたわが「一間堂」の開店は、昭和二十八年七月五日日曜日のことであった。

　朝から親友のA君が手伝ってくれ、忙しく残っている本の値段つけをした。この日にやっと小さな看板も上がった。夕方の四時頃にどうやら開店の運びとなったが、気恥ずかしくて出入口のカーテンがはずせない。A君が見かねて、「仕様がねえ奴だ。しっかりしろよ」

と言ってカーテンをはずしてくれた。

忘れもしない、初めてのお客様は女の子を連れた若いおかみさんで、三冊で百二十円の買物をしてくれた。夜十一時までやって千三百円余りの売上げがあった。

開店当時

　下町の市場は、扱い品目はまだまだ雑

誌が主力で、量的なことで言えば全体量のうち本は雑誌に比して五分の一、十分の一以下くらいのものでしかなかった。そうしてその本そのものも、大衆娯楽本やハウツー物が多く、固いマトモな本は少なく、とくに全集の揃い物などに至っては、月に何組とかの割合でしか下町の市には出品されることがなかった。下町はその売上げ額の多くを、雑誌を売ることで上げていたのである、〝大衆・婦人子供向き書籍雑誌何でも歓迎〟とは、昭和二十年代の組合員名簿末尾にある、我等が下町の古本市場の宣伝文句であった。

そうしてこの年代は、古本屋は売る本が不足していた。勿論それは、足の早い出版されたばかりの白っぽい物に限って言っているので出たばかりのものは市場で、どの分野の単行本も大概ゆうに定価の七掛までも競り上げられた。手堅い出版社の岩波書店、新潮社、中央公論社、講談社の本は七掛半から八掛近くまでも競る人がいた。それを古本屋は一割引で売るから、下町の一流どころは、新刊屋よりも率の悪い商い方をしている部分があったのである。下町の一等地にあった一流古本屋が、新古兼業期間を経て、昭和三十年代半ば頃までにはみんな新刊本屋に転向してしまう原因の一端は、その辺にもあったのではなかったか。

今思えば、この時私が古本屋を始めたことは、我が家にとって実に幸運だった。父が翌年七月には脳出血で倒れるからである。——以後長男の私は、病気の父、母、叔母、弟妹十人の柱となって暮すことになる。

こうして生活との戦いこそが昭和三十年代の私の目的となった。業界は当時徹底的に品不足で、市場は売り手に有利だった。私は市場外での仕入れ方法（「建場まわり」や「読書クラブ」の二ヶ月遅れを大量に仕入れ他店へ卸すなど）を覚え、ただただ毎日を金儲けばかりに邁進した。

昭和三十九年が東京オリンピック。テレビを受信する家庭が飛躍的にのびた年としても知られる。そんな私に、あるチャンスが訪れる。神田で行なわれていた古書市場・明治古典会から、反町茂雄氏のもと、再編されたスタッフの一人となった鶉屋書店・飯田淳次（**以下登場する人達の敬称を略させて頂く**）から会の経営員として推薦されたのだ。結局ここが私の後半生をきめる。

昭和四十年夏、飯田は期待するところがあったから私を明治古典会に誘い、私を氏の部下としてひっぱってくれたのであろう。

しかし、すぐに私は劣等感のかたまりになった。月に二日だけの勤めなのだが、私にはそれさえつらくなった。出る本出る本が珍しく、見たことも扱ったこともないものばかりだ。そうして出品物は本や雑誌ばかりではないのだ。作家、歌人、俳人の初版本、色紙、短冊、掛軸が出る。自筆書簡、原稿、挿絵画家の画稿が出る。錦絵、新版画、石版刷団扇見本帳が出る。燐票、絵葉書コレクション、ブロマイドが出る。各種地図類、双六、カルタも出る。

　定価以下の古本や戦前の雑本しか扱ったことのない下町の古本屋から見ると、それらはけたはずれに高い値段に思える。これらの品物が私に扱える時代がやってくるとはとうてい思えなかった。私の店の棚にも、私自身のわずかな蔵書の中にも、一点だってここへ出して高くなるものはなかった。店の買物で、一冊だってそこへ出せるような本は混じってこなかった。

　古書会館は、まだ旧館で木造の平屋建てであった。経営委員は新松堂書店・杉野宏、杉浦書店・杉浦台紀、今井書店（のち・忠敬堂）今井哲夫の三先輩と私の四人。市場は畳敷である。私は市場へつくと、廻し入札のための板の台を脚をたたみ込んで畳の上へコの字型に四角に並べる仕事から始める。そして中を空間にし、外側へ常時四、五十人は集まる同業のお客のために座布団を並べて行く。

　次は地方から梱包して会宛に送られてきている荷物を開梱する。本の分からない私の仕事は、その中のものをとり出して、畳の上へ並べるか、揃物の目を揃えるかくらいまでである。それからは先輩が客の入札しやすいようにあざやかな手さばきで荷を選り分け、仕切っていく。私はその仕分けられて井ゲタに積み上げられたものをヒモでしばり、あるいは入札封筒を書いてそれにつけて行く。そうこうしているうちに、会の幹事の人が数人早目に来て手伝ってくれる。

先輩達の仕事ぶりも見事だが、会の幹事の方々の仕事ぶりもまた見事なものであった。中でも文学堂書店・内藤勇ときたら、本の背文字を見ながら、いな見ないでも、まるで色紙の色分けでもするように本を選り分けてしまう。それは、本をヒモでしばるだけの単純作業に過ぎない私の仕事よりも早かった。そのくせ本は完璧に申し分なく仕分けされているのだった。

市場の開始は午後一時半頃からであった。全品廻し入札が原則で、そして揃物など廻し切れない大きなものは置入札か振りに廻された。中座は経営主任の飯田淳次で、ほとんど一人で発声の仕事を開始から終わりまで通された。

客は毎回四、五十人はあったが正面には必ず会長の反町茂雄が座った。反町がそこへ座られると同時に、市場の空気はピーンと張りつめるのが常であり、そのことは、都合で遅刻されている時のなごやかな、悪く言えばダレた雰囲気が、氏が現われたとたんに急変するのでも分かった。

市会の運営は経営員の外に会員の数名もそれに従事し、主に開会までの荷の仕分けなどを手伝い、開会後は客側のところどころに入って荷の迅速な廻しに協力する。そして荷物が多く開札の渋滞するような時には、経営員とともに開札も手伝った。

本は、一人歩きするものは一冊で、その外は二冊、三冊と組み、あるいは五冊六冊と組んで値になるようにし、ヒモで束ねられてある。また扱い品目のうち、本以外のものは用意のお盆にのせて廻されることになっている。本の中でごく珍しいもの、高価なもの、カバーつき、函つきで、そのまま台の上を廻しては損傷しやすいものにもこのお盆は用いられていた。――こうしてその品物の一点一点について、入札ふだを入れる封筒がつけられて、廻し台の出発点の所に高く集積されてあるのだ。

今日どの程度の荷かは、その集積された商品の山を見れば、お互い商売人だからそれとなく分かる。せかせかと忙しい業者の一人二人は、その山から自分の店向きの何点かを抜き出しては入札し、帰ってしまう。会としては一人でも座る客の多い方が市場が燃えるから、ある時は大きな風呂敷をそこへかぶせて、どういうものが今日出品されるかを見せまいとした時期もあった。

開会の一時半前には、ほとんどの座布団が客で埋まる。経営員中最年少で一兵卒の私は、会だけで使用している白い大きめの入札用紙を、着座したお客さん達に配って歩いたりする。

開会の一時半にはピタリと中座の飯田淳次が座り、

「それでは廻し始めます」と言う。そう、あの映画などでみる賭場の壺振りのような役目か？

いつも廻し始めの場所におられたのは、会の幹事役であった内藤勇、木内書店・木内民夫だった。二人は当時四十二、三の働き盛りで、廻し入札にもっとも重要な〝荷出し〟

の役目をしておられた。そのほとんどに素早い手つきで札を入れ、居並ぶ客に向かって品物を送り出すのである。この、封筒にまだ一枚の入札ふだも入っていない状態の時の品物に入札するほど難しいことは、実はないのである。廻されて、四、五十人の半ばくらいまで通過してくれば、その入札ふだをふくんだ封筒のふくらみ方などによってその品物の人気、絶版中のものかどうかなどが分かってくるが、初めに入れる場合はそうはいかない。よほどの商品知識と、落札しても売れるという自信がなくては入札などできない。それも、そのほとんどの品物に札を入れるなんて……。

お二人はまた、そこに積んである本の山から、無差別に品物を手にし、入札し、ただ漠然と客に向かって廻しているのではない。誰にでも入札できる、やさしい定価のあるいわゆる白っぽいものをまず廻し、同じ傾向のものばかり廻して客があきてしまってはと適当な配分も考慮し、暗黙のうちに、その日その日の市場を演出さえしているのだった。

入札して買うこともあったことはもちろん言うまでもない。

落札者が決まり、飯田淳次の発声がすんだ本は、落ち札をはさみ一箇所に重ねられる。そうしてある量がたまると、私が各書店のうしろまで運ぶのである。とめ札が高くて親引き（荷主の引き荷）になったり、人気がなくて棒になったりした品物の処理もまた、私の仕事であった。廻す荷が全部台にのり、台の上を流れ終えたら当日の市場の終了である。そしてその日最後の発声のあとは中座がそのむねを言い、同時におのずと市場には客側から拍手が起こる。

私はすでに三十歳を越えようとしていた。貧乏をやっと克服し、金儲けに邁進していたもっとも忙しい時期であった。そして市会で見る顔ぶれから言ってもそう年配の部類ではなかった。しかし、お客の中には二十五、六の、大学出の若き二世達がすでに活躍を始めようとしていた。同年配の者でバリバリと品物を買っている客も多く、市会の仕事を夢中で見習う期間が過ぎると、何とも言えない劣等感がどっと私を襲ってきた。

「こんな、自分の店に無関係な品物を覚えて何になるのか!」と思った。

実際ここで扱うような本が、わが家に入って来る可能性はなかった。またここで買ったとしても、それが売れるようなわが町、わが店ではなかった。お天気さえよければ、朝早くから車で建場廻りにすっ飛んで行くのが日課だった私は、ふっと昼下がりの陽の光が市場の窓からこぼれるのを見ると、こんな仕事をするのではなかったと、私にこの仕事を紹介してくれた飯田淳次をうらんだ。昼食に外へ出たついでに、まだ路上駐車のできた駿河台山の上ホテル辺りの道路脇の自分の車まで行って、長時間ふて寝してくることもあった。

この年十二月の明治古典会大市でのことだった。まだお若かった中村光夫、勝本清一郎なども見えていた展観下見会場で、私は自分が最も私淑してきた作家島崎藤村の肉筆原稿を見た。私の蒐集癖の血がさわいだ。飯田淳次に相談すると、それは少し以前のふだんの市に出て、十万なにがしで落ちたのを覚えている、と言われた。開札日、飯田に入札を代行してもらい、それが廻ってきて同僚の方が開札している時の不安と動揺とを忘れることができない。そして自分に落札した時のうれしさと衿持……。

「藤村、『巡礼』草稿、三十八枚。十八万六千円で十支部の青木君……」と飯田の発声を聞いた時の感激は忘れない。当時、十万を超える金額の商品は大市会においてさえそう多くはなかったのである。

それからも、全くなかったと言えば嘘になるが、この時をさかいに私の劣等感も少しは薄らいで行った。私は藤村の肉筆が出れば買った。いくら藤村が好きと言っても、そうは出てくるものではないから、私は他の好きな作家の肉筆も買い始めた。

すでに昭和三十九年十月、東京古書会館の建設がきまり、旧古書会館と組合事務所は昭和四十一年七月、近くの日貿会館へ移転、かりの市場として十ヵ月を過ごし、昭和四十二年五月、新しい東京古書会館へもどった。

神田の新会館には、もう昨日までの畳敷の会場はなかった。廻し入札も、置入札に使う高さ五十センチほどの台を利用して椅子席となった。毎月二日間だけの明治古典会の日程が、十日、二十日、三十日の三日行われるようになり、間もなく曜日制の採用によって週一日の日取りとなった。

こうして、下町の古本市場しか知らなかった私も神田の古書市場へ働きの場を求めることができた。私がもし、あのまま下町の古本市場だけの出入りで終っていたら、おそらく今あるような形での自分はなかったに違いない。

× × ×

夜学の高校二年中退の私は、藤村に傾倒した以外、本を系統的に読むなどなく、古本屋になってからは読書さえまともにしなくなっていた。下町の娯楽本主体の商売では、本の勉強など必要なかったのである。自らの知識も貧しく、鷗外、漱石、藤村はあっても、会津八一、西脇順三郎、竹久夢二、中川一政などはなかった。『破戒』は読めても透谷の『蓬萊曲』は題名すら読めなかった。かろうじてこの頃の私を支えてくれたのは、持ち前の負けん気と若さだった。

そこは例えれば反町茂雄校長以下、内藤勇、木内民夫、杉浦台紀教授連などのいる古書の実践大学だった。私はそれからの九年間を経営委員としてすごし、同時にそこは遅い「私の大学」ともなったのである。

あとがき

四月で八十六歳になりました。

私はこれまで、終生の職業となった自叙伝、出自たる古本屋の歴史、崇拝する先輩たちの伝記、日記癖が高じての日記関連本など、かれこれ四十冊の著書を書いて来ました。古書通信社からは本書で十一冊を出して貰うことになります。

今度選ぶために三十年余の自分の文章を読み込んだわけですが、強く感じたことがありました。それは何を書いても〝私小説〟的で、最初の本『昭和少年懐古』(昭52・自費出版)の帯文「自分史」の一環になってしまうことでした。語るに落ちる話ですが、私にはたった一冊『「悪い仲間」考』(平19・古書通信社刊)という小説集があり、みな私小説でした。

そしてこの本で思い出すのは末尾に収録の〝習作二篇〟の内の「日曜の憂鬱」のことです。これは昭和二十五年十七歳の時に、私がたどたどしく綴った私小説でした。都立上野高の定時制文芸部誌「水車」に載せたもので、主人公は正吉(設定は給仕)です。

――まず日曜朝の枕の脇に、昨夜読み更けった島崎藤村の『春』を見つけます。競馬にこっていた父が丁度出かける用意をしており、「おやじ又かよ!」と言ってしまい口喧嘩してしまいます。この日結局正吉は近くまで定期券のあった神田へ出、『罪と罰』を探し神保町の古書店街を歩きます。が、本は安い店で二百五十円もし、買えなかった正吉は、過日友人から聞いていたのを思い出して日本橋、三越の某作家の「原稿展」を見に行きます。それが先週で終っており三階の書店に上ります。正吉はふとその入口正面のショウ・ウインドを見て、思わずニヤリとしゃがみ込み、小一時間も動けなくなります。そこには最上段に谷崎潤一郎の肖像写真、『細雪』（函付全三冊）と毛筆による書き初め原稿が飾られ、下三段には大佛次郎、舟橋聖一、辰野隆、日夏耿之介等十人の推薦文が、原稿のまま並べられていたからでした。……終りは正吉の就寝前のもう日課となった日記書きとなります。

長々と想起してしまったが、「春」で知った「ああ、どうかして生きたい」の藤村への敬愛、古書店街への興味と作家原稿への執着など――この幼ない作品の中にはのちの己の人生までも暗示されているかに今更のように驚くのでした。

最後になりましたが、本書の構成のご指導から始まり、綿密な校正と誤記の指摘など、月刊誌編集のお忙しい中、お手間を取らせてしまった樽見博さんに、厚く感謝の意を捧げます。

そして印字を担当された花井雅信さん、上毛印刷の大澤丈太さん、お世話様でした。

二〇一九年六月十五日

青木　正美

著者略歴

青木正美（あおき・まさみ）

一九三三年東京に生まれる。五〇年都立上野高校中退。五三年葛飾区堀切に古本屋を開業。商売のかたわら、近代作家の原稿・書簡、無名人の自筆日記などの蒐集に励む。八六年同業三人で季刊誌「古本屋」を創刊、五年間で一〇冊を出し終刊する。また、文筆活動にも取り組み、著書に「昭和少年懐古」「古本屋三十年」「青春さまよい日記」「古本屋奇人伝」「古本探偵追跡簿」「知られざる晩年の島崎津藤村」「近代作家自筆原稿集」「古書肆・弘文荘訪問記」「『悪い仲間』考」「古本屋群雄伝」「場末の子」など多数を著している。

二〇一九年六月二〇日　初版　第一刷
定価二、〇〇〇円＋税

古書市場が私の大学だった
──古本屋控え帳自選集

著者　青木正美
発行者　八木壮一
印刷所　上毛印刷株式会社
発行所　日本古書通信社
〒101-0052　東京都千代田区神田小川町三─八
駿河台ヤギビル5F
電話　〇三(三二九二)〇五〇八

落丁本・乱丁本はお取り替えいたします

ISBN978-4-88914-059-0　C0095　Printed in Japan

青木正美著作目録

日曜の憂鬱—青木正美作品集	一九六七年	(タイプ印刷での自費出版) A5判 一七四頁
東京郊外昭和少年懐古	一九七七年	自刊(絶版) 函付 B6判 三二六頁
東京下町古本屋三十年	一九八二年	自刊(絶版) 函付 B6判 三九六頁
古本商売蒐集三十年	一九八四年	日本古書通信社 函付 B6判 四五八頁
古本商売日記蒐集譚	一九八五年	日本古書通信社 函付 B6判 四六六頁
古本市場掘出し奇譚	一九八六年	日本古書通信社 函付 B6判 三二二頁
戦時下の庶民日記	一九八七年	日本図書センター刊 カバー B6判 二四〇頁
幻の「一葉歌集」追跡	一九八八年	日本図書センター刊 カバー B6判 二四〇頁
昭和の子ども遊びと暮らし	一九九〇年	本邦書籍刊(絶版) カバー A5判 四三二頁
古本屋四十年	一九九二年	福武書店刊 カバー A6判 二七八頁
古本屋控え帖	一九九二年	東京堂出版 カバー B6判 三〇四頁
自筆本蒐集狂の回想	一九九三年	自刊(青木文庫・出版) 函付 A5判 五〇二頁
古本屋奇人伝	一九九三年	東京堂出版 カバー B6判 二五〇頁
下町の古本屋	一九九四年	日本古書通信社 函付 B6判 四五〇頁
古本探偵追跡簿	一九九五年	マルジュ社刊 カバー B6判 五〇〇頁

太平洋戦争銃後の絵日記　一九九五年　東京堂出版　カバー　B6判　三二六頁
古本探偵覚え書　一九九五年　東京堂出版　カバー　B6判　二七二頁
夢二ヨーロッパ素描帖　一九九六年　東京堂出版　カバー　B6判　二一四頁
新発見夢二絵の旅　一九九六年　日本古書通信社　こつう豆本
青春さまよい日記　一九九八年　東京堂出版　カバー　A5判　七七〇頁
写真と書簡による島崎藤村伝　一九九八年　国書刊行会　カバー　A5判　二〇四頁
肉筆原稿で読む島崎藤村　一九九八年　国書刊行会　カバー　A5判　二八二頁
知られざる晩年の島崎藤村　一九九八年　国書刊行会　カバー　A5判　三一八頁
近代作家自筆原稿集　二〇〇一年　東京堂出版　カバー　B5判　二二〇頁
近代詩人歌人自筆原稿集　二〇〇二年　東京堂出版　カバー　B5判　二一八頁
二十歳の日記　二〇〇三年　東京堂出版　カバー　B6判
古本屋五十年　二〇〇四年　筑摩書房　カバー　ちくま文庫　三五〇頁
大衆文学自筆原稿集　二〇〇四年　東京堂出版　カバー　B5判　二一〇頁
古書肆・弘文荘訪問記　二〇〇五年　日本古書通信社　カバー　B6判　三七〇頁
ある古本屋の生涯　二〇〇六年　日本古書通信社　カバー　B6判　五六〇頁
目で見る葛飾の100年　二〇〇五年　(超大形写真集・編集委員)　郷土出版社
カバー　一四八頁

東京下町100年のアーカイブス（大形写真集）　二〇〇六年　生活情報センター　A4　カバー　一七六頁
「悪い仲間」考　二〇〇七年　日本古書通信社　カバー　B6判　三五四頁
自己中心の文学　二〇〇八年　博文館新社　カバー　B6判　二八四頁
古本屋群雄伝　二〇〇八年　筑摩書房　カバー　ちくま文庫　四九四頁
場末の子　二〇〇九年　日本古書通信社　カバー　B6判　三〇六頁
ある「詩人古本屋」伝　二〇一一年　筑摩書房　カバー　二一六頁
詩集　古本屋人生史　二〇一四年　青木書店　カバー　A5判　一二八頁
肉筆で読む　作家の手紙　二〇一六年　本の雑誌社　カバー　B6判　三〇二頁
古本屋癌になる　二〇一七年　日本古書通信社　カバー　A5判　二四〇頁
文藝春秋作家原稿流出始末記　二〇一八年　本の雑誌社

—以下の本に収録文あり—

柳蘭の丘—相撲史家・池田雅雄追悼集　一九九〇年　私刊　函付　B6判　一九二頁
日本の名随筆（別28）日記　一九九三年　作品社　カバー　B6判　二五二頁
古本屋の自画像　一九九六年　燃焼社　カバー　B6判　二八八頁
古本屋の蘊蓄　一九九七年　燃焼社　カバー　B6判　三二六頁

古本屋の本棚　一九九七年　燃焼社　カバー　B6判　二三六頁
日本の名随筆（別72）古書　一九九七年　カバー　B6判　二五一頁
原稿を依頼する人される人　一九九八年　燃焼社　カバー　B6判　三九八頁
島尾敏雄　二〇〇〇年　鼎書房　A5判　一六四頁
おやじの値段　八七年版ベスト・エッセイ集　一九九〇年　文春文庫
木炭日和　九九年版ベスト・エッセイ集　二〇〇二年　文春文庫